Pratique du Coaching

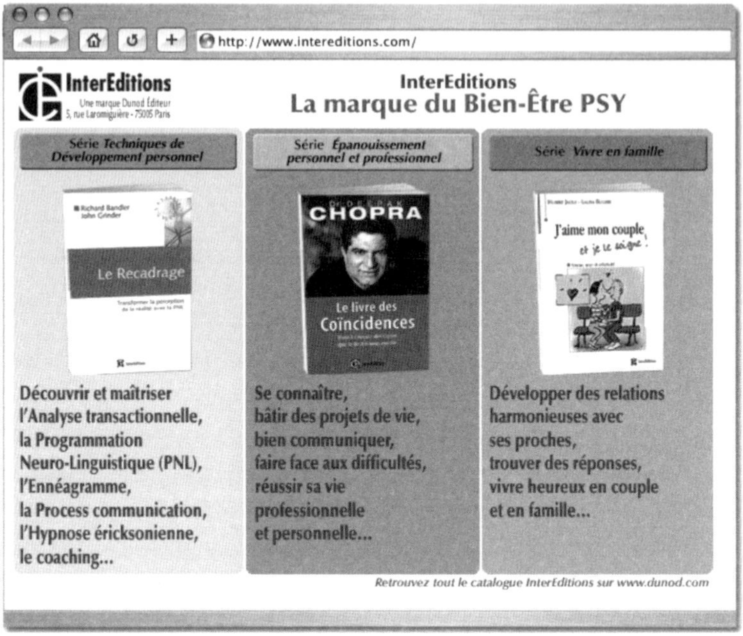
http://www.intereditions.com/
InterEditions
Une marque Dunod Éditeur
5, rue Laromiguière - 75005 Paris
InterEditions
La marque du Bien-Être PSY
Série Techniques de Développement personnel
Le Recadrage
Découvrir et maîtriser l'Analyse transactionnelle, la Programmation Neuro-Linguistique (PNL), l'Ennéagramme, la Process communication, l'Hypnose éricksonienne, le coaching...
Série Épanouissement personnel et professionnel
CHOPRA
Le livre des Coïncidences
Se connaître, bâtir des projets de vie, bien communiquer, faire face aux difficultés, réussir sa vie professionnelle et personnelle...
Série Vivre en famille
J'aime mon couple, et je le soigne !
Développer des relations harmonieuses avec ses proches, trouver des réponses, vivre heureux en couple et en famille...
Retrouvez tout le catalogue InterEditions sur www.dunod.com

Bernard Hévin • Jane Turner

Pratique du Coaching

Comment construire et mener la relation

InterEditions

Retrouvez tous nos ouvrages sur le site :

http://www.intereditions.com

ISBN 2 10 049721 9

TABLE DES MATIÈRES

DEUXIÈME PARTIE
AU-DELÀ DU MODÈLE RELATIONNEL, TECHNIQUES ET TACTIQUES POUR ACCOMPAGNER LE CHANGEMENT

REMERCIEMENTS

Bien des gens nous ont aidés à écrire ce livre, directement et indirectement. Nous tenons à les en remercier, en commençant par toutes les personnes que nous avons eu l'occasion de coacher. C'est à la fois un privilège et un plaisir de découvrir le courage et l'engagement des personnes qui font la démarche d'aller vers la satisfaction de leurs besoins, au travers de leurs valeurs fondamentales, pour réaliser leur projet de vie, surtout quand le projet semble, de prime abord, quelque chose de naïf ou d'irréaliste. Ces personnes nous fournissent l'opportunité, à chaque séance, de nous rappeler qu'un coach est quelqu'un qui voit des opportunités, là où d'autres, face à la même situation, ne verraient que des obstacles.

Nous tenons également à remercier les personnes qui ont suivi des formations avec nous, aussi bien en coaching, que dans les autres disciplines que nous enseignons. Vos feed-back, questionnements et confrontations, nous ont permis d'affiner notre enseignement et notre modèle de coaching pour les rendre encore plus transmissibles, pertinents et efficaces.

Nous remercions également toutes les personnes qui nous ont fait profiter de leurs enseignements : Jacques Ardoino, Mony Elkaïm, Jean-Claude Rouchy, Éric Trappeniers, Alain Boyer, Paul Watzlawick, Frank Farrelly, Stephen Gilligan, Ernest Rossi, et bien d'autres... que nous n'avons pas oubliés.

Nous remercions nos amis, et voisins, du quartier Mouffetard : Jean-Pierre, Sylvie, Claire, qui nous ont soutenus sans faiblir, en nous stimulant de leur affection.

Nous tenons à remercier également des personnes qui nous ont aidés dans la réalisation technique de cet ouvrage : Véronique Hanifi, d'avoir tapé le premier jet du manuscrit, Corinne Hadjadj, notre assistante de toujours, d'avoir réalisé les schémas et la mise en pages finale, Claude Riquier, coach, d'avoir lu, relu et re-relu le manuscrit pour dépister et corriger les fautes d'orthographe, les erreurs de grammaire et de syntaxe.

Et, enfin, nous tenons chacun à remercier quelques personnes en particulier d'avoir été sur notre chemin.

Pour Bernard, merci à mes mentors principaux : mon cher instituteur Jean Kanfer, mon parrain Maurice, mon sensei d'Aïkido et aujourd'hui de Kinomichi, Maître Noro. Chacun, à sa manière, a été un professeur dévoué qui m'a prodigieusement aidé, et m'a permis d'être ce que je suis aujourd'hui.

Pour Jane, merci aux femmes de ma famille qui m'ont montré de tant de façons la possibilité d'être féminine et puissante, et les deux en même temps. À ce propos, je souhaite rendre un hommage particulier à ma tante, Helen, à qui je dois une belle permission reçue à l'âge de huit ans, qui m'accompagne encore : « You can do anything you're big enough to. » (Tu pourras faire tout ce pour quoi tu es assez grande.) Au fil des années, j'ai grandi, et cette permission aussi. Elle est devenue : « You're big enough to do anything you want to. » (Tu es assez grande pour faire ce que tu veux. »)

PRÉFACE

Un livre bienvenu

« FAUT-IL EN FINIR AVEC LE COACHING ? » Parodiant un célèbre hebdomadaire qui faisait référence à la psychanalyse, ce pourrait être la future question à la Une, qui prouverait qu'au moins, il y a débat sur la théorie et le fondement de la pratique.

Or, si à l'heure actuelle le vocable « psy », c'est-à-dire psychiatre-chanalyste-cologue-thérapeute (les médias mélangent tout !) fait malgré tout sens pour la plupart, peu, en revanche, s'expriment clairement sur le coaching et encore moins sur sa pratique. Ce qui n'étonne pas car d'une part le terme est dévoyé, au sens littéral (une gamme de produit de beauté porte le nom de coaching), et d'autre part, s'il existe des écoles de coaching, les pratiques enseignées ne reposent pas sur des bases théoriques solides, ou ne se réclament que de références théoriques partielles.

Ce livre, le troisième de ce que l'on pourrait appeler une trilogie, tant est grande la cohérence et la progression de l'ensemble, est donc le bienvenu. Inlassablement et depuis plus de dix ans, les auteurs coachent, enseignent et publient, avec une remarquable clarté, leurs connaissances et leur expérience. Après *Construire sa vie adulte* et le *Manuel de coaching*, ce troisième opus nous emmène dans l'anabase du coaching, au sens étymologique de « montée en selle » et d'« expédition vers l'intérieur » que lui donnait Saint-John Perse. Il précisait que « l'anabase a pour objet le poème de la solitude dans l'action. Aussi bien l'action parmi les hommes que l'action de l'esprit, envers autrui comme envers soi-même. J'ai voulu rassembler la synthèse, non pas passive, mais active, de la ressource humaine… c'est le poème le plus chargé de concret ».

Les grandes œuvres poétiques et littéraires les plus chargées de sens sont toujours simples, voire futiles (nous avons l'impression qu'il ne s'y passe rien, ou trop, mais nous ne pouvons stopper la lecture, parce que le fond nous parle !), mais sont très concrètes. Le paradoxe, ici, est que nous ne sommes pas en présence d'une telle œuvre, mais d'un ouvrage technique, relatif à la pratique du métier de relation d'aide qu'est le coaching. Or, l'un des enseignements du Dôjô est d'observer « ce qui fait figure » et de détecter « ce qui fait fond ». En toute situation et en tout comportement se révèlent ces deux faces.

Ce livre, parce que « chargé de concret », nous emmène dans les arcanes du métier de coach, et, même s'il n'y pénètre pas, jusqu'aux orées claires-obscures de l'inconscient. Nous sommes dans ce double mouvement, vers l'extérieur et vers l'intérieur, de l'esprit en action.

Le concret d'abord. Intégrées dans la structure de deux modèles en un (le « modèle disciplinaire » et le « modèle relationnel », référents indispensables à la pratique du coaching) l'ensemble des qualités et des attitudes que le coach, immergé dans le courant social, doit acquérir et développer, ainsi que les indispensables techniques qu'il peut utiliser pour « suppléer » ou « assister » le client à un moment ou à un autre de la relation, sont décrites avec une précision d'horloger. Nous sommes « montés en selle », dans l'action immédiate, dans l'ici et maintenant, où l'imprécision d'attitude ou de terme peut, pour le moins, semer la confusion, au pire mettre en péril la relation.

Mais agir, c'est-à-dire mettre en place une (ou des) action(s) concrète(s) dans un laps de temps limité, implique une longue préparation, une maturation préalable, fondées sur la réflexion et l'entraînement, celui des coachs en particulier. Les auteurs nous familiarisent donc avec les fondements philosophiques de leur édifice théorique que sont « le constructivisme » et « l'humanisme ». Ils en font une magnifique synthèse, fusionnant, au fil du temps, leur propre expérience avec ce substrat. Voyageurs infatigables engagés dans l'« expédition intérieure » jamais achevée, ils offrent à leurs émules la vision du chemin à parcourir. Ils sont et agissent ce qu'ils enseignent : cela s'appelle la congruence. Il sera désormais plus facile à un coach, débutant ou plus expérimenté, de surmonter les réticences, souvent inconscientes, à aller plus loin, plus profond : « c'est possible, ils l'ont fait, ils me donnent les clés. Pourquoi pas moi ? »

Ils ne reste plus qu'à se laisser entraîner dans le cœur du livre, à « traverser les apparences » pour entrer dans l'immense champ du non-dit, de l'écoute. La « ressource humaine » se cache au plus profond de l'« identité intégrée », nous pourrions dire de l'« esprit ». C'est là que vit la poétique de l'être humain qui s'engage avec le coach sur le chemin de la découverte de lui-même ; c'est le lieu d'où s'exprime sa langue : « 1. On ne parle jamais qu'une seule langue – ou plutôt un seul idiome. 2. On ne parle jamais une seule langue – ou plutôt il n'y a pas d'idiome pur » disait Jacques Derrida dans *Le monolinguisme de l'autre.* Ou encore, Jacques Durandeaux, dans *La poétique analytique* : « Il s'agit d'entendre quel secret cheminement s'effectue à travers la jungle des discours soutenus par un sujet parlant. » Bien sûr, le coaching ne franchit pas cette frange de la zone du pathos où commence la démarche analytique, mais il est imparablement confronté à l'apparente contradiction ou à l'apparente incohérence du langage, de la langue, du coaché.

Écouter intensément, sentir les vibrations au-delà de ce qui est parlé, dépasse la fonction et le métier de coach pour se fondre dans l'art du coaching. Les auteurs nous guident jusqu'à cette porte que nous devrons franchir seuls, afin d'atteindre une plus haute réalisation, donc une plus grande acuité, et, dès lors, de mieux accompagner l'autre.

C'est à ce niveau que l'antinomie première, extérieur/intérieur, fusionne en holistique et rejoint la poétique. Le coach, en méditation active, perçoit, entend et accompagne le coaché emporté dans une double quête « épique », indissociable du champ poétique où se reflète son histoire unique. L'esprit anime le corps, le corps révèle l'esprit. Tout thérapeute, tout coach, toute personne s'impliquant dans la relation d'aide, doit en tenir compte, au-delà des diagnostics cliniques.

Là résident toute la profondeur et la force de ce livre, jusqu'à ce jour unique en son domaine.

En cet ouvrage est démontré que dans la nature (il s'agit ici de la nature humaine) les contraires ne s'excluent pas, mais constituent un tout indissociable où ils interagissent.

Ce livre est source de méditation fondatrice de l'écoute active, que tous ceux qui souhaitent accompagner les personnes sur leur chemin de vie doivent posséder. C'est un peu « l'oreille absolue » du musicien.

Les auteurs, nous pouvons dire les Mentors, incitent à l'écriture d'autres livres, par chacun de ceux qui, à l'instar du grand poète, laisseront leur être investir « … les grands lés tissés du songe et du réel ».

Claude Riquier
Coach certifié du Dôjô

INTRODUCTION

De la nécessité de repères et de modèles pour une profession prenant sa place parmi les métiers de la relation d'aide

LORSQUE NOUS AVONS COMMENCÉ À ÉCRIRE sur le modèle de coaching du Dôjô *Le Renouveau de la vie adulte, du projet professionnel au projet de vie*, nous avons choisi de faire un premier livre à l'intention des coachés, des personnes qui s'engagent dans la grande aventure de se faire accompagner, et de s'accompagner soi-même, vers une nouvelle phase de sa vie. Le résultat fut notre premier livre *Construire sa vie adulte*[1]. Dans notre deuxième livre, *Manuel de coaching*[2], nous nous sommes adressés aux coachs, des débutants aux confirmés, en proposant notre modèle de coaching, original dans sa conception et cohérent dans son application. Notre modèle, qui se compose en fait de deux modèles en un, un modèle disciplinaire (modèle « D »), et un modèle relationnel (modèle « R »), suffit pour réaliser toute action de coaching, quels que soient son mode, sa forme, sa durée.

Dans la mesure où notre premier ouvrage a traité du modèle « D » et le deuxième de l'articulation entre les modèles « D » et « R », le présent ouvrage prend appui sur le modèle « D » pour

1. InterEditions, 2000, 2e édition en 2005.
2. InterEditions, 2002.

explorer en détail le modèle « R », le modèle relationnel de coaching, ainsi que les techniques d'accompagnement qui découlent de ce modèle et qui sont à l'œuvre dans toute action de coaching. Il vise à répondre à quelques questions fondamentales :

- Comment accompagner un sujet sur la voie du changement ?
- Comment l'aider à concevoir, à réaliser et à savourer son projet ?
- Pourquoi et comment un coaché change-t-il pour élaborer et, au final, réaliser un projet de vie dont il n'avait généralement pas conscience au départ lorsqu'il est venu demander de l'aide ?

Répondre à ces questions est devenu aujourd'hui nécessaire, car, dans la mesure où le coaching prend sa place parmi les métiers de la relation d'aide, comment peut-il se permettre de continuer à promouvoir une pratique sans avoir assuré ses propres principes théoriques ? Et, une autre question vient se poser à la suite de celles-ci : est-on obligé d'attendre d'avoir développé une théorie complète avant d'agir ? Sûrement pas, si l'on partage l'avis de Kurt Lewin ou de Karl Marx, qui considèrent que la meilleure recherche est toujours une recherche engagée. Ces questions, qui invitent tout coach à réfléchir et à prendre position par rapport à sa pratique, sont aujourd'hui les mêmes que les interrogations adressées aux formateurs au moment de l'introduction de la formation aux relations humaines ou du développement personnel dans les organisations : s'agit-il de mettre notre savoir d'expert au service de l'individu ou au service des organisations ?

Dans les faits, vouloir séparer ces deux destinataires est illusoire et un pas important aura été franchi lorsque, dépassant un certain angélisme et une certaine volonté de développer une image de marque d'apolitisme, les coachs reconnaîtront que l'exercice de leur métier ne leur permet pas, qu'ils le veuillent ou non, de faire l'économie d'un engagement politique, même si, et heureusement, chacun reste libre de choisir le sien.

Le coaching, dans sa vision désormais classique, est l'accompagnement d'un responsable dans sa vie professionnelle, ce qui a tendance à signifier que le coaching serait, au travers d'un accompagnement de l'individu, au service de l'organisation et servirait uniquement les intérêts de celle-ci.

En ce qui nous concerne, nous nous proposons de poser le problème autrement en considérant que le coach intervient à la demande de l'entreprise pour générer et accompagner le changement. Pour cela, le coach donne la priorité à l'individu ; il aide le coaché à formuler un projet de vie et à vérifier pour lui-même que l'organisation dans laquelle il se trouve et le rôle qu'il y exerce sont véritablement aidants pour son propre développement. Le coach invite ainsi à contester la proposition que toute aide fournie doit être « pour l'organisation » et œuvre pour la formation de nouveaux responsables. La forme que prend alors l'engagement politique du coach peut se définir comme un type nouveau d'entrisme, qui voit le coach entrer dans une organisation pour l'aider à se transformer de l'intérieur. En facilitant la maturation et l'autodétermination de l'individu, en l'invitant à donner du sens à son engagement dans l'organisation, le coach vise la maturation du monde et anticipe une société à venir car il permet à l'individu de donner la priorité à son projet de vie dans son engagement au sein de l'organisation.

Cette démarche peut sembler paradoxale, puisque c'est l'entreprise qui paie pour que l'individu trouve ses marques et décide de la position qu'il prendra en rapport avec elle, mais peut-être cela ne fait-il que souligner la complexité du coaching. En effet, comme nous le verrons de manière plus approfondie au fil des pages, le coaching représente un pari multiple à plusieurs niveaux théoriques et depuis plusieurs perspectives. Premièrement, une action de coaching postule l'autonomie de l'individu à partir de son inachèvement ; deuxièmement, une telle action ne saurait en aucun cas se limiter à l'acquisition ou au développement de compétences du coaché.

Une action de coaching est un accompagnement qui s'effectue obligatoirement dans la durée et porte de ce fait largement sur l'incertitude de l'avenir du sujet coaché. Celui-ci peut bien entendu, et notre méthodologie l'y invite, inspirer et concevoir des projets concernant ses différents domaines de vie : personnel, couple, familial, professionnel ou social, et plus globalement son développement et sa réalisation personnelle, mais il ne saurait pour autant devenir l'objet de prévisions ou de certitudes quant à son avenir.

Si l'individu coaché a atteint un degré suffisant d'autonomie, ses projets s'avèrent hétérogènes sur le plan pratique et théorique dans leur multiplicité et leur diversité. C'est en cela que réside la différence fondamentale entre les projets qui seront mis à jour au cours de l'action et la demande initiale de l'individu formulée pendant la (ou les) première(s) séance(s) de coaching. À ce moment de son parcours, l'individu est naturellement dans une phase de tâtonnement vis-à-vis du coach et généralement dans une phase de marasme vis-à-vis de lui-même. Ses visées se bornent fréquemment à chercher des moyens de se conformer aux contraintes fonctionnelles de l'organisation, d'acquérir des compétences professionnelles et de trouver un parfait ajustement au marché du travail.

Néanmoins, un coach formé au modèle de coaching du Dôjô saura entendre, au-delà de la demande initiale du coaché, l'émergence d'un désir singulier, lié aux besoins et aux valeurs spécifiques de l'individu qui se trouve face à lui. Sans nier la demande formulée au départ, et en respectant le rythme du coaché, le coach saura, grâce à ses compétences disciplinaires et relationnelles, faciliter la capacité à l'autodétermination du sujet coaché pour que, au final, ce soit le coaché qui décide de sa trajectoire de vie particulière.

Le modèle qui est le nôtre s'organise à partir d'un certain nombre de valeurs essentielles que sont l'esthétique, l'éthique, la responsabilité, l'acceptation inconditionnelle, la reconnaissance et le respect de la pluralité, le droit à la différence, et il permet l'accompagnement individualisé d'un sujet qui « poursuit des finalités (un projet de vie)... dans un environnement constamment changeant... en agissant des comportements (des actions)... en s'organisant (en interaction avec lui-même et avec son environnement)... en évolution permanente... en accord avec son identité intégrée... »[1] et dont le projet ne saurait s'articuler autrement qu'en termes de nécessité et de liberté. Au-delà même de l'émancipation et de la conquête de l'autonomie, le développement de la personne elle-même devient essentiel.

L'action de coaching dévoile ainsi ses buts et ses objectifs : permettre à chacun de s'approprier, selon son propre rythme, en

1. Turner, J. et Hévin, B., *Construire sa vie adulte : comment devenir son propre coach*, InterEditions, 2005, 2e édition p. 157.

fonction de ses besoins et au gré de sa fantaisie, le savoir (savoir-faire, savoir être) que son éducation personnelle et la tradition culturelle lui ont transmis. En entrant en contact avec son rêve, en s'affirmant dans ses différentes identités de rôles, en élaborant et en réalisant son projet de vie en cohérence avec ses valeurs, le coaché agit pleinement, en accord avec lui-même et avec ses actions, ce qui est la finalité de toute action de coaching.

Et qui êtes-vous ? demanda la chenille.

Alice répondit timidement : Je ne sais plus à présent ; je sais qui j'étais
quand je me suis levée ce matin,
mais je crois que j'ai dû me transformer plusieurs fois depuis.

Lewis Carroll, *Les aventures d'Alice au Pays des Merveilles*

Chercher la joie, non la souffrance,
l'expansion, non le rétrécissement.

Maître Masamichi Noro, créateur du kinomichi

Première partie

1 LE COACHING EST UN SPORT DE CONTACT

Coacher. s.m. : outil du batteur d'or.

Les premiers outils nommés coachers, qui étaient autrefois en parchemin, sont faits aujourd'hui du papier inventé par Montgolfier. (Le Grand Littré, 1994)

1

DEUX MODÈLES, DISCIPLINAIRE ET RELATIONNEL, POUR UN COACHING, SYSTÉMIQUE ET STRATÉGIQUE, EFFICACE

Nous ne raisonnons que sur des modèles.

Paul Valéry

LE DISPOSITIF DU COACHING s'inscrit dans un cadre, rendu explicite ou resté implicite, au sein duquel s'effectuent, sous une forme plus ou moins formalisée, des échanges entre un coach et son sujet. Le coaching est banalement, pourrait-on dire, un échange particulier orienté vers un **but**, qui se déroule dans un **cadre** spécifique et met en **relation** un client (le demandeur d'aide) et un expert (le coach). Tout dispositif de coaching doit nécessairement définir ces trois paramètres (le but, le cadre, la relation) pour être en mesure de répondre raisonnablement à la demande du client. On pourrait alors imaginer trouver une conception assez semblable de ces trois paramètres dans tout enseignement de coaching. Mais, si on cherche à comparer les enseignements de coaching proposés à ce jour, la comparaison s'avère difficile, voire impossible, surtout en ce qui concerne l'efficacité des coachs, car les buts visés par le coaching diffèrent selon les écoles.

En effet, parmi les écoles de coaching que nous connaissons, et nous pouvons à ce jour en compter une bonne vingtaine, très rares sont celles qui ont développé leur propre conception d'une démarche de coaching, mis à jour un modèle des compétences nécessaires pour exercer ce métier ou pris la peine de proposer des techniques spécifiques. Pourtant, dans la littérature sur le sujet, certains traits communs entre les approches des différentes écoles peuvent être mentionnés. Toutes les approches font se dérouler une action de coaching dans un cadre, préconisent des modes relationnels distincts de ceux qui caractérisent d'autres situations relationnelles de la vie de l'entreprise ou de la vie quotidienne, et toutes déclarent poursuivre des objectifs, même si ceux-ci peuvent être manifestement très différents d'une approche à l'autre, voire même totalement opposés.

Le coaching est donc à envisager comme une activité particulière d'échange et de communication qui possède des propriétés générales et spécifiques. Toute la difficulté, concernant cette relation d'aide spécifique que représente le coaching, est de se doter d'un degré suffisant d'observation et d'analyse pour permettre de distinguer ce qui est de ce qui n'est pas du coaching et, par extension, séparer ceux qui font effectivement du coaching de ceux qui n'en font pas, pour décider qui peut être reconnu comme coach.

Car il semble que le coaching soit, comme la langue d'Ésope, la meilleure et la pire des choses dans son application en entreprise. La meilleure, lorsque le sujet qui s'inscrit dans cette démarche se demande : « Qui suis-je ? Que fais-je ? » La pire, lorsque le prescripteur, voire le coach lui-même, ne voit dans une démarche de coaching qu'une technique à ajouter aux autres déjà en sa possession, permettant le maniement du complexe « homme/rentabilité financière ».

En ce qui nous concerne, le coaching vise le développement de la personne et la réalisation de soi et, ce faisant, sert à ce que l'individu coaché trouve son équilibre et son épanouissement dans tous ses domaines de vie : dans une action de coaching, le domaine professionnel ne devient une priorité que s'il est prioritaire pour le coaché. Cette réalisation de soi passe par l'élaboration et la réalisation d'un projet de vie dont fait partie le projet professionnel. Il est vrai que le projet professionnel reste d'une importance vitale dans l'équilibre général du sujet, surtout lorsque nous calculons que le domaine professionnel occupe en moyenne 50 % de notre temps. Mais il est non moins vrai que l'on puisse rechercher une activité ou un rôle professionnel pour des raisons tout à fait personnelles, qui n'ont rien à voir directement avec le métier lui-même ou le rôle exercé. Certaines personnes choisissent leur profession pour répondre à des normes sociales et rester conformes à la représentation qui leur est renvoyée par leur entourage. D'autres se servent de leur activité professionnelle de manière instrumentale : leur projet professionnel n'est pas une fin en soi, mais un moyen mis au service de leur projet de vie. Dans le premier cas, lorsqu'un projet professionnel n'est élaboré que pour des raisons externes au sujet, ce projet est sans valeur profonde et sera réalisé sans agrément à long terme : il n'est que la belle vitrine d'une boutique vide, une boutique qui n'est pas approvisionnée parce qu'elle n'est pas investie par son propriétaire. Ce type d'activité est généralement effectué sans plaisir ; le rôle n'est pas gratifiant et, lorsqu'on est témoin d'une telle situation, on se demande pourquoi la personne y consacre autant de temps et d'énergie, à moins qu'il n'y ait un paradis au bout, une nouvelle vie après la vie professionnelle appelée « la retraite ». Pour nous, l'intérêt d'un projet de vie associé à une volonté d'autoréalisation, est fondé sur l'observation suivante : les individus qui se sont vraiment fixé le but d'autoréalisation savent savourer la vie dans tous ses aspects, tandis que les autres sont généralement insatisfaits et ne restent que partiellement satisfaits de leur sort car leurs besoins et leurs valeurs ne sont que partiellement gratifiés.

La faculté de se positionner ainsi, avec la volonté de savourer le présent, de construire son avenir, et d'adopter l'attitude qui consiste à valoriser tous les moments de l'existence, vient en partie du sentiment profond d'être à la fois en mesure et en train de satisfaire ses valeurs. Elle vient aussi de la capacité de l'individu à transformer des activités banales de la vie en activités gratifiantes et payantes, de telle sorte que même une activité jugée contraignante par d'autres, devienne pour la personne concernée une source de satisfaction. Ce principe de recadrage, sur lequel nous reviendrons ultérieurement, fait partie de notre philosophie en tant que coachs. Comme nous l'avons déjà signalé dans notre premier ouvrage *Construire sa vie adulte*, « un coach fait partie de ces personnes déraisonnables qui voient des opportunités là où d'autres ne verraient que des obstacles. »

L'attitude qui consiste à savourer le présent et à prévoir l'avenir devient une attitude de perfectionnement permanent. Une existence entière peut être consacrée à devenir un bon coach, un bon manager, un bon artiste, une personne de valeur. La recherche de la stabilité, du repos, de la sécurité absolue, est humaine, mais l'individu développé sait qu'il n'existe aucune stabilité possible qui soit durable et que, comme nous le verrons plus loin, même lorsque nous arrivons dans le cycle de changement, à la phase plateau, cette phase ne se maintiendra qu'au prix d'un effort constant de créativité et de réactualisation de notre projet de vie.

Avoir un projet d'avenir constitue l'élément essentiel du développement personnel et professionnel de l'individu. La motivation liée au désir de supprimer un obstacle externe, de combler un manque, de s'éloigner d'une situation déplaisante, peut permettre de réduire la tension et de régénérer provisoirement des ressources, mais elle ne peut se maintenir dans le temps. Seule la motivation tournée vers un but permet à la personne d'être pleinement en contact avec ses ressources et de maintenir son attention sur la quête de l'autonomie et sur l'autoréalisation.

Voilà ce qui distingue un coaching uniquement axé sur une amélioration professionnelle d'un coaching tourné vers l'élaboration et la réalisation d'un projet de vie. Certes, la porte d'entrée à une action de coaching se fait généralement par une demande d'aide sur le plan professionnel, mais ce n'est qu'un point de départ auquel le coach se doit de répondre. En revanche, en tant que coach, si on se limite à la satisfaction de cette demande, on limite le sujet à quelques moments fugaces de succès, d'accomplissement ou de satisfaction. Pour nous le coaching va bien au-delà d'une démarche qui consisterait à apporter une aide ponctuelle à la sphère professionnelle, car la demande ainsi formulée n'est que le point de départ de la relation coach/coaché. En effet, nous avons tellement constaté que si un sujet exprime la demande de « s'éloigner de… » ce qui ne lui convient pas ou plus, il désire toujours, par la même occasion, « aller vers... » quelque chose d'autre qui puisse lui convenir, même si, dans un premier temps, il ignore ce que pourrait être cet « autre chose ». C'est ce constat justement qui nous a fait appeler notre modèle de coaching « Le Renouveau de la vie adulte – du projet professionnel au projet/plan de vie ».

D'OÙ VIENNENT LES DEUX MODÈLES EN UN ?

Avant de présenter notre modèle de coaching, il importe d'évoquer brièvement les postulats de base et les prises de position qui ont contribué à sa création et sa mise en forme. Ce modèle spécifique, mis au point par nous, Bernard Hévin et Jane Turner, validé et enseigné par l'équipe de coachs du Dôjô, est issu de plusieurs courants de pensée que nous avons intégrés dans les deux modèles spécifiques : un modèle théorique, disciplinaire (modèle « D ») et un modèle relationnel (modèle « R ») qui composent le modèle de coaching du Dôjô.

Le premier, le modèle « D », prend ses origines principalement dans les travaux sur le développement de l'adulte, les théories des systèmes et de la complexité, ainsi que dans le constructivisme, la sémantique générale ; il s'inscrit également dans le courant des relations humaines inspiré des travaux de Jacques Ardoino, de Kurt Lewin, de Robert Meignez et de Georges Lapassade.[1]

La visée du modèle « D » est de fournir au coach un modèle théorique qui lui permette de poser un diagnostic tenant compte de la situation actuelle du coaché et qui cadre le système dans lequel il intervient (individu, équipe, groupe, institution...), afin d'établir un contrat de changement qui, dans un premier temps, réponde à la demande et aux besoins réels du sujet et, dans un deuxième temps, donne à celui-ci les instruments nécessaires pour qu'il puisse lui-même déclencher et maintenir le changement souhaité.

1. Des ouvrages de ces auteurs se trouvent dans la bibliographie.

Le second, le modèle « R », s'enracine dans la psychologie humaniste et s'inscrit dans le mouvement du potentiel humain, en se référant prioritairement aux travaux de Carl Rogers, d'Elias Porter, et d'Abraham Maslow, qui fournissent une conception spécifique de la personne humaine. Il s'appuie également sur des conceptions philosophiques et politiques, telles que nous les trouvons dans les travaux de Jean-Paul Sartre et de Cornélius Castoriadis. La pratique de ce dernier modèle nécessite l'acquisition et la mise en œuvre de compétences relationnelles qui reposent sur des attitudes et des techniques spécifiques dont l'utilisation permet de créer un environnement riche et porteur pour le développement du sujet. En effet, établir une relation de qualité avec le sujet l'aide à libérer sa parole, à s'écouter mieux et à se repositionner par rapport à ses ressources ce qui lui permet de se focaliser sur ce qui compte vraiment pour lui.

L'équilibre et l'efficacité d'une action de coaching reposent sur l'utilisation alternée de ces deux modèles. Le modèle « D » permet de guider et d'orienter l'intervention en fournissant au coach un modèle d'expertise qui prend en compte le contenu du discours du sujet, alors que le modèle « R » donne des moyens au coach pour gérer le processus de la relation coach/coaché. Il est à noter, toutefois que dans la pratique du coaching, ces deux modèles n'en font plus qu'un, car le principal facteur de changement est le coaché lui-même.

Bien que l'organisation de cet ouvrage ne nous permette pas de détailler tous les travaux qui ont influé sur l'élaboration de notre modèle de coaching, nous allons brièvement, dans les quelques pages qui suivent, évoquer ceux qui nous ont le plus influencé.

Le développement psychosocial de l'adulte

Il y a un temps pour chaque chose.
Tout ce qui se produit sur la terre
arrive en son temps. Il y a un temps pour naître
et un temps pour mourir.

L'Ecclésiaste

Il y a peu de temps encore, les informations disponibles sur la spécificité des âges de la vie et des processus engagés pour devenir adulte étaient fort peu nombreuses et aussi peu explicites que la fin des contes de fées : « … ils se marièrent et eurent beaucoup d'enfants ». Au cours du 20e siècle, les chercheurs se sont penchés sur le développement de l'enfant d'abord, puis, sur celui de l'adolescent et seulement très récemment sur le développement de l'adulte.

Schématiquement, dans les travaux sur le développement de l'adulte, deux grands courants se présentent. Le premier propose que devenir adulte c'est devenir responsable ; il a pour conséquence d'occulter les rêves, car pour se plier aux contraintes de l'existence, il faut faire des compromis, et, au fond, abandonner son idéal de vie. Dans cette optique, devenir adulte nécessiterait de se détacher de ses propres valeurs afin de se rendre conforme aux attentes sociales de l'environnement. Le second courant indique que devenir adulte est un processus dans lequel un sujet s'engage en empruntant le chemin et en réalisant des tâches qui mènent à l'autonomie et à l'autoréalisation. Dans cette perspective, devenir adulte signifie se sentir entièrement responsable de ses choix, prendre le risque d'affirmer son identité et s'engager socialement.

Comme nous le verrons lorsqu'il sera question des sept cartes qui forment la base du modèle « D », ces deux conceptions de l'accès à la vie adulte reflètent les anciens et les nouveaux principes traités dans la carte n°1. En effet, la première proposition s'inscrit pleinement dans l'ancien principe du « dehors-dedans » qui prescrit une vie définie par les directives de la société qui nous entoure et souligne que chacun de nous doit avant tout se conformer aux attentes, répondre aux directives et aux normes de son environnement socioculturel. La deuxième proposition relève du nouveau principe du « dedans-dehors » qui met en exergue l'importance de notre sentiment identitaire et de notre responsabilité personnelle. Ce principe affirme que chacun de nous est dépositaire d'une mission, que nous devons nous donner les moyens de réaliser notre mission et prendre pleinement la responsabilité de son accomplissement.

Si le passage à l'âge adulte est aussi contraignant que semblent le considérer les tenants de la première proposition, mieux vaut relever le défi que nous lance Jacques Brel d'« être vieux, sans être adulte », car devenir adulte serait vécu comme une trahison, un abandon de nos idéaux de jeunesse et de nos rêves d'un idéal de vie. Dès lors, si être adulte est synonyme de perte, de deuil, de renoncement, restons « jeunes » le plus longtemps possible pour garder nos rêves intacts. Il se dégage de ce schéma une image peu valorisée, voire péjorative, de la vie adulte et cette vision est vouée à être partagée par la plupart d'entre nous, à certains moments de la vie, ce qui explique une certaine hésitation, voire un refus, de grandir et de s'assumer pleinement. Un refus de passer à la vie adulte est ressenti de manière particulièrement nette à l'adolescence et se perçoit au travers de la tendance à prolonger l'adolescence le plus longtemps possible. Dans la mesure où devenir adulte (et la pression de l'environnement est généralement très forte sur ce point) veut dire faire des choix et abandonner l'ivresse du rêve, pour se réveiller à la dure réalité de la vie active, celle de « métro-boulot-dodo ». Devenir adulte c'est arrêter de jouer pour « aller au charbon » et « mettre les mains dans le cambouis ». Devenir adulte, c'est quitter la poésie et le monde du rêve, pour entrer dans le conformisme des autoroutes de la pensée, s'adapter à la logique de la « tribu » sans tenter de la remettre en question. Certaines personnes acceptent ce passage, et les a priori de la proposition qui l'accompagne, d'autres s'obstinent à vouloir rester adolescents. Dans les deux cas, que l'on entre dans le passage contraint et forcé, ou que l'on reste un éternel « ado » attardé, personne ne devient adulte au sens où nous l'entendons : devenir adulte, c'est « devenir autonome et s'autoréaliser. »

En adhérant à la deuxième proposition, celle qui nous invite à créer notre propre identité, nous nous rapprochons d'une vision phénoménologique existentielle de la vie adulte, illustrée d'une parole de Jean-Paul Sartre : « Pour nous, l'homme se caractérise avant tout par le dépassement d'une situation, par ce qu'il parvient à faire de ce qu'on a fait de lui, même s'il ne se reconnaît jamais dans son objectivation… la conduite la plus rudimentaire doit se déterminer à la fois par rapport aux facteurs réels et présents qui la conditionnent et par rapport à un certain objet à venir qu'elle tente de faire naître. C'est ce que nous nommons le projet. »[1] La

---

1. Jean-Paul Sartre, *Critique de la raison dialectique*, Paris NRF Gallimard.

vie est un chemin, un continuum ; il appartient au sujet d'en découvrir le sens, de générer son projet, de se construire son identité et de vivre pleinement son présent, tout en construisant son avenir.

Un adulte est de ce fait un individu qui, n'étant plus dépendant, ni sensuellement, ni sexuellement, ni géographiquement, ni économiquement, ni intellectuellement, d'un seul objet d'amour (mère, père, mari, femme), se vit en sécurité ontologique, ce qui fait de lui un partenaire possible pour des relations saines et authentiques. Être en état de sécurité ontologique veut aussi dire accepter son indépendance ontogénique, c'est-à-dire accepter d'être séparé et fondamentalement différent des autres. Dès lors, le défi pour chaque individu est d'être disponible aux nombreuses naissances qui s'offrent à lui à chaque époque de sa vie car être adulte, c'est accepter le changement permanent. Être adulte, c'est également avoir une identité propre et le sentiment d'être soi. Ainsi « Je suis » veut dire je suis moi, complètement isolé, différent des autres, en résonance avec mon identité intégrée, et totalement seul jusqu'à ma mort.

Ce n'est que lorsque nous avons accepté cette solitude essentielle que nous devenons pleinement adultes et que nous pouvons expérimenter l'acceptation inconditionnelle de soi et de l'autre, au sens profond du terme. Dès lors, ce sont des valeurs, des finalités, des visées qui nous portent et qui permettent de faire face aux aléas du quotidien et aux obstacles auxquels la vie se charge de nous confronter à tout moment.

Le constructivisme

Pour apprécier l'apport du constructivisme à notre modèle de coaching, nous pouvons comparer les réponses à la question « Qu'est-ce que le coaching ? » selon une vision constructiviste et une optique plus traditionnelle.

La plupart des écrits sur le coaching que nous avons lus et analysés proposent que le coaché vienne consulter parce qu'il a un problème ou parce qu'il vit une difficulté sur laquelle le coach est censé poser un diagnostic et apporter un remède. Ce qui ressort comme prémisse majeure de ce mode de fonctionnement est qu'il existe, à l'intérieur de la relation coach/coaché, « quelque chose » qui peut être nommé et décrit indépendamment des deux protagonistes (coach/coaché), de sorte que l'on puisse en faire l'analyse et agir dessus. Ce modèle se rapproche du modèle médical : diagnostic + ordonnance = guérison. Dans cette optique, le coach serait chargé de poser un diagnostic, de faire des analyses, de tirer des conclusions sur ce qui ne va pas en comparant ce qui existe avec ce qui devrait être, pour ensuite proposer des options qui permettent de ramener ce « quelque chose » à un stade acceptable de normalité homologuée par le demandeur (le coaché), ou, le plus souvent, par le prescripteur de coaching. Une telle optique laisse supposer qu'il existerait une réalité unique, qu'il serait possible de dresser pour un même événement[1] une carte qui soit la même pour tout le monde, et que cette carte soit reconnue en tant que certitude objective. Les problèmes existeraient au sein de cette réalité et pourraient être solutionnés en comblant les manques ou en résolvant les conflits qui existent au niveau des rôles et des structures.

Il est certain qu'un coach chevronné disposant d'un bon modèle de coaching décèle plus rapidement certains dysfonctionnements, certaines lacunes dans le savoir-faire du coaché et remarque avec davantage d'acuité les faits et les circonstances subtils qu'un coach moins averti aurait probablement ignorés. Malheureusement, le revers de la médaille existe aussi car il arrive que les coachs, même expérimentés, tombent dans le piège qui consiste à confondre leurs théories sur l'action de coaching avec le déroulement d'action de coaching elle-même. De cette manière, leur capacité d'observation se trouve dirigée uniquement par un savoir abstrait et leur souci de respecter étroitement une méthodologie donnée fait altérer leur compréhension des problèmes du coaché. Toute la spécificité de la situation singulière de celui-ci est alors abandonnée au profit de la théorie à prouver : ce qui était au départ une aide au regard est devenu le regard.

Pour se prémunir contre ce risque, il est inutile de faire fi des modèles ; mieux vaut apprendre à voir le problème posé depuis le

1. Le terme « événement » est utilisé ici dans le sens que lui donne Whitehead, comme une coupe instantanée. Ainsi un mal de tête, un traité de philosophie, une plaque de marbre, sont des événements.

point de vue du coaché, en intégrant ses particularités. Si on se permet d'apprécier la situation de cette façon-ci, chaque coaché offre au coach l'occasion de découvrir de nouvelles manières de voir le monde et d'aider son coaché à retrouver son autonomie, ce qui aboutit à un coaching où l'accent porte sur des constructions évolutives de la réalité et sur des réalités intersubjectives partagées temporairement dans la relation coach/coaché.

En effet, d'un point de vue constructiviste, nous pouvons définir une relation de coaching comme un échange hétéroclite et subtil dans lequel le coach tient le rôle d'un « participant-observateur-écoutant » ainsi que celui d'un « participant-facilitateur » de la communication relationnelle, orientée vers le changement. Il est actif dans le dialogue qui permet d'articuler, d'élaborer et de réviser les constructions que le coaché utilise pour organiser son expérience et son action. Le coach aide à créer un contexte relationnel dans lequel il occupe une relation complémentaire et alterne la position haute et la position basse, pour libérer et faciliter l'expression du sujet. Un tel mode relationnel accentue plusieurs aspects du processus de l'action de coaching. Il souligne le rôle du coach dans l'instauration d'une relation de confiance et d'ouverture qui sert de base à la compréhension évolutive mutuelle coach/coaché et relève de l'usage délicat et perspicace que fait le coach du modèle relationnel pour entrer en contact avec le monde expérientiel du coaché.

Bien que le coaching, ainsi réfléchi et pratiqué, puisse poursuivre différents objectifs concrets, l'atteinte de tout objectif implique, sur le plan relationnel, que l'on s'associe avec le sujet pour créer une carte suffisamment détaillée et précise de son vécu, et, qu'en même temps, on l'aide à affiner les constructions souvent mal appréhendées, voire inarticulées, par rapport auxquelles il est émotionnellement engagé. L'accent porte sur la « re-description », c'est-à-dire l'apport d'une nouvelle description, l'ajout, l'implication ou la mise en lumière d'éléments, sur la prise en compte de ce qui fait figure et de ce qui fait fond dans le discours du sujet, sur le fait de rendre vie à certaines parties négligées de son discours ou à des aspects méconnus de son désir. L'action de coaching vise à augmenter ou enrichir les constructions du sujet, pour qu'il dispose de constructions qu'il puisse reconnaître comme viables et qui lui offrent une gamme plus étendue de possibilités. Le coaching est ainsi conçu non pas comme une démarche qui consisterait à « s'éloigner de » situations plus ou moins problématiques, mais comme celle qui aide à « aller vers » une création et une re-création de soi et une compréhension du sens actuel.

Ce cadre de référence impose au coach une grande prudence et une grande vigilance car, bien qu'acceptant lui-même son rôle professionnel et étant reconnu dedans, le coach qui fait sienne l'option constructiviste ne peut jamais se rassurer en prenant appui sur son savoir théorique, pour décider de ce qui va ou de ce qui ne va pas chez le coaché et choisir ce qui serait mieux pour lui. En effet, une fois adoptée, cette option exige une très grande précaution, autant dans l'usage que fait le coach du modèle « D » et de son rôle de suppléance, que du modèle « R » et de son rôle d'assistance.

La reconnaissance et l'acceptation de la prudence et de la vigilance dont nous parlons ci-dessus impliquent que le coach supporte de travailler avec un seuil d'incertitude élevé. Il décode naturellement, afin d'en comprendre le sens, le discours du sujet à partir de son savoir théorique et il ne pourrait en faire l'économie. Néanmoins la prudence s'impose, car en s'appuyant sur le modèle « D », le coach peut par exemple remarquer que la carte qui fait figure est celle du cycle de changement, et que sur cette carte le sujet se trouve dans la phase marasme ; cela ne lui indique en rien ce qui, réellement, ne va pas chez le coaché, ni ce qui lui irait le mieux par la suite. Le coach constructiviste ne peut trouver dans aucun modèle le fondement d'une assurance ou d'une autorisation pour le choix de ses actes en tant que professionnel, accompagnateur d'un projet de vie. Vécu et pratiqué ainsi, le coaching est un processus qui consiste à un déplacement du discours, de l'histoire actuelle et problématique du sujet vers une nouvelle histoire qui offre une gamme de possibilités plus étendue, qui s'effectue en reconstruisant le cadre théorique à chaque intervention, grâce au principal agent de changement : le coaché.

Trois principes de base serviront pour résumer l'option constructiviste :

– 1 Il n'existe aucun modèle, aucune norme, ni aucune carte du monde valables pour tous. Le coach doit, en faisant abstraction de toutes ses certitudes personnelles, rester centré sur le coaché, sur ses possibilités et sur son avenir.

– 2 Aucun coaché n'est démuni, ni sans ressources. La patience et l'optimisme du coach, le travail de perlaboration qui a lieu entre les séances chez le coaché, sont plus importants que l'application méthodique de techniques ou de protocoles standards pour l'aider à reprendre contact avec ses ressources.

– 3 Le coach est libre d'utiliser tous les modèles et techniques qu'il connaît au service du coaché, pour que ce dernier s'auto-organise et s'autonomise.

Le courant des relations humaines

La perspective centrée uniquement sur la personne

Dans la mesure où les êtres humains ne vivent pas seuls, ni en ermite ni en autarcie, se centrer, dans une action de coaching, uniquement sur l'individu en choisissant de faire abstraction des aspects sociaux et relationnels de sa vie, paraît quelque peu problématique. Il nous semble qu'en prenant cette option le coach se retrouverait malgré toutes les apparences dans un univers statique, car toute dynamique en serait exclue par l'orientation qui privilégierait l'observation des comportements du sujet. Même si le coach ne niait pas l'importance des facteurs sociaux proches et lointains dans le façonnage de ces mêmes comportements, et reconnaissait le rôle joué par la famille d'origine et par tout l'environnement éducatif du coaché, il en ferait le plus possible abstraction.

Ce qui importe dans cette façon d'appréhender l'individu, c'est que la pensée qui permet de rendre compte de ce qui est perçu est catégorielle : les individus sont perçus à partir de leurs caractéristiques et de leurs propriétés intrinsèques, ce qui conduit inéluctablement à des caractérologies, des typologies, des étalonnages, des « grilles de lecture ». De telles classifications incitent à la création de hiérarchisations selon la valeur des individus (les bons et les mauvais, ceux qui sont aptes au commandement, à l'exercice de l'autorité, etc.) ce qui renvoie à un monde de ségrégation, à la limite du racisme, au moins du racisme social (le mythe du « chef-né »).

Vu sous cet angle, le coaching ne pourrait se concevoir autrement que sous l'angle prescriptif. Il serait à administrer de façon autoritaire dans la visée de corriger ou de réparer l'individu pour qu'il retrouve sa place au sein des « normes » statistiques ou factorielles dont il était censé être le représentant, compte tenu de la catégorie des individus à laquelle il appartient.

La perspective centrée sur les inter-relations

En optant pour une perspective centrée sur les inter-relations, le coaching change fondamentalement d'orientation par rapport à ce qui a été dit précédemment.

Au lieu d'être considérés uniquement en rapport avec eux-mêmes, les individus coachés sont immédiatement situés au sein de leur environnement, dans leurs différents contextes de vie et dans leurs rapports les uns avec les autres, c'est-à-dire « en relation ». Il n'est plus possible, alors, de nous préoccuper seulement des capacités, des motivations, des opinions, du caractère et de la personnalité de chaque sujet pris isolément, en ne tenant compte que des qualités intrinsèques, ou, pour en parler de manière plus triviale, de la mise à jour des « points faibles » et des « points forts » du sujet coaché, car nous ne raisonnons pas de manière non-élémentaliste, mais considérons l'individu comme « un-organisme-comme-un-tout-dans-un-environnement ». Pour étudier la réaction d'un individu à son environnement, nous ne pouvons plus nous contenter d'un déterminisme ou d'une causalité linéaires organisés sur le mode stimulus-réponse où une cause engendre un effet. Nous sommes amenés à reconnaître une causalité réciproque ou circulaire dans laquelle l'énergie (et à un autre niveau la responsabilité) se trouve autrement répartie ; nous nous retrouvons dans un système interactif.

L'environnement communicationnel s'inscrit alors dans un champ, qui peut être perçu comme un champ de force ; le moindre geste, mimique, parole ou silence, l'engagement ou le retrait deviennent alors dotés de signification. Cette compréhension permet de percevoir, non pas un état stable et statique, mais un état d'activité permanent. Nous devons, pour nous représenter ce modèle, faire appel à d'autres conceptions du champ relationnel. Il s'agit cette fois d'un déterminisme de champ dans lequel tous les points du champ sont simultanément cause et effet par rapport à tous les autres points du champ.

Adopter ce point de vue permet d'une part de situer toute communication relationnelle dans sa complexité, et d'autre part, d'impliquer l'ensemble des individus dans le fonctionnement de la relation qui est elle-même définie comme un système dans lequel chaque élément a une influence sur l'ensemble. Le postulat cartésien « le tout est la somme des parties » ne s'applique pas suffisamment à la réalité observée pour que l'on puisse le retenir. Il serait alors plus juste, dans une perspective cybernétique, de dire que « le tout est la structure des parties ».

Pratiquer le coaching à partir de cette position théorique nécessite l'abandon d'une pensée rationaliste, hypothético-déductive, au profit d'une logique de la complexité et exige également du coach qu'il soit prêt à se remettre en question en permanence, car l'inter-subjectivité qu'implique la perspective centrée sur les inter-relations le conduit inévitablement à découvrir des aspects de son être qu'il n'avait pas forcément envie d'explorer.

L'apport de Carl Rogers et la non-directivité

Personne ne s'étonnera, à partir de ce qui précède, que nous abordions maintenant l'apport de Carl Rogers et l'orientation non-directive ; celle-ci est indispensable dans la relation d'aide qu'est le coaching tel que nous l'envisageons. Rappelons ici que « la réalité est la réalité propre du sujet », et que la pensée du coaché doit se trouver reformulée dans le cadre de référence qui est le sien et non dans celui du coach. Bien que cela puisse paraître évident pour le lecteur averti, il nous semble malgré tout important de rappeler les grandes lignes de ce courant et de ses applications dans une action de coaching. Le coaching individuel est une relation strictement duelle, mais pas une relation duelle habituelle, banale, telle que celle vécue dans une relation ordinaire, quotidienne. En effet, pour des raisons liées à l'acte professionnel qu'est le coaching, cette relation est « protégée » par le « tact » et la « compréhension » du coach qui a fait sienne l'attitude non-directive. La relation de coaching n'est pas non plus une relation paritaire : l'un des deux protagonistes parle et l'autre écoute ; l'un expose ses problèmes, ses difficultés, ses questions, ses objectifs, ses buts, etc., et l'autre les lui renvoie pour qu'il puisse dégager lui-même des solutions, préciser sa pensée et se définir par rapport à ses buts et au sens qu'il souhaite donner à sa vie. L'intérêt porté à l'attitude et aux méthodes non-directives en découle immédiatement : c'est le fondement des méthodes propres à faciliter la communication du sujet avec lui-même. Le terme « communication » a été choisi pour évoquer le processus actif engagé par le sujet coaché qui n'est pas informé par le coach, mais s'informe lui-même en communiquant ou en tentant de communiquer avec lui-même.

Une action de coaching ne consiste ni à faire découvrir au coaché quelque chose qu'il ignorait, ni à lui délivrer une information sur sa « personnalité » ; le coaching est avant tout une interaction entre deux personnes, le coach et le coaché. Une telle interaction implique la reconnaissance et l'acceptation des sentiments que l'un et l'autre éprouvent au sein de la relation. Cette acceptation fait que nous sommes loin d'un simple échange verbal, car l'attitude d'acceptation inconditionnelle du coach, et l'interaction entre cette attitude-là et celle du coaché, jouent un rôle déterminant dans le développement du sujet.

Dans la relation coach/coaché, le coach écoute « silencieusement ». Non seulement il laisse le coaché s'exprimer sans prendre la parole mais il fait également le silence « dans sa tête » en abandonnant toute attitude de soutien, d'évaluation, ou de conseil. Le coach ne se contente pas de ne pas donner de conseils, il ne « pense » même pas en donner ; il écoute attentivement, avec ses « cinq sens » sans mettre de mots sur les mots du sujet, tout en restant présent à lui-même et à l'autre, car il ne fait pas pour autant abstraction de ses propres mouvements et états internes, de ses sensations et de ses sentiments. De cette manière, il entre en résonance avec lui-même et avec le sujet ; il peut ainsi entrer dans le monde subjectif du coaché, pour capter son expérience depuis sa perspective, avec son « horizon ». De cette façon, en cherchant non seulement à comprendre le coaché, mais également à ressentir ce qu'il ressent dans l'ici et maintenant de la relation pour le lui communiquer et lui refléter ses sentiments, le coach peut lui témoigner de la valeur positive qu'il lui accorde, et de cette façon uniquement. Cette manière de procéder permet au coaché de faire ses propres prises de conscience. Il bénéficie non seulement d'un élargissement de sa conscience, mais aussi d'un gain de confiance en lui-même. Le postulat de base qui fonde cette remarque est que le coaché a en lui-même ou dans son environnement toutes les ressources dont il a besoin. De ce postulat découle la proposition suivante : tout individu a la capacité latente, sinon manifeste, de se comprendre lui-même et d'entrer en contact avec ses ressources pour solutionner ses problèmes, réorganiser sa vie, reprendre contact avec ses valeurs et son identité intégrée, définir et réaliser son projet de vie.

Pour que cette capacité puisse s'exprimer, un contexte relationnel est requis. Il s'agit d'un contexte dans lequel le sujet se sent accepté inconditionnellement, dans un climat de sécurité et de compréhension, un climat qui ne comporte aucune entrave à l'intégrité du sujet, ni menace, à quelque niveau que ce soit.

La capacité de réorganisation de tout coaché peut d'autant plus s'épanouir que le coach croit profondément aux possibilités humaines de maturation de tout individu, fait confiance au potentiel de croissance et de maturation du sujet et à sa capacité d'auto-organisation, d'évolution et d'enrichissement.

UNE VISION DE L'ENSEMBLE

Comme nous l'avons déjà signalé dans le *Manuel de coaching*, toute action de coaching repose sur l'utilisation des deux modèles qui constituent le modèle de coaching du Dôjô. Que ce soit pour une action de coaching à dominante professionnelle, ou pour réaliser un coaching de vie, visant l'élaboration et la réalisation d'un projet de vie, incluant obligatoirement le projet professionnel, nous nous servons du modèle « D » et du modèle « R ».

Le modèle « D » permet au coach de prendre appui sur ses connaissances disciplinaires en s'intéressant au contenu du discours du sujet, afin de le situer sur les sept cartes que comporte ce modèle. Le diagnostic ainsi effectué, l'information recueillie ne représente qu'une vision globale de la situation du sujet qui permet de situer où il en est par rapport à son projet de vie, ainsi que le chemin qu'il lui reste à parcourir dans sa réalisation. Bien que cette information ne donne qu'une orientation générale, elle permet de savoir où le sujet se trouve à ce moment ; elle balise en quelque sorte le voyage, indiquant la direction à prendre et donnant une idée de l'équipement indispensable pour effectuer ce trajet. À ce niveau, le discours du sujet ne permet de mettre à jour qu'une carte qui reste très générale, un peu comme si le coaché voulait faire le chemin de Compostelle muni uniquement d'une carte qui représente la France. Le rôle du coach est de le suppléer, pour aider le coaché à créer une carte de plus en plus détaillée qui lui permettra de décider de son parcours journalier.

Le modèle « R » invite le coach à s'appuyer sur ses compétences pour aider le sujet à prendre conscience de ce qu'il veut et de ce qu'il ne veut plus dans sa vie et à reconnaître les obstacles externes, et surtout internes, qui empêchent son autoréalisation. Le rôle d'assistance devient prioritaire ; le coach devra encadrer son intervention pour libérer la parole du sujet afin que celui-ci ose enfin se dire ce qu'il n'osait pas jusqu'alors formuler, et s'affirmer dans son désir de changement et d'évolution. Le modèle « R » permet au coach, avant tout, d'aider le sujet à prendre contact avec ses propres ressources, à sentir qu'il n'est ni démuni, ni impuissant, mais qu'il a le pouvoir de devenir l'architecte et le maître d'œuvre de son projet de vie et de jouer le rôle de guide auprès de lui-même pour son chemin de vie. Dans le coaching qui est le nôtre, nous utilisons ces deux modèles et ces deux rôles, en donnant plus ou moins d'importance à l'un ou à l'autre en fonction de la phase de coaching dans laquelle nous nous trouvons : le tâtonnement, l'écoute, l'identification, la clarification.

Ces deux modèles, qui n'en forment qu'un, permettent au coach, en fonction du développement du sujet, de prendre davantage un rôle de suppléance ou un rôle d'assistance auprès du coaché, bien qu'il exerce toujours les deux rôles en même temps, car le coach se définit prioritairement comme un expert de la relation et du processus.

Toutes les connaissances théoriques dont dispose un coach lui permettent de déceler dans chaque situation les généralisations sur les comportements humains pour mettre en relief les similitudes avec d'autres situations. À titre d'exemple, un coach qui se servirait du modèle mis au point par Taïbi Kalher, le *Process*

Communication Management (PCM)[1], trouverait un outil permettant de situer son sujet dans son appartenance à tel ou tel type de personnalité, et ainsi de prévoir son engagement dans la réalisation de diverses tâches de développement. Bien qu'il ne soit pas nécessaire de disposer d'un modèle de personnalité pour être un bon coach, le PCM est indéniablement, parmi tous les modèles actuels, celui qui a fait ses preuves et qui a permis à un grand nombre de managers non seulement de comprendre la motivation de certains de leurs comportements dans les domaines personnel et professionnel, mais aussi d'améliorer leurs processus de communication.

Néanmoins, sans nier l'aide que peuvent apporter ces modèles de personnalité dans la compréhension du fonctionnement du sujet, nous sommes plus attentifs à leurs limites qu'à leurs possibilités d'aide réelle au développement du sujet. La sémantique générale, l'analyse systémique, les réflexions actualisées sur la complexité et nos propres travaux en PNL constructiviste, ont renforcé notre conscience de la spécificité de chaque sujet et de chaque situation. Ils nous ont fait constater en permanence que, quoi qu'on fasse, les êtres humains échappent aux modèles théoriques, aussi performants et subtils soient-ils, pour démontrer leur subjectivité et leur unicité en nous invitant à les découvrir dans toute la splendeur de leur particularité individuelle.

Se préoccuper avant tout du développement du coaché et de l'aide à lui fournir pour qu'il puisse prendre pleinement conscience de ses ressources et se déterminer dans sa vie en restant en contact avec son identité intégrée, amène à renoncer à chercher les similitudes entre ce sujet-là, face à qui l'on se trouve, et d'autres sujets. Prenons un exemple du PCM : nous pouvons bien sûr diagnostiquer chez notre sujet une structure de travaillomane, de rebelle ou de persévérant, mais, nous sommes forcés à admettre que si nous restons à ce niveau d'observation générale d'un portrait type, en quelque sorte, d'une typologie générale de la personne et que cette typologie ne nous fournit pas d'information sur la spécificité du

1. Pour davantage d'informations, voir *Comment leur dire... La Process Communication* de Gérard Collignon, InterEditions, ou suivre un séminaire sur le modèle avec un formateur certifié.

sujet, sur sa particularité, nous nous trouvons confrontés à une question centrale : qu'en est-il, alors, de l'unicité du sujet ?

Coacher dans une perspective d'aide à la réalisation d'un projet de vie, c'est viser « le développement et la réalisation de soi » au sens où Abraham H. Maslow l'entendait, qui souligne : « Il est intéressant de constater que tout le monde a besoin de rencontrer de temps à autre cette compréhension inconditionnelle. Les gens se sentent habituellement classés, étiquetés, évalués. Donner à quelqu'un une étiquette : garçon, policier, dame, c'est souvent l'offenser. Nous avons tous besoin d'être reconnus et acceptés pour ce que nous sommes dans notre totalité, notre richesse, notre complexité. »[1] Autrement dit, chacun de nous a de telles possibilités de développement, liées aux ressources dont il dispose, qu'il est impossible de prédire comment se développera son identité intégrée avant qu'elle n'ait été révélée. Le coach ne dispose d'aucune carte, d'aucun modèle de ce qu'est réellement une personne congruente, en accord avec elle-même et avec le monde. Il n'existe pas en ce monde deux individus identiques qui poursuivent le même projet de vie et qui cherchent à l'actualiser de la même manière. Si, en tant que coach, il nous faut abandonner l'idée d'un projet de vie idéal, voire d'un projet professionnel, nous pouvons disposer malgré tout de cartes qui nous permettent de situer le sujet que nous accompagnons et mettre à jour la manière dont il procède pour vivre sa vie, quitte à ce que ce soit, comme le dit avec humour Paul Watzlawick, la découverte de sa façon de « réussir à échouer ».

En l'absence d'un modèle de personnalité définissant ce qu'est une personne en contact avec son identité intégrée, en accord avec ses pensées, ses opinions, ses sentiments et ses actes, et distinguant ce qu'elle n'est pas, le modèle « D » nous offre des cartes qui nous indiquent par quels processus le sujet facilite ou entrave son développement et sa réalisation.

---

1. Maslow A. H., *Vers une psychologie de l'être*, Fayard, 1973.

2

DU COACHING PROFESSIONNEL AU COACHING DE VIE[1] : LE COACHING COMME SPORT DE CONTACT

L'EXPRESSION « SPORT DE CONTACT » indique à quel point ce livre-ci représente la suite des deux précédents. Dans le premier, *Construire sa vie adulte - Comment devenir son propre coach*[2], nous avons présenté uniquement le modèle « D », le modèle disciplinaire. Dans le deuxième, *Manuel de coaching - Champ d'action et pratique*[3] nous avons repris le modèle « D » et ébauché le modèle relationnel, le modèle « R » en développant surtout les quatre grandes phases d'une action de coaching, les compétences néces-

---

1. Le « coaching de vie » ne peut s'opposer au « coaching professionnel » dans la mesure où ce dernier terme reste à définir. Les termes « coaching professionnel » ou « coach professionnel » posent question et créent de la confusion : s'agit-il de désigner une personne professionnelle du coaching, c'est-à-dire qui en fait son métier, ou d'évoquer quelqu'un qui, quel que soit son background, coacherait des professionnels, des personnes en poste en entreprise ?
2. Op. cit..
3. Op. cit..

saires à l'exercice de ce métier et les rôles et actions du coach au cours des quatre phases d'une action de coaching.

En résumé, ces ouvrages ont présenté le savoir, le savoir-faire et le savoir-être indispensables pour exercer le métier de coach. L'intitulé « coaching de vie » indique l'option qui est aujourd'hui la nôtre. En effet, le coaching ne saurait se limiter au développement professionnel de la personne.

Nous nous proposons ici de montrer comment les modèles « D » et « R » peuvent se diriger davantage vers l'aide à apporter à une personne intéressée prioritairement par son développement personnel et par la construction d'un projet de vie qui lui permette de se réaliser. Dans cette orientation, les rôles principaux du coach : la suppléance et l'assistance, gardent toute leur importance en se distribuant différemment

Rappelons que **le rôle de suppléance** est dominant dans les phases 1 et 3, les phases respectivement dénommées « tâtonnement » et « identification ».

En **phase 1**, la phase de tâtonnement, le coach observe, accueille et comprend le coaché dans le but de poser un diagnostic à partir des sept cartes du modèle « D », tout en démontrant naturellement des compétences relationnelles et des qualités humaines.

En **phase 3**, la phase d'identification, le coach supplée aux manques techniques du coaché en partageant avec lui sa connaissance des cartes du modèle « D », de manière à encourager la construction d'une représentation partagée.

Le **rôle d'assistance** est, quant à lui, nettement plus accentué dans les phases 2 et 4.

Dans la **phase 2**, la phase « écoute », l'accent porte sur l'écoute empathique du sujet, dans le but d'instaurer un climat de coopération qui stimule l'activation des ressources du sujet.

Dans la **phase 4**, la phase de « clarification », les ressources du sujet sont à nouveau mises en relief, pour permettre au coaché de clarifier son positionnement, de finaliser son projet, de clore l'action de coaching et de se réapproprier son autonomie au travers d'un programme informel et non formalisé d'autocoaching.

Nous reviendrons sur ces quatre phases d'une action de coaching dans les chapitres qui suivent. Soulignons toutefois que notre volonté déclarée est de faire porter l'accent ici sur le projet de vie et de laisser le projet professionnel en arrière-plan, ou plus exactement de ne voir en lui qu'un moyen parmi d'autres qui permettent au coaché de réaliser son développement. Cela signifie que, malgré une complémentarité indispensable et incontournable entre les rôles de suppléance et d'assistance, le rôle d'assistance devient dominant. L'appui que prend le coach sur le modèle « D » n'a d'autre finalité que celle de renforcer le rôle d'assistance. Ce type de positionnement du coach s'appuie sur le constat que le coaching, et particulièrement le coaching de vie, est avant tout une communication relationnelle et une interaction entre deux personnes. Dans ce contexte, le rôle d'assistance du coach est primordial : il signifie que le principal agent et facteur de changement est toujours le coaché lui-même.

Le coaching de vie est un mode de relation d'aide qui se déroule généralement sur une durée de quinze à vingt séances. Le contrat passé avec le sujet est habituellement verbal et ne fixe pas d'emblée le nombre de séances, mais prévoit que c'est au coaché de décider de l'arrêt de cette relation. Néanmoins, le coach, praticien du coaching de vie, tient naturellement compte des contraintes financières. Que celles-ci soient rendues explicites, dans le cadre d'un contrat passé avec une entreprise ou avec un service public qui obligent le coach à définir *a priori* le nombre de séances de manière contractuelle, ou qu'il s'agisse tout simplement des possibilités financières du sujet, la relation d'aide qu'est le coaching de vie peut parfaitement s'adapter à ces contraintes. Que le coaching de vie se fasse dans le cadre d'un nombre de séances définies à l'avance, ou que la fin de l'action de coaching soit laissée à l'initiative du sujet, il est important que le coach reste le gardien du but et de la finalité de cette relation, qui est d'aider le sujet à construire, à réaliser et à savourer son projet de vie. Comme nous le verrons par la suite, une relation de coaching peut durer bien au-delà de vingt séances ; elle dure des années lorsque le sujet est pleinement en contact avec ses ressources. Il s'agit alors d'une démarche de coaching de maintenance.

Quoi qu'il en soit de ces modalités contractuelles, les modèles et techniques que nous allons exposer dans les chapitres suivants, permettent au coach de rester fidèle à l'esprit et à l'éthique du coaching pour apporter, dans la relation, l'aide attendue par le sujet.

LE MODÈLE DISCIPLINAIRE : MODÈLE « D »

Avant de présenter les sept cartes qui forment l'ensemble du modèle « D », il nous semble important de donner quelques explications sur ce modèle, et surtout le situer dans ses aspects systémique et complexe. La figure 1 nous en donnera une représentation.

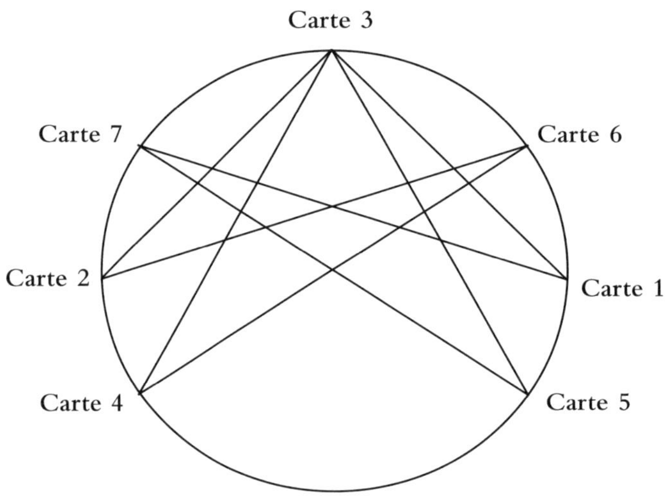

Figure 1 - Le modèle « D »

Comme nous pouvons nous le représenter en regardant la figure 1, ce modèle est avant tout interactif. Chaque point du champ devient simultanément cause et effet par rapport à tous les autres points du champ. Le déterminisme n'y est pas conçu comme linéaire, à partir d'une pensée disjonctive de type aristotélicien, mais comme « môlaire », « holistique ». Prenons ce modèle comme un hologramme. On sait que s'il venait à être fragmenté, chaque partie contiendrait effectivement l'image du tout. Imaginer cette représentation ainsi fait apparaître son aspect non séquentiel, et non linéaire. Aucune carte n'a plus d'importance ou de valeur qu'une autre carte, elles se renvoient les unes aux autres de manière systémique, nous sommes toujours dans une dynamique des effets de force.

Comme nous le verrons plus loin, l'utilisation de ce modèle implique de considérer notre sujet-coaché, à l'instar de tout individu et de tout système vivant, comme une totalité dynamique, biologique, psychologique, sociale, culturelle, cosmique, indissociable. Par ailleurs, la nécessaire prise en compte du caractère spécifique du projet du coaché, de ses visées, de ses stratégies et de ses objectifs, fait intervenir l'intersubjectivité, la réflexivité, et la nécessaire prudence dans l'utilisation du modèle. Ceci permet d'éviter de figer une réalité (en l'occurrence le sujet) qui est par nature mouvante et dynamique. Comme l'écrit Edgar Morin : « Être sujet, c'est être autonome, tout en étant dépendant. C'est être quelqu'un de provisoire, de clignotant, d'incertain, c'est être presque tout pour soi, et presque rien dans l'univers. »[1]

Ce modèle de coaching ne donne pas une « recette » pour connaître l'inattendu ; il représente au contraire une approche qui nous incite à rester prudents et attentifs pour ne pas nous laisser endormir par l'apparente mécanique et l'apparente trivialité des déterminismes. Il nous montre qu'on ne doit pas se laisser enfermer dans la croyance que ce qui se passe maintenant va perdurer. Savoir que les évènements importants de notre vie étaient totalement inattendus, ne nous empêche pas de continuer à agir comme si rien d'inattendu ne devait désormais se passer. Secouer cette paresse d'esprit est un des buts du modèle. Il donne au coach un aide-mémoire, un pense-bête, qui rappelle les principes de base de la pensée complexe : « Rappelez-vous que la réalité est changeante. Du nouveau peut surgir, et va de toute façon surgir ». Cette démarche, issue de la pensée complexe et systémique, ne refuse pas pour autant la clarté, l'ordre et le déterminisme ; elle pose simplement comme principe leur insuffisance et propose une pensée plus riche et moins mutilante.

Reconnaître la complexité comme fondamentale dans le domaine du coaching, c'est reconnaître les capacités d'adaptation de « l'homme-comme-un-tout-dans-un-environnement ». Cela

1. Morin, E., *Introduction à la pensée complexe*, E.S.F. éditeur.

implique qu'un individu n'est pas simplement la somme algébrique de ses parties, mais bien davantage, et qu'à à ce titre, il doit être traité comme un tout intégré, ce qui souligne l'impossibilité de sa réduction. Toutefois, cette impossibilité de séparer et ou de décomposer les « constituants » d'une réalité complexe, n'interdit nullement le repérage ou la distinction, dès lors qu'ils sont effectués de manière réfléchie et intelligente, au sein d'un ensemble, à partir de modèles appropriés, comme celui qui est présenté ici. Cela suppose que le coach, par sa formation et grâce à un travail de réflexion sur lui-même, ait acquis une « vision » tout à la fois « systémique » compréhensive et holistique des choses, lui permettant d'intégrer la notion que la « réalité » n'existe pas en elle-même, qu'elle n'existe qu'en fonction de nous, et de reconnaître ainsi que le modèle « D » n'est pas le reflet fidèle de la réalité du coaché, mais une carte, un moyen de comprendre, un instrument, pour faire sens à un système construit dans une pensée non élémentaliste, non aristotélicienne. Il comprendra que cette carte vise à lui permettre d'avoir une représentation, une « vision » systémique de cette réalité-là.

LES SEPT CARTES DU MODÈLE « D »

Le modèle disciplinaire s'enracine dans des principes philosophiques et propose cinq tâches fondamentales pour mener à bien une action de coaching. Le coach qui, dans son identité de rôle, adhère à ces principes, réalise les tâches fondamentales qui lui permettent d'appréhender et d'accompagner le développement de l'adulte, et agit en professionnel.

Les cinq tâches qui incombent au coach dans l'exercice de son métier sont :

- ➢ Faciliter : la continuité et le changement du sujet dans les cinq domaines de vie ;
- ➢ Clarifier : les valeurs et les croyances du sujet ainsi que le sens qu'il donne à sa vie ;
- ➢ Identifier : les principales identités de rôles et mettre au point un programme équilibré qui les intègre dans les divers domaines de vie ;

- Situer : les tâches de développement correspondant à l'âge du sujet pour l'inviter à créer une construction positive de son avenir ;
- Inventer : un programme d'apprentissage permanent de et pour la vie.

L'utilisation des sept cartes du modèle « D », décrit dans le détail dans *Construire sa vie adulte*[1], repose sur ces tâches et principes.

Nous rappelons ici ces sept cartes, en les présentant de manière formelle, et en insistant sur l'aide qu'elles apportent au coach pour gérer le processus de la relation et assumer son rôle de suppléance.

Les sept cartes du modèle « D »

Carte n° 1 : Les anciens et les nouveaux principes
Carte n° 2 : Le cycle de changement
Carte n° 3 : Les valeurs fondamentales
Carte n° 4 : Les domaines de vie
Carte n° 5 : Les âges de la vie
Carte n° 6 : L'apprentissage à l'âge adulte
Carte n° 7 : Les aires de conscience

Rappelons que l'usage du modèle « D » n'implique nullement que le coach crée une quelconque hiérarchie de valeur à partir des diagnostics des cartes ou du contenu de chaque carte. Ce modèle sert uniquement à favoriser le processus d'autoréalisation du coaché. Le rôle fondamental du coach est d'accompagner le coaché dans un voyage dont ni le but, ni la direction ne sont connus à l'avance. En ayant intégré les cartes du modèle « D » au travers de son propre vécu, le coach rend le modèle vivant, ce qui l'invite, dans son utilisation, à le considérer comme un référent, un point d'appui et non comme un dogme et un interdit, qu'il plaquerait sur le coaché comme un schéma artificiel. Le modèle « D » représente alors une véritable vision de vie venue de l'intérieur, ce qui permet au coach de créer une représentation véritablement partagée avec le coaché.

1. Op. cit..

Carte n°1 : les anciens et les nouveaux principes

D'après *Le Petit Robert*, un principe est « une règle d'action s'appuyant sur un jugement de valeur et constituant un modèle, une règle, un but ».

Nous vivons tous d'après les principes de vie auxquels nous adhérons, sans trop les remettre en question. Cette carte nous invite à réfléchir sur ce qui sous-tend nos actions, à remarquer et à questionner ce que nous avons dans la tête, puisque certains de nos principes relèvent vraisemblablement des anciens principes. Les anciens principes appartiennent à un autre âge, à un autre monde, un monde plus simple, linéaire et stable. Ces principes, aussi valables qu'ils aient été à un moment donné, ne nous permettent pas d'appréhender le monde d'aujourd'hui avec autant d'acuité et de pro-activité qu'il faudrait.

Les anciens principes

Les anciens principes représentent des règles fondamentales de stabilité et une recherche de sécurité matérielle. Proposés tels, voire inculqués à la plupart d'entre nous, par nos éducateurs, parents, enseignants, etc. ils visaient principalement une quête d'adaptation de l'individu à son environnement immédiat. Ces principes comportent tout à la fois, des objectifs de développement physiques, intellectuels, psychologiques et moraux qui devaient faciliter l'entrée dans la vie personnelle et professionnelle d'adulte et l'entrée dans la société. C'était l'exercice partagé d'une citoyenneté, relativement autonome dans la mesure où l'individu était censé être pourvu de capacités critiques suffisantes. L'acquisition de compétences nécessaires à un métier, à un emploi, à une profession, base indispensable à une entrée dans la vie adulte, et une continuité stable font, bien entendu, partie des anciens principes. En ce sens, ces principes rejoignent les grands principes d'éducation, et ont avant tout une fonction sociale, ils constituent du même coup un discours qui privilégie des valeurs sécuritaires, conservatrices et une vision du monde stable, voire, immuable.

Rappelons brièvement ces quatre anciens principes[1] :

---

1. Pour plus de détails sur les cartes du modèle « D », se reporter à *Construire sa vie adulte*, Turner, J. et Hévin, B., InterEditions, 2e édition, 2005.

Le premier est le principe linéaire : soyez honnête et travaillez dur et vous expérimenterez le succès, la sécurité, la joie. Ce principe, une fois admis, et, surtout agi, devait permettre de vivre en toute sécurité une vie tracée d'avance.

Le deuxième est le principe du dehors-dedans : votre vie personnelle est définie par les directives de la société qui vous entoure, votre famille, votre communauté, votre environnement professionnel. Ce principe affirme que chacun de nous devait avant tout se rendre conforme aux attentes de l'entourage, quel qu'il soit, en répondant aux directives et aux normes de son environnement socioculturel.

Le troisième est le principe de l'apprentissage pendant la scolarité : apprendre est la principale affaire des enfants et des jeunes gens pour se lancer dans la vie adulte, la vie de famille et leurs rôles de leaders. Adhérer à ce principe suppose que chacun de nous aurait acquis suffisamment de connaissances pendant ses jeunes années pour pouvoir fonctionner correctement par la suite sans aucun réajustement ou révision, jusqu'à la fin de sa vie.

Le quatrième est le principe de la constance : si vous travaillez dur, vous atteindrez la constance de la sécurité et du bonheur pour le reste de votre vie. Ce principe nous invite à croire qu'en travaillant dur, notre sécurité serait assurée car nous parviendrions ainsi à un niveau de vie adéquat qui serait maintenu et resterait constant pour toute la vie.

Ces principes, inculqués dès le plus jeune âge de l'individu, sont censés le préparer à la vie adulte, impliquant en tout premier lieu l'adaptation à un environnement matériel, économique, social, moral et politique, dans lequel être adulte doit se résumer à savoir faire les bons choix une fois pour toutes, à privilégier la sécurité, à s'adapter à l'existant et à ne pas envisager de modifier l'environnement. Une telle démarche n'implique que peu ou pas de remise en question et renforce la croyance qu'il est plus confortable de fonctionner à partir des normes culturelles de notre sphère relationnelle et d'adopter les solutions toutes faites transmises par la famille, puis par l'école et, plus tard, par l'entreprise, que de chercher soi-même. Mais si, brusquement, un changement important se produit, si la réponse toute faite au problème ne fonctionne pas, ou n'existe pas, l'individu affronte alors l'inquiétude, le doute, l'angoisse, et toute une gamme d'émotions qu'il s'était jusqu'alors efforcé d'ignorer. C'est très souvent face à une difficulté importante, à une frustration, à une peur, que des états internes, émotions, sentiments, nous reconnectent avec une pensée saine, et nous invitent à retrouver une congruence interne. Face à l'inconnu, en manque de créativité, mais ne pouvant plus trouver une aide efficace auprès de ses anciens principes, ni de ses solutions de « conserves » transmises par ses éducateurs d'antan, l'individu est amené à reprendre contact avec ses propres désirs, ses besoins et le plaisir de la découverte. Le changement n'est pas alors axé sur un vieux modèle culturel, celui des anciens principes, mais sur les besoins de notre propre organisme. La question n'est plus « Pour qui changer ? » mais devient « Pourquoi changer ? ».

Les nouveaux principes

Tu ne peux pas descendre deux fois le même fleuve,
car de nouvelles eaux coulent toujours sur toi.

Héraclite (- 576-480 J.C.)

C'est en voulant conserver une chose que nous sommes voués à la perdre. Toute la contradiction du monde se présente là. Nous sommes toujours pris entre l'impossibilité d'arrêter le cours du fleuve et le souhait de se baigner deux fois dans la même eau. Nous voudrions tant conserver intacts nos acquis, maintenir le cours des choses et du monde, plutôt que d'accepter celui, inévitable, du changement. En tant qu'êtres vivants, nous sommes en changement permanent ; nous mangeons, nous transformons, nous consommons de l'énergie, nous éliminons les déchets, nous dormons, travaillons, nous nous trouvons dans un cycle de changement sans fin. L'énergie, tel le fleuve d'Héraclite, circule et véhicule en nous cette vie sans cesse changeante. Nous sommes constamment en devenir. Certes, un individu peut toujours s'efforcer de ne fonctionner qu'à partir des anciens principes, et tel un animal « bien » dressé, se comporter de manière triviale, répétitive, pour tourner à droite, tourner à gauche ou aller tout droit quand son programme le lui dicte, évitant ainsi toute angoisse métaphysique, toute remise en question ou crise d'identité. Mais si le programme ne peut plus fournir les réponses aux nouveautés qui se proposent et aux problèmes qu'apportent inévitablement la vie, alors deux grandes possibilités se présentent : l'individu peut soit perdre totalement le contact avec ses ressources et ses capacités qui lui permettent de s'adapter à un nouvel environnement ou de le transformer, soit devenir créatif, accepter de vivre dans l'incertitude, de générer de nouvelles ressources et de vivre les découvertes.

Un individu qui ne fonctionne que sur les anciens principes n'utilise le feed-back que pour renforcer son modèle du monde. Pour lui, il n'y a ni découverte ni poésie, ni intégration. Cet individu fonctionne dans un cycle, une boucle, qui, tel un cercle vicieux, le maintient dans un même état d'esprit, sur des rails, dans un monde ou tout est prévisible. Nous sommes dans l'univers du « métro - boulot - dodo », même si le boulot porte le titre de « manager ». Car il faut bien reconnaître que certains managers ne sont que les esclaves de l'idole Travail, de simples élites de fonction au service d'une irrationnelle fin en soi régissant notre société actuelle.

L'individu devient « pathologique » à force de vouloir respecter les anciens principes. La véritable relation d'aide, que nous appelons « coaching », consiste à permettre à un individu de reprendre contact avec ses ressources et ses propres valeurs, à sortir de ce cercle vicieux, à partir dans un voyage à l'intérieur de lui-même afin de ré-animer ses feux créatifs et poétiques.

Le plus grand challenge que nous puissions relever aujourd'hui est de nous engager dans la vie, en acceptant le changement permanent, autant dans notre vie personnelle que professionnelle. Les quatre nouveaux principes qui suivent offrent un nouveau paradigme, un nouveau défi à accepter.

Le premier est le principe de l'autorenouvellement. Nos vies aujourd'hui sont mesurées en cycles et en chapitres, et non en accomplissements linéaires. Les concepts de recyclage et de renouvellement représentent le meilleur modèle pour illustrer notre parcours. Imaginons notre vie comme un livre organisé en chapitres se succèdant pour raconter notre histoire. Dans chaque chapitre, on trouve un début, un développement et une fin. Au travers de cette métaphore, nous voyons comment il est possible de distinguer des phases et des cycles au cours de notre vie, qui nous renseignent sur ce que nous sommes, sur ce que nous faisons et pourquoi nous le faisons, sur les objectifs que nous poursuivons et sur leur finalité.

À la fin de chaque chapitre nous vivons la fin d'un mode de fonctionnement, ce qui nous offre l'occasion de mettre en route un nouveau chapitre et de changer.

Le deuxième est le principe du dedans-dehors. La base de votre sécurité est en vous : votre base est vous-même. Vous devez vous construire une identité solide. Pour rester en course, vous devez être conduits par vos valeurs et vos objectifs. L'importance de notre sentiment identitaire, de notre sentiment d'être soi est mise en relief ici. Lorsque notre sentiment d'être soi, la base de notre identité, procède d'une source interne, il ne dépend que de nous. Nous sommes alors en mesure de fixer des objectifs et de faire des choix en fonction de nos valeurs propres, celles qui nous servent de guide et régissent nos projets de vie.

Le troisième est le principe de l'apprentissage à l'âge adulte. Vous n'apprendrez pas tout ce que vous avez besoin d'apprendre une fois pour toutes. Appuyez-vous sur votre sentiment d'identité pour apprendre à apprendre, mais aussi à désapprendre… et apprendre de nouveau. Pour rester éveillés toute notre vie d'adulte, apprenons, désapprenons et apprenons encore. En vivant pleinement en accord avec ce principe, nous élargissons en permanence le champ de notre conscience, de nos compétences et de notre confiance, car nous nous donnons des moyens pour grandir sur tous les plans et enrichir l'humanité. En restant curieux, disponibles et intéressés par ce qui se passe autour de nous, nous restons conscients de notre impact sur le monde, responsables de nos choix et de notre destin.

Le quatrième est le principe du changement perpétuel. Le changement est devenu la norme et non l'exception. Il n'y a plus de place pour la constance : celle-ci est remplacée par le changement continuel qui durera tout au long de notre vie. Se fixer des buts, formuler des objectifs, savoir où on va et prévoir comment y aller : voilà des éléments essentiels pour mener à bien son projet de vie. Néanmoins, tout ne peut se planifier à l'avance ; malgré les meilleures prévisions, nos plans doivent parfois se réviser. Nos réactions aux changements nécessaires, la façon dont nous faisons face aux aléas de la vie, la manière dont nous intégrons l'inhabituel, l'inattendu, en dit long sur notre acceptation ou notre refus, de ce dernier principe. Si nous considérons notre vie comme un voyage, chaque étape, chaque halte ont leur importance ; mais avant toute chose, chaque étape n'est que ça : une étape, un moment, un arrêt provisoire, passager, temporaire, non-permanent, non-fini. C'est un instant d'arrêt non-durable entre deux moments de mouvement, car rien n'est permanent sauf le changement que nous aurons à gérer toute notre vie.

En adoptant ces nouveaux principes, l'individu ne trouve ni sa sécurité dans les plans de retraite, ni son identité dans sa propriété, ni sa valeur dans la reconnaissance sociale ; il trouve sa sécurité, son identité et sa valeur en lui. Il adhère aussi à cette règle fondamentale : « Personne ne vous doit rien : ni le gouvernement, ni le système, ni votre employeur, ni votre conjoint, ni vos parents, ni vos enfants. Vous devez inventer votre propre futur en étant un bon gestionnaire de votre présent et un entrepreneur hardi de votre avenir »[1]. Curieusement, quelle que soit notre vision de l'avenir, vivre selon les nouveaux principes, adhérer à cette règle fondamentale, signifie que nous devons accepter de vivre dans l'ombre de l'incertitude car, paradoxalement, c'est la conscience de cette ombre qui est constitutive de notre vision positive de l'avenir : c'est elle, en effet, qui empêche de faire taire, de laisser s'estomper, la voix de la responsabilité.

Carte n°2 : le cycle de changement

Cette carte repose sur deux prémisses. La première est que les individus que nous sommes décidons et organisons notre vie en fonction d'un désir, d'une attente, de l'obtention d'une fin, d'un but, d'un objectif. Tous nos comportements, toutes nos actions sont

1. Op. cit..

dirigés de manière consciente, volontaire ou non, vers cette fin. La deuxième prémisse est que, pour être efficace[1], l'action doit nécessairement être consciente, intentionnelle et systématisée. L'action, ici, est dirigée vers l'élaboration et la réalisation de notre projet de vie. Elle constitue en fait une réponse aux stimulations de notre contexte de vie et de notre environnement, parmi lesquelles il faut forcément prendre en compte notre perception d'une insatisfaction, même relative, dans l'un ou plusieurs de nos domaines de vie, ou dans l'exercice de nos différentes identités de rôles et, naturellement, l'hypothèse d'une optimisation toujours possible.

La carte du cycle de changement nous permet de déterminer avec précision où nous sommes à ce moment de notre vie, de connaître le type d'action à mener et les conditions pour la mettre en œuvre. Il s'agit donc pour chacun de nous de rassembler, de regrouper des informations de manière sensible, c'est-à-dire des pensées, des sentiments, pour nous situer dans une des quatre grandes phases du cycle du changement :

– 1 alignement

– 2 désynchronisation

– 3 désengagement

– 4 réintégration

Tout système vivant passe par des cycles d'évolution et de changement. Rappelons que la carte du cycle de changement, comme toutes les autres cartes du modèle « D », s'applique autant aux individus qu'aux équipes et qu'aux organisations.

Chacune des phases du cycle de changement a sa caractéristique propre. Un cycle représente une structure. En ayant connaissance de cette structure, en sachant nous positionner (ou positionner notre sujet) le plus précisément possible, nous sommes en mesure de faire les meilleurs choix d'action pour guider notre vie, peu importe la phase dans laquelle nous nous trouvons et le type changement qui se prépare.

---

1. Rappelons que nous définissons l'efficacité comme permettant d'obtenir un maximum d'impact pour un minimum d'effort.

Les notions de transition et de système sont au cœur de cette carte et éclairent d'un jour nouveau le mode d'intervention dans la dynamique du coaching. Comme nous le remarquons dans la figure 2, dans les phases 1 (alignement) et 2 (désynchronisation) nous sommes avant tout engagés dans un accomplissement extérieur, dans la réalisation d'un projet qui se fait en contact et avec le concours du monde extérieur. Si nous ne tenons pas suffisamment compte de l'équilibre nécessaire au système vivant que nous sommes, cela nous amène à risquer de perdre le contact avec nos buts et nos valeurs personnelles.

Dans les phases 3 (désengagement) et 4 (réintégration), nous sommes engagés dans une reconstruction interne, orientés vers des options à venir avec lesquelles nous ne sommes pas encore pleinement en contact. Nous remarquons également que les quatre phases du cycle de changement se décomposent en dix étapes.

Malgré sa clarté et sa simplicité apparente, l'utilisation de cette carte ne doit en aucun cas servir de rationalisation, voire d'alibi, pour sur-simplifier une démarche de coaching.

En effet, céder à la tentation de réduire une action de coaching à un parcours des étapes de changement, c'est schématiser à outrance le fonctionnement humain et limiter le développement du sujet.

En réfléchissant à l'aide de cette carte, le coach est invité à augmenter sa vigilance et sa confiance dans les ressources du sujet de plusieurs manières.

La première, c'est qu'il est amené à accepter et à reconnaître son incapacité à situer le sujet coaché sur une des dix étapes à partir de normes qui se voudraient objectives ; la deuxième, c'est qu'il est conduit, par rapport au temps nécessaire et propre à chaque sujet, à faire preuve d'une patience optimiste, pour passer d'une étape à l'autre, d'une phase à une autre.

Bien que la finalité du modèle de coaching du Dôjô soit la réalisation du projet de vie, le coach n'a pas à valoriser une phase par rapport à une autre, quoi qu'il arrive et quelles que soient ses facilités ou ses difficultés à accompagner le sujet, où qu'il en soit dans les différentes phases et étapes de la carte du cycle de changement.

Un chapitre de votre vie :
engagés dans un accomplissement extérieur
avec le risque d'un appauvrissement intérieur,
vos buts et vos valeurs personnels peuvent se trouver piégés.

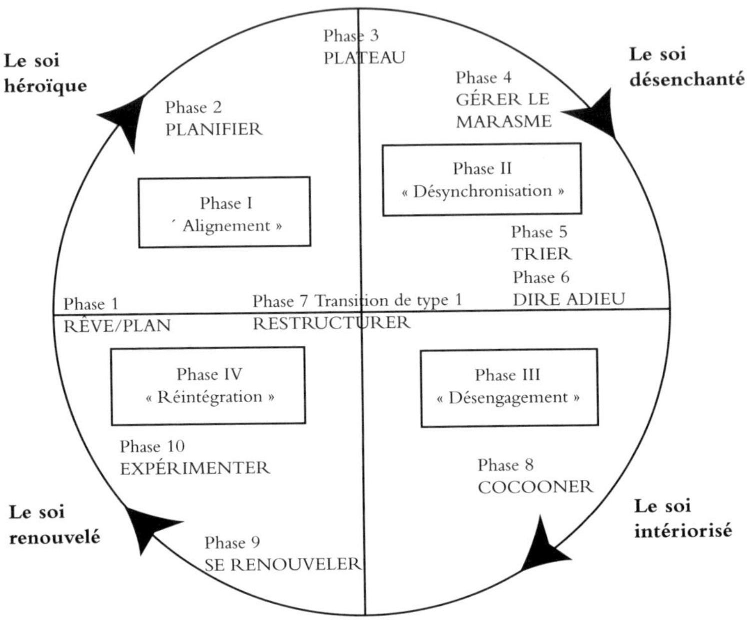

Une transition :
pris dans une reconstruction interne,
vous vous orientez vers les options futures.

Figure 2 - Le cycle de changement

Phase 1 : alignement

Cette phase est avant tout celle du projet. Ce terme est à entendre dans ses différentes acceptions : d'une part, l'image d'une situation, d'un état que l'on pense atteindre, de ce que l'on se propose de faire à un moment donné, et d'autre part, à un niveau plus philosophique, tout ce par quoi l'homme tend à modifier le monde ou lui-même dans un sens donné. À ce propos, citons Sartre : « L'homme est un projet qui décide de lui-même. » Le mot « projet » vaut que l'on s'y attarde, car tout projet implique deux notions qui demandent à être différenciées, mais demeurent assez souvent confondues : le mot « projet » renvoie à notre intention exprimée, à notre souhait avoué ici et maintenant, de façon vague ou précise, de tenter, d'entreprendre, de réaliser, de faire quelque chose dans un futur proche ou lointain. Cette intention peut se trouver assortie ou non des moyens de sa réalisation, c'est-à-dire de sa stratégie, ce qui renvoie à la deuxième notion à explorer. À ce premier niveau de la carte du cycle de changement, nous sommes dans l'étape du rêve, dans la représentation imagée de ce que nous aimerions que soit notre vie future. Ensuite arrive l'étape du plan, de la planification. Nous entrons dans le détail ordonné, dans la prévision de ce que l'on entend faire ultérieurement, dans une réflexion stratégique. C'est le plan qui est mis à jour ici, c'est-à-dire le programme, l'esquisse, la mise en forme logique de ce qui est anticipé. Les éléments communs à ces deux notions sont évidents et rassurants. Le rêve fournit de l'énergie, de la motivation. Il s'agit de projeter, d'anticiper ce que pourrait être, ce que sera probablement notre vie future. Mais sans planification, le rêve va rester un fantasme, un songe, une illusion. Nous voyons bien ici deux facteurs qui contribuent à une réalisation : le but visé et les moyens d'y parvenir. Un projet est essentiellement issu de la rencontre entre ces deux aspects, entre rêve et réalité, des facteurs incontournables et complémentaires par nature.

Phase 2 : désynchronisation

Après avoir lancé et réalisé notre projet, nous arrivons à la phase plateau, une étape où nous expérimentons la réussite et le bien-être. C'est une phase qui peut durer longtemps et, dans la mesure où elle est agréable, il est important de disposer de moyens pour la maintenir. Néanmoins, tôt ou tard et quoi que nous fassions, il arrive un jour que ce qui nous avait contenté jusqu'à présent se révèle de moins en moins satisfaisant : c'est comme si le sel avait perdu de son goût. Nous nous sentons désynchronisés, à côté de la plaque, démotivés, en manque d'énergie. Notre beau rêve est en train de se transformer en cauchemar. Nous sommes dans la phase de désynchronisation.

Mais cette situation ne signifie nullement que notre vie soit complètement désespérée, ni désespérante. Il est essentiel de rappeler que les phases du cycle de changement sont de durée et d'intensité variables. Et heureusement (si l'on peut dire), pour la plupart d'entre nous, la phase de désynchronisation ne nous rend que modérément malheureux. En fait, on ne se sent pas nécessairement malheureux à ce moment-là ; ce ressenti sera plus facilement qualifié d'insatisfaction, de manque d'entrain, de baisse de motivation. Cette phase se présente, par comparaison à un terme musical, comme une « basse continue » d'insatisfaction, c'est-à-dire en arrière-plan de la musique de l'existence, de la symphonie de la vie. Un lancinant bourdonnement, qui ne se fait jamais totalement oublier, nous gâche la vie. C'est un peu comme une rage de dents que l'on ne peut pas ignorer, ou une migraine qui persiste, détournant notre attention de ce qui devrait nous rendre heureux. Pour nommer cette phase ont utilise généralement des termes tels que un déboire, une déception, un désappointement, un désenchantement, et les sentiments relèvent de la famille dépaysé, dérouté, désorienté.

La plupart d'entre nous essayons de résister au changement ; nous ne voulons pas lâcher prise, car dans cette phase nous n'avons aucune représentation de notre futur. Nous investissons notre énergie pour maintenir un semblant, une illusion de stabilité et empêcher les insatisfactions de se manifester. Pourtant comme le dit Ouspensky : « L'éveil d'un homme commence en cet instant où il se rend compte qu'il ne va nulle part et qu'il ne sait pas où aller. »[1]

L'étape prochaine consiste à classer les choses, à faire le tri entre ce que nous voulons garder et ce que nous voulons éliminer. Adopter une attitude d'abandon, de lâcher prise, est nécessaire ici, car, sans lâcher prise, sans relâcher ce que nous tenons, le pas suivant ne peut être engagé, le prochain seuil ne peut être franchi. En effet, même si beaucoup d'entre nous s'obstinent à refuser d'y croire, il s'avère incontournable de laisser, de lâcher, et même de renoncer. L'acte de « dire adieu » fait partie des gestes absolument nécessaires à accomplir si nous voulons aller vers l'avant, si nous souhaitons continuer le voyage. Hélas, nous avons plutôt tendance à réagir comme si nous devions sacrifier une partie de nos chères possessions, ou, plus grave encore, comme si nous devions abandonner

1. Ouspensky, P.D., *Fragments d'un enseignement inconnu*, Janus.

nos rêves. Or, il n'en est rien. Ce que nous devons abandonner, sacrifier, lâcher, sont nos insatisfactions, et, à l'extrême, pour certains d'entre nous, la souffrance qui nous a accompagnés si longtemps, en renonçant à ce qu'elle nous retienne.

Pour changer, nous devons accepter de faire l'abandon de certains aspects de notre vie. Que ces abandons soient mineurs ou majeurs, nous sommes amenés à laisser derrière nous ce à quoi nous disons adieu. Avoir la capacité de dire adieu, de renoncer, d'abandonner, et la mettre en œuvre, est une condition *sine qua non* avant de rêver à nouveau et de prendre en charge la planification d'un nouveau projet.

Si vous n'êtes pas en mesure de dire adieu, vous ne pourrez dire bonjour. Quiconque ne sait pas dire adieu avec grâce ne peut pas s'engager pleinement dans un projet de vie.

La phase intermédiaire : transition de type 1 (mini-transition)

Choisir entre une transition de type 1 ou une transition de type 2 est une préoccupation majeure, aussi bien pour le sujet que pour le coach. Trop de désordres, d'insatisfactions, de frustrations, vécus dans la phase de désynchronisation, font perdre le contact avec nos ressources. Nous avons besoin après une étape de lâcher prise, de retrouver un cadre sécurisant pour faire face au changement qui s'opère en nous et progresser vers une réorganisation. Une question fondamentale se pose : « Est-ce que je garde mon projet actuel en le réaménageant, ou pas ? » Si je choisis de réaménager mon projet actuel, j'opte pour une transition de type 1. Si je décide de changer de prémisses, d'adhérer à de nouvelles valeurs et de modifier profondément mes identités de rôles, en prenant appui sur mon identité intégrée, je choisis une transition de type 2.

Dans le premier cas, en gardant notre projet, nous nous engageons dans un changement à l'intérieur d'un ensemble qui lui-même reste invariable ; une telle transition pourrait se résumer par la célèbre formule « Plus ça change, plus c'est la même chose » ou bien « On prend les mêmes et on recommence. ». Le second cas implique un changement qui concerne l'ensemble du système et implique un changement au niveau de la structure.

Lorsque nous effectuons une transition de type 1, les règles qui régissent la relation entre soi et son environnement restent les mêmes. Un exemple simple est celui d'un écart créé par rapport à une norme de fonctionnement. L'écart sera automatiquement compensé pour rétablir la stabilité du système, pour que perdurent les règles qui régissent la relation entre les différents éléments du système. Nous trouvons un système de régulation cybernétique qui fonctionne par feed-back. Le sujet qui s'engage dans un processus de changement de type 1 vise, inconsciemment, à sortir de l'étape de marasme et de la phase de désynchronisation pour retrouver, rétablir un système qui, autant que faire se peut, soit identique ou au moins très similaire au précédent. Le sujet, comme certains coachs d'ailleurs, se trompe par rapport au type de changement réalisé. Nous avons souvent l'impression, les changements effectués étant objectivement importants (déménager pour aller dans une autre ville, changer d'entreprise, de métier, divorcer, engager une nouvelle relation, etc.) qu'il s'agit d'une transition de type 2. Mais à y regarder de plus près, cette situation fait penser à une boisson gazeuse bien connue qui ressemblerait à de l'alcool à cause de certains aspects de sa présentation. De la même manière, en rapport avec le changement, nous pourrions nous dire : « Ça a la couleur d'une transition de type 2, l'odeur d'une transition de type 2, et même le goût d'une transition de type 2, mais … ce n'est pas une transition de type 2 ! ». Ce n'est effectivement pas une transition de type 2 si toute idée nouvelle, toute nouvelle prémisse, toute nouvelle valeur, ont fait l'objet d'une démarche de réduction, de neutralisation, de mise en conformité, afin de laisser intacte la structure générale du système de pensée existant, de maintenir le modèle du monde actuel ; dans ce cas, le sujet n'a effectué qu'une transition de type 1.

Transition de type 2 (grande transition)

Être tout à fait honnête avec soi-même,
c'est le plus bel effort qu'un homme puisse faire.

Freud

La transition de type 2 se fait généralement sans que nous l'ayons choisie, sans que notre volonté soit consciemment engagée. C'est un lâcher prise qui est à l'œuvre ici, plus global que dans une transition de type 1 où nous sommes dans un parcours actif. Dans une transition de type 1, nous opérons des choix, des sélections, en relation avec nos besoins, nos insatisfactions, nos intérêts ; nous réalisons une organisation pour réaménager la structure, sans trop la modifier.

Dans la transition de type 2, notre attitude est plus passive et réceptive qu'active. Il ne s'agit pas bien sûr d'être complètement passif dans notre comportement, mais tout simplement d'accueillir l'expérience telle qu'elle vient, sans chercher à intervenir dessus, de recevoir ce qui arrive au lieu de prendre des initiatives. La volonté n'intervient pas, elle est en quelque sorte laissée en suspens. Nous recevons, mais ne demandons pas. Nous ne pouvons pas engager une transition de type 2 sur commande : elle nous arrive, c'est tout. Laissant la structure ancienne nous nous mettons en position pour affronter le vide, l'inconnu et entrons alors dans la phase 3, le désengagement, l'étape du cocooning.

Phase 3 : désengagement

La phase « cocooning » ne commence réellement que dans l'adieu à notre ancien chapitre de vie. Nous faisons alors l'expérience du deuil, de la perte, du lâcher prise. Au lieu de chercher à réparer, à réaménager une structure qui ne fonctionne plus, nous la quittons. Nous ne sommes plus dans des réalisations extérieures, mais dans une réflexion sur nous-mêmes, sur ce qui est important pour nous. Nous entrons dans un dialogue interne positif ; nous prenons contact avec nos valeurs fondamentales et nos sentiments authentiques. Dans cette phase, nous sommes souvent confrontés à des forces qui s'opposent : d'un côté se manifeste un désir de sécurité, accompagné d'une crainte de grandir et d'avoir à faire l'abandon du connu, du familier ainsi qu'une peur de mettre en péril ce que nous avons acquis, associée à une peur de l'autonomie, de la liberté et de l'indépendance ; de l'autre côté, nous sommes face à face avec un désir de réalisation de nous-mêmes qui nous invite à mettre en œuvre nos capacités, à nous faire confiance et à faire confiance au monde extérieur, soutenu par une acceptation de notre situation actuelle, réelle.

En acceptant de vivre pleinement la phase de cocooning, nous nous offrons un magnifique cadeau, celui d'une transformation personnelle, d'une renaissance, d'un renouvellement de nos valeurs, avec une nouvelle réponse à la question : qui suis-je ? En faisant l'expérience de la phase désengagement-cocooning, nous avons une meilleure approche de notre identité, nous sommes plus proches de nous-mêmes, plus conscients de notre personnalité. Nous acquérons une estime positive de nous-mêmes. Une phase cocooning dure en général plusieurs mois. Elle débouche sur un profond renouvellement intérieur, un ressourcement, une vision nouvelle de notre mission et un nouveau sens de la vie.

Phase 4 : réintégration

Dans cette phase, nous vivons des moments d'ouverture au monde, et des moments de repli sur soi. C'est un peu comme un mouvement de balancier qui nous invite alternativement à reprendre contact avec l'extérieur, à rechercher de l'information, à créer de nouveaux réseaux, à recontacter les amis que nous avions volontairement tenus à l'écart pendant la phase cocooning puis à battre à nouveau en retraite, reprendre un nouveau moment de répit qui nous fait revenir pour un court séjour en phase 3, de façon à rester en contact avec nous-mêmes et nous éviter de nous laisser submerger par trop d'informations venant de l'extérieur. Ce mouvement de va-et-vient est salutaire, car il nous empêche tout simplement de nous engager trop rapidement, afin de nous laisser le temps de trouver notre voie et de nous accorder la permission d'essayer, d'explorer de nouveaux territoires, d'expérimenter de nouvelles manières de rencontrer les autres, de penser, de ressentir et d'agir. Ce temps nous servira à construire notre rêve, à écrire le scénario du prochain chapitre de notre vie. Au fur et à mesure que le mouvement vers l'extérieur augmente, notre action devient plus efficace, plus engagée, plus déterminée. Ce mouvement entraîne un apport de nouvelles informations. Aussi le retour sur nous-mêmes nous permet-il de prendre le temps de traiter ces informations, de valider ou de modifier nos choix. Et ce mouvement, qui nous fait alterner entre une orientation vers l'extérieur et une orientation vers l'intérieur, nous aide à commencer à construire notre projet de vie, à envisager des stratégies, et au besoin à réexaminer l'ensemble des données pour élaborer un projet professionnel qui s'inscrive dans notre projet de vie, lui-même incluant nos rêves et l'ensemble de nos ressources.

Les quatre temps du changement dans la vie de tout système

Tout système vivant passe par ces quatre phases de changement en évoluant par cycle. Comme toutes les autres cartes du modèle, cette carte s'applique autant aux individus qu'aux équipes et qu'aux organisations. La carte du cycle de changement est d'une aide précieuse car elle permet de décomposer le changement naturel, inéluctable, en quatre temps distincts et prévisibles. Chacun de ces quatre temps fait, comme nous le verrons dans les prochains chapitres, l'objet d'un accompagnement et d'un soutien particuliers. Connaître les quatre phases du changement permet au coach d'être plus efficace car, grâce à cette carte, il saura à quel moment donner la priorité à l'un ou à l'autre de ses deux rôles : celui d'assistance ou celui de suppléance.

Carte n° 3 : les valeurs fondamentales

Dans le libre choix que chacun de nous peut faire à propos des valeurs, nous trouvons non seulement des **valeurs cardinales**, définissables comme des finalités, des fins en soi, telles la liberté, la paix, la solidarité, qui servent de fondements au corpus des lois, mais également des **valeurs ordinales** définissables comme les moyens à mettre en œuvre pour réaliser ses fins, tels le travail, la famille, la patrie, la santé. Ces deux catégories de valeurs constituent un corpus de règles, ce qui incite, à la suite de Kurt Lewin, à considérer les valeurs comme des parents intériorisés.

Plus classiquement, l'idée de valeur renvoie à l'importance et à la préférence que nous accordons à des idées, à des objets, à des évènements et à des personnes, en leur reconnaissant des qualités qui nous permettent de les insérer dans un système ou une hiérarchie.

Mais cette articulation, cette hiérarchisation, est délicate et souvent perturbée. On a connu des périodes de grands bouleversements, comme le remplacement aux frontons des mairies de l'inscription « liberté, égalité, fraternité » par « travail, famille, patrie ». On peut aujourd'hui observer la volonté de certains de nos politiques de chercher à remplacer la notion de service public par un libéralisme axé prioritairement sur le profit.

Une transformation rapide de valeurs est potentiellement source d'angoisse. Pour cette raison, la plupart des individus, comme des institutions, se caractérisent par l'obstination à vouloir maintenir leurs systèmes de valeurs, qui ne sont, le plus souvent, que des jugements de valeur non reconnus comme tels, et cela même lorsqu'ils se trouvent élevés au rang de « droits imprescriptibles de la personne humaine ». Mais quand les faits sociaux ne correspondent absolument plus à l'échelle de valeurs d'une société ou d'une nation, quand ces prétendues valeurs universelles sont chaque jour bafouées par les dominants qui tentent pourtant de les affermir, de les prolonger pour maintenir leur dominance, l'individu, même le plus investi dans un conformisme sécurisant, n'ayant plus de repère crédible, découvre l'insécurité et l'angoisse.

Toutefois, si nous considérons un individu sain et en bonne santé, nous allons découvrir chez lui non seulement des valeurs de vérité, d'intimité, de recherche de sens, mais aussi des valeurs axées sur la recherche de stabilité et de sécurité, de protection et de retrait face à la réalité. Nous remarquons schématiquement des valeurs de développement, de recherche d'autonomie et de positionnement identitaire, aussi bien que des valeurs conservatrices, sécuritaires. Plus un individu est en contact avec ses ressources, plus il a de maturité et d'autonomie, plus il recherchera des valeurs de développement, et moins il se préoccupera de valeurs conservatrices, plus il fera le choix d'adhérer aux nouveaux principes, de les intégrer et d'abandonner les anciens. Mais, quoi qu'il en soit, il aura toujours besoin des deux sortes de valeurs, car elles représentent un équilibre dynamique.

Comme l'écrit Abraham Maslow : « Même les êtres humains les plus pleinement humains n'échappent pas à cette ambivalence. Ils sont à la fois de simples créatures et « comme des dieux », forts et faibles, limités et sans limites, de simples animaux et des êtres transcendant l'animal, adultes et enfants, craintifs et courageux, en progression et en régression, aspirant à la perfection et la redoutant pourtant, des vers de terre et aussi : des héros. »[1]

La vision de Maslow est intéressante à plus d'un titre. Elle nous invite prioritairement à abandonner une logique dichotomique héritée d'Aristote, qui se propose de diviser, de séparer et de réfléchir en créant des catégories qui, s'excluant mutuellement, renvoient à une démarche « soit-soit ». C'est-à-dire qu'un phénomène est ou bien ou mal, mais ne peut être les deux en même temps. Si difficile que cela puisse paraître au départ, il est nécessaire d'intégrer la pensée systémique et la logique non-aristotélicienne, non-élémentaliste, car nous découvrons peu ou prou que ces prétendus contraires ne s'excluent pas de par leur éventuelle opposition, mais se schématisent davantage comme deux plateaux d'une balance ou comme un individu qui aurait pris position sur deux axes en même temps. De cette façon, si nous remarquons parfois que le plateau « sécurité » pèse le plus lourd, alors qu'à d'autres moments c'est le plateau « développement » qui est plus le chargé, nous devons toutefois constater que jamais aucun plateau n'est vide.

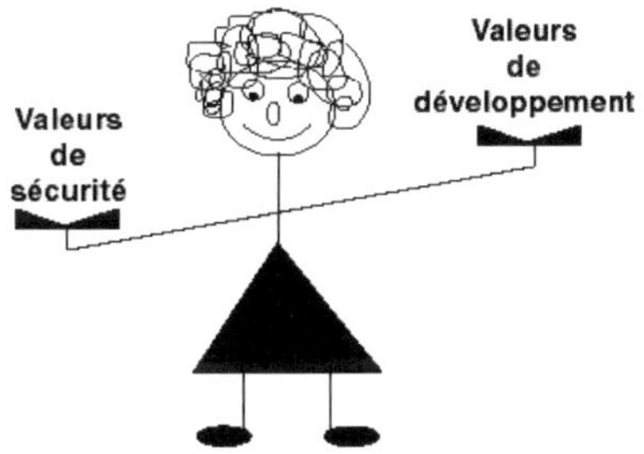

Figure 3 - L'équilibre des valeurs

Les différentes valeurs de sécurité et de développement, apparemment opposées, sont en fait présentes chez chacun de nous. Une des visées du coaching est d'aider le sujet coaché à envisager l'existence d'une hiérarchie plutôt que d'une opposition de valeurs, dans la mesure où toutes forment un ensemble dans lequel

1. Maslow, A., *Vers une psychologie de l'être*, Fayard, 1972.

les valeurs de sécurité s'intègrent aux valeurs de développement. Une scission, une rupture de continuité, la création de dichotomies, engendrent de l'inconfort, produisent des tiraillements, occasionnent une perte de repères et une perte de contact avec ses ressources personnelles qui, elle-même, et parallèlement, entraîne des dichotomies. Il est essentiel pour notre développement que nous soyons en contact avec nos valeurs, et peu importe de quel côté penche la balance.

Dans le modèle « D », nous avons retenu six valeurs fondamentales, qui sont en corrélation nette avec le projet de vie :

– 1 Pouvoir personnel
– 2 Accomplissement
– 3 Intimité
– 4 Jeu et créativité
– 5 Recherche de sens
– 6 Compassion et contribution

Chacune de ces valeurs reflète et met en relief un aspect différent de nos convictions profondes, toutes se combinant entre elles et se hiérarchisant les unes par rapport aux autres. À chaque instant de notre vie, nous exprimons potentiellement ces six valeurs à des degrés divers, en les combinant de différentes manières, et en changeant leur ordre de priorité au fur et à mesure de notre évolution et de notre développement.[1]

La difficulté que nous rencontrons est de nous approprier nos vraies valeurs. Selon la perspective constructiviste évoquée au premier chapitre, chacun de nous construit son modèle du monde autour de deux pôles : lui-même et son environnement. Nous devons alors apprendre à distinguer, dans notre expérience, ce qui concerne chacun des deux pôles. Les normes et les tabous de toutes sortes viennent souvent faire obstacle à notre capacité à appréhender et à apprécier l'information qui vient de notre propre organisme. Nous sommes amenés à nous méfier de notre subjectivité, de nos sentiments, de nos émotions, de nos rêves, de nos désirs. Il en résulte une difficulté, non seulement à entrer authen-

1. Les matheux auront déjà repéré que cela fait 720 combinaisons possibles.

tiquement en contact avec nos valeurs fondamentales, mais aussi à nous les approprier.

L'hésitation que nous pouvons avoir, la réticence que nous pouvons éprouver face à l'écoute de nous-mêmes sont souvent liées aux interdits et à une croyance à propos de notre capacité à gérer cette information. En effet, la croyance la plus fréquemment rencontrée à ce propos est que la personne qui se rend disponible pour elle-même et se met à sa propre écoute deviendra forcément égoïste, c'est-à-dire qu'elle suivra sans cesse ses impulsions et ne tiendra nullement compte des besoins et des exigences de son environnement. En fait, l'expérience prouve que c'est le contraire qui se produit : plus une personne est en contact avec elle-même, à l'écoute de ses sentiments et de ses émotions, plus elle entre en contact avec ses ressources, plus elle sera capable de s'autodéterminer, en tenant compte de ses valeurs, de ses principes (donc de son intégrité), qui la relient à son environnement.

C'est le mécanisme qui consiste à bloquer la perception de stimulus internes, à laisser s'accumuler des informations non traitées, refoulées, méconnues, qui nous font perdre le contact avec nous-mêmes et avec nos ressources, et, lorsque la pression interne est devenue intolérable, mène au marasme et à la phase de désynchronisation.

L'importance de l'environnement dans la satisfaction de nos valeurs

Être à l'écoute de nous-mêmes et exercer notre capacité à traiter l'information qui vient de notre environnement interne, de nos états internes, de nos sentiments, de nos émotions, permet d'augmenter notre congruence. L'écoute de soi implique également d'être à l'écoute de l'information venant de notre environnement externe, de prêter une attention particulière aux événements qui ont un impact direct sur la représentation que nous nous faisons de nous-mêmes, et sur tout ce qui touche à nos valeurs, à nos prémisses et à nos comportements qui permettent de satisfaire nos besoins fondamentaux. En augmentant notre capacité à voir, entendre, ressentir ce qui nous vient de notre environnement et nous remet en question, en conscientisant cette information, nous devenons beaucoup plus aptes à profiter de toutes les expériences apportées par la vie, pour construire et réaliser ce qui est véritablement et authentiquement notre projet de vie. Toutefois, l'acquisition de cette capacité d'acuité a un prix quasi obligatoire : le passage par l'étape du cocooning dans la phase de désengagement du cycle de changement en apprenant à supporter ses moments d'inconfort et à se réjouir des instants de joie qui l'accompagnent aussi. Car c'est en ayant profité pleinement de cette phase que nous prendrons authentiquement contact avec nos valeurs fondamentales.

La carte des valeurs fondamentales dans le modèle « D » est d'une telle importance que nous pouvons affirmer que l'efficacité d'une action de coaching est liée à la recherche et à la prise de contact du sujet avec ses valeurs fondamentales. Le but du coaching est de permettre au sujet de rentrer pleinement en contact avec ses ressources et avec son identité intégrée, afin qu'il soit en mesure de formuler, de planifier, de réaliser et de savourer son projet de vie. Aucun projet ne peut être viable et satisfaisant s'il ne prend totalement appui sur les valeurs du sujet. Ceci est particulièrement évident lorsque nous admettons qu'une meilleure connaissance de soi et un meilleur éclairage de nos propres valeurs, amènent à une meilleure connaissance des autres, accompagnée d'une vision nette de la réalité. Cela encourage et facilite la reconnaissance et l'acceptation inconditionnelle de nos propres valeurs et de celles des autres.

Carte n° 4 : les domaines de vie

L'homme qui ne dispose pas de 90 % de son temps est un esclave.
Le temps imparti à l'existence s'étant trouvé réglé,
refoulé et aliéné jusqu'à ce jour par le travail, nous sommes en droit
de le reconquérir, afin de le restituer aux sollicitations
d'une vie à laquelle il a été vivement arraché.

Raoul Vaneigen [1]

L'idée force de cette carte est la suivante : l'individu contemporain court après le bonheur, mais il ne l'attrape que très rarement et ne

1. Vaneigen, R., *Déclaration des droits de l'être humain,* Le Cherche midi.

le garde pas longtemps. En effet, si la finalité de notre course est très clairement fixée : se réaliser, en réalisant notre projet de vie, les moyens et les options pour y parvenir restent, pour la majorité d'entre-nous, à définir. Trouverons-nous ce que nous recherchons en investissant dans notre domaine de vie professionnelle, ou familiale, ou de couple? Découvrirons-nous un épanouissement dans une course en solitaire, privilégiant avant tout notre domaine personnel, axant tout sur notre vie privée (mais privée de quoi, au fait)? Ou encore, est-ce au travers d'un investissement complet dans le domaine social que nous nous réaliserons? Rares parmi nous sont les personnes qui peuvent spontanément répondre à ces questions car, majoritairement, nous ne le savons pas. Alors nous hésitons, nous oscillons, nous vivons avec des conflits internes qui s'expriment de la manière suivante : lorsque nous passons trop de temps au travail, nous rêvons de consacrer ce même laps de temps à notre famille ; quand nous sommes trop longtemps avec notre partenaire de vie, nous rêvons d'échapper aux contraintes de la vie en couple et de retrouver notre indépendance en augmentant notre domaine personnel. Nous avons souvent peur, quand nous sommes très investis dans une vie publique, professionnelle ou familiale, de nous perdre dans des identités de rôles qui ne gratifient pas nos valeurs. De la même manière, quand nous sommes seuls et entièrement investis dans notre domaine personnel, nous nous sentons libres, certes, mais nous craignons en même temps de ne pouvoir satisfaire certaines valeurs qui ne peuvent l'être que dans le contact avec autrui et dans la vie en société.

Cette oscillation, ce balancement, est facilement perceptible dans la répartition de temps entre vie personnelle et vie professionnelle. Tantôt portés par des valeurs de pouvoir, de réussite, nous nous investissons totalement dans notre vie professionnelle ; lorsque nous dominent les valeurs d'intimité, de recherche de sens, l'investissement s'inverse, comme si le travail et les loisirs étaient les seuls moyens mis à notre disposition pour équilibrer le balancier, comme si la seule alternance du travail et des loisirs, suffisait à rendre notre vie riche et équilibrée. Le résultat est, hélas, moins probant, car la plupart du temps, nous vivons une alternance d'enchantement et de désenchantement dans la mesure où nous avons confondu les « moyens » utilisés et la « fin » visée.

L'adulte contemporain se prend au piège qui consiste à rêver d'une vie qui cumule, qui additionne, qui fait jouer en même temps tous les domaines de vie au lieu de reconnaître que c'est successivement, tour à tour, au fur et à mesure, qu'il peut se rendre disponible pour consacrer du temps aux cinq domaines de vie que sont :

– 1 le domaine personnel ;

– 2 le domaine du couple ;

– 3 le domaine de la famille ;

– 4 le domaine professionnel ;

– 5 le domaine social.

C'est en ayant conscience qu'il est possible d'avoir une vie riche et pleine, et en variant nos investissements dans les divers domaines de vie que nous nous permettons de les organiser de manière ajustée et équilibrée. Un tel équilibre permet au domaine professionnel d'être présent à sa juste place parmi tous les autres domaines. Ceci n'est pas chose facile car, en fait, par essais et erreurs, nous avons tendance à vouloir mener une double vie, qualifiant habituellement chacune, de vie « privée » et de vie « professionnelle ». En essayant tant bien que mal d'associer ces deux vies, nous créons un équilibre instable, voué à l'insatisfaction et ouvrons la porte à un changement tant inattendu que prévisible : l'échec de notre tentative. Mieux vaux se rendre compte, au travers de la carte des domaines de vie, que chaque domaine a sa place dans notre équilibre global et qu'il importe de la lui accorder pour vivre pleinement en tant que personne, en bonne voie de réalisation.

Épilégomènes pour une théorie d'un véritable carpe diem [1]

Pour commencer, il est nécessaire de remettre en question l'idée même qu'un présent concret, riche de joies et de plaisir, engloberait en un seul instant toutes nos identités de rôles, les véritables

1. Titre un peu prétentieux, certes, mais qui nous a tellement amusé que nous avons pu convaincre notre chère éditrice de le maintenir.

essences de notre être, en notre identité intégrée. Comme si le présent, synonyme de l'instant, se révélant si décevant, nous nous attendions à ce que notre identité intégrée se ramasse en elle-même et se rassemble au lieu de se perdre et de se dissiper en d'inconsistants fantômes reliés aux temps du passé et du futur.

Et si le présent n'était pas qu'un instant, mais une durée dans laquelle seraient pris en compte tous les domaines de vie, ce qui, pour reprendre le vocabulaire de la carte du cycle de changement, serait alors « une phase plateau sans cesse alimentée », dans laquelle se dessinerait une vie concrète et substantielle pour vivre un présent infini plein de sagesse ? Un présent qui, toutefois, n'existe pas, car inconstant, irréel, se transformant sans cesse en « passé ». Toutes les aires du temps[1] (présent, passé, futur) contiennent un aspect inférenciel et une dimension d'irréalité car la vérité concrète du présent, comme pour les autres aires de temps, n'est qu'une inférence, une décision sur la signification de nos observations, une construction personnelle.

En acceptant cette prémisse, il devient aisé d'admettre que profiter du présent ne saurait nous inciter à nous conduire comme un « pourceau d'Épicure »[2], mais comme son disciple, Lucrèce, qui, dans son carpe diem ne nous invite pas à la débauche, ni à la licence, mais à une philosophie du temps : « Ce ne sont pas des boissons, la jouissance des femmes, ni les tables somptueuses, qui font la vie agréable, c'est la pensée sobre qui découvre les causes de tout désir et de toute aversion et qui chasse les opinions qui troublent les âmes. »[3] Il s'agit en fait de se rappeler que « nous naissons une fois et il ne faut pas s'attendre à naître encore une fois. »[4] Dans cette optique, le présent doit représenter l'adéquation entre notre projet de vie, sa réalisation, la signification que nous lui accordons et la satisfaction que nous en retirons, et cela, à tous les instants de la démarche : depuis l'élaboration de notre projet à

1. Pour davantage d'information sur les aires du temps et leurs raisons d'être, voir Turner, J., *La Ligne du temps,* InterEditions.
2. Qui, contrairement aux idées reçues, n'invitait pas à jouir du temps présent de manière immédiate.
3. Épicure (-341 à-270 av. J.C.), *Maximes.*
4. Op. cit..

son lancement et à sa concrétisation. Aussi la part du temps qui nous est imparti sur terre, le présent (et non l'instant), est le temps où nous pouvons nous suffire à nous-mêmes en étant le plus possible tout simplement nous-mêmes, sans nous cacher derrière une façade ou un masque, sans adopter un rôle d'emprunt ou de conserve. C'est en étant tout simplement nous-mêmes que nous accédons à l'autonomie, à la liberté.

Il convient donc, non de se satisfaire de ce que nous offre l'instant présent, mais d'accepter le présent, ce présent qui n'est que notre représentation, notre construction. Ainsi les identités de rôles les plus simples procurent-elles autant de satisfactions que celles qui sont valorisées et mises en relief par le miroir aux alouettes que sont les médias. Une identité de rôle, aussi modeste soit-elle, qui gratifie nos valeurs et s'inscrit pleinement dans notre projet de vie, est de loin préférable à une course aux honneurs, source bien souvent de désespoir et de souffrances comme Épicure nous le rappelle : « Toi donc qui n'est pas maître du lendemain, tu diffères à jouir ! Nous consumons notre vie à force d'attendre et chacun de nous meurt à la tâche. »[1]

Le plaisir et la joie de vivre ne résident pas dans l'abondance de biens matériels, ni dans l'exercice d'une identité de rôle de façade, de « vitrine » ; ils proviennent, au contraire, d'un bon équilibre de nos identités de rôles au sein de nos domaines de vie. Un véritable *carpe diem* n'engendre ni regrets des identités de rôles passées, ni attentes d'un avenir où chacun « meurt à la tâche » ; il invite bien à une acceptation lucide de l'éphémère présent savouré en connaissance de cause. Il ne s'agit pas, pour échapper au temps qui passe, de fuir la réalité en essayant de trouver un illusoire refuge dans l'instant, mais de s'inscrire dans le temps pour vivre pleinement tous nos domaines de vie, l'espace d'un instant qui s'inscrit dans un temps qui suit son cours inexorablement.

Vivre pleinement chacun des cinq domaines de vie

La diminution progressive du temps de travail, aujourd'hui les 35 heures, et l'augmentation du temps libre, cinq semaines de

1. Op. cit..

congés payés, autorisent, voire obligent, chacun à redistribuer son temps différemment, comme il l'entend. La nouvelle distribution se fait naturellement selon un rythme où se succèdent des investissements dans le domaine personnel et des engagements dans les quatre autres domaines de vie. Les activités de loisirs passifs (rêverie, contemplation, repos, méditation… autant de plaisirs octroyés pour le moment présent) seront relayées par les activités de plaisir actifs (création, aventure amoureuse, rencontre, affinement des désirs, joie de vivre et d'exprimer ses émotions, construction de situations, exploration de ses capacités et de ses potentiels, prospection du champ des possibles).

La vie n'est pas un instant qui passe : c'est un mouvement, un devenir que chacun de nous a la faculté d'influencer de manière heureuse par la conscience et la mise en action de ce qu'il possède comme puissance et ressources. Exiger une vie pleine et riche n'est ni s'abandonner aux contraintes extérieures, ni les oublier, c'est avoir une vision enrichie de son futur en vivant pleinement son présent. La volonté de vivre est le désir de tous les désirs.

Aucun projet de vie ne peut s'élaborer, se construire et se réaliser sans un dépassement de la survie, c'est-à-dire de la vie purement économique. Le droit de chacun de vivre son projet de vie révoque la perspective d'une économie libérale, seul motif d'un système économique aujourd'hui dépassé, et de la survie de l'espèce, pour fonder son devenir sur le bonheur des individus. Le discrédit qui a toujours accablé le droit à la paresse, tel que le préconisait Paul Lafargue[1], gendre de Karl Marx, a condamné à se payer d'infortune, de regrets, de déchéance, de culpabilité et de misère tous ceux qui s'y inscrivaient et a rendu très difficile l'action d'investir son temps et son énergie de manière adéquate dans tout autre domaine de vie que le professionnel.

Le bonheur est plutôt considéré comme une denrée rare, qui, d'après les anciens principes, n'est la récompense que de ceux qui ont travaillé dur et suivi le droit chemin. Or le projet de vie, tel que nous l'envisageons, consiste à harmoniser les désirs individuels et collectifs selon une émulation et postule que la félicité de l'un

1. Lafargue, P., *Le droit à la paresse*. FM/Petite collection, Maspero, 1979.

implique celle de l'autre. Autrement dit, il n'y a pas de projet de vie valable qui ferait l'économie d'un investissement dans le domaine social. Un projet de vie ne saurait être réalisé en exploitant quiconque à ses dépens. Un projet de vie vise un désir unanime de bonheur, et invite celui qui le crée à reconnaître en même temps que le bonheur des individus doit être la base et le but de toute organisation sociale. Nous savons que les gens heureux sont des gens en accord avec eux-mêmes et avec les autres, en contact avec leurs valeurs, qui savent comment raisonnablement satisfaire leurs besoins et ne songent pas à nuire à leur prochain. Ils se réjouissent, au contraire, de voir autour d'eux des gens heureux, car le bonheur des autres accroît le leur.

Il appartient donc à chacun de nous d'être vigilant sur, et de se prémunir contre, tout ce qui pourrait rendre insatisfaisant un domaine de vie. Nous devons prêter une attention particulière aux obstacles internes, à tous les messages reçus du « grand comité dans la tête » qui, lorsque nous vivons nos désirs de changement, nous invitent à la culpabilité et à la peur d'être obligé de payer le prix de notre outrecuidance au taux de l'infortune. Car la croyance que l'on ne puisse pas tout avoir fait nous met en rage. La peur de jouir et d'étaler son bonheur est un vieux réflexe associé à notre besoin de sécurité. L'adage « pour vivre heureux, vivons cachés » témoigne encore de la peur de montrer tout simplement notre plaisir de vivre et de réussir notre vie.

Enrichir nos domaines de vie, par le droit à la paresse et à la créativité

Le temps de loisirs, nommé « temps libre », doit effectivement servir à notre liberté. Nous pouvons, en gros, utiliser cette liberté de deux façons : la première, au service de notre travail et la deuxième, à notre service à nous. La première façon d'utiliser la liberté reliée à notre temps libre est de nous reposer pour nous permettre de reprendre des forces et d'être à nouveau dispos pour investir notre domaine professionnel. Une telle conception de l'utilisation du temps libre est, à notre avis, discutable, dans la mesure où elle nous maintient à l'intérieur d'un cycle travail-repos-travail qui ne prend en compte que le domaine professionnel. Le raisonnement : « Je suis fatigué par le temps passé à travailler et mon temps libre va servir à me reposer pour me préparer au travail de demain » est, pour nous, fallacieux. La deuxième façon de concevoir l'utilisation du temps libre vise au contraire à nous permettre de gratifier les valeurs qui ne le sont pas par le domaine professionnel et qui ne peuvent, de toutes façons, trouver une gratification dans ce domaine de vie. Le temps libre, le temps des loisirs, renvoie au droit à la paresse et à la créativité.

Le temps libre n'est plus alors à envisager comme un aménagement du temps de travail, comme un temps nécessaire de répit et de repos, pour accéder à une rentabilité accrue. Il s'agit de distribuer ce temps au profit des quatre autres domaines de vie pour les remplir paresseusement ou créativement afin de leur apporter la qualité qui, souvent, leur manque.

Le droit à la paresse, dans le domaine personnel, c'est, par exemple, s'accorder le plaisir de ne rien faire et la grâce de l'accepter sans culpabilité. Mais, il est vrai qu'il existe une paresse négative ; elle renvoie aux loisirs marchands, codifiés d'avance, préfabriqués, qui nous conduisent à une passivité totale et nous invitent, en fait, à tuer le temps en consommant du « loisir » au lieu d'en créer. Dans ce cas, la paresse devient non seulement une paresse du corps, mais également, une paresse de l'esprit. En nous épargnant la prise en charge de l'occupation de notre temps libre, du choix de créer nos loisirs, nous devenons de plus en plus étrangers à nous-mêmes, nous nous aliénons et ouvrons la porte à l'ennui.

Le temps, qui n'est plus un temps de travail, ne devient pas automatiquement un temps libre pendant lequel nous pouvons être pleinement disponibles à nous-mêmes, à notre partenaire de vie, à notre famille ou à notre engagement dans le domaine social. Pour qu'un temps sans travailler devienne du temps libre, s'impose une prise de conscience, suivie d'une décision et d'un engagement d'action. Sinon, ce temps-là sera voué à devenir un temps qu'il faut meubler par les moyens du bord, par des loisirs marchands organisés pour la consommation de masse. On pourrait imaginer, de la même façon, investir le temps libre dans le domaine du couple et le domaine de la famille, mais cela suscite une réflexion car pour certains ce type de changement ne sera qu'un changement de type 1, puisque le quantitatif sera tout simplement remplacé par le qualitatif, sans qu'il y ait un réel remaniement de l'ensemble. Si nous acceptons le leurre qui consiste à répartir notre existence en deux temps, nous retombons dans le piège du « métro-boulot-dodo ». Or, la paresse, pour nous, représente le triomphe de l'indépendance, non de la sujétion.

Le repos et la créativité nous offrent des moyens pour réaliser la lente maturation qui nous permet de devenir ce que nous voulons être. Le repos n'est pas une paresse de l'esprit, mais un moment créatif pendant lequel la vie s'engrosse elle-même. En faisant en sorte que s'harmonise notre temps aux temps de l'autre et des autres, nous échappons au principe de l'exploitation pour restituer celui de la jouissance créative et de l'amour. Le privilège de la paresse créative, c'est d'empêcher la paresse du désir.

Carte n° 5 : les âges de la vie

Vous avez peur que je ne devienne pas centenaire ?

Jeanne Calment[1]

Jusqu'à une époque récente, la vision du développement de l'adulte était statique. De nombreuses recherches avaient d'abord été effectuées sur le développement de l'enfant, ensuite sur le développement de l'adolescent, mais sur l'adulte, rien, ou pas grand-chose. La croyance populaire qu'une fois l'âge légal de la majorité atteint, nous étions adultes, tenait aussi bon que les anciens principes proposant que si nous avions fait le bon choix, notre vie ne comporterait que peu de changements. Tout cycle de vie devait passer par quatre grandes étapes : l'enfance, l'adolescence, la maturité, la vieillesse. Aujourd'hui la vie à l'âge adulte paraît plus variée, plus changeante, et, de façon tout à fait comparable au cycle de changement, elle est faite de remous et de métamorphoses. Nous avons aujourd'hui une vision plus dynamique de la vie adulte. Nous admettons que notre personnalité

1. Réponse de Jeanne Calment, qui venait d'avoir 105 ans, à un jeune médecin qui voulait lui interdire son petit verre de Porto et sa cigarette quotidiens.

évolue, que des changements majeurs peuvent survenir, que notre vie d'adulte soit faite de transitions et de transformations.

La carte des cycles de vie à l'âge adulte met très nettement en relief nos possibilités de changement tout au long de notre développement, mais ne les réduit pas à des programmes ou à des modèles prédéterminés, à partir desquels notre développement obéirait à un schéma des « choses imposées » par une horloge biologique ou des normes sociales (comme on l'a cru d'ailleurs pendant très longtemps). Néanmoins, même en acceptant l'idée que nous sommes relativement maîtres de nos vies et de nos destinées, que chacun de nous est capable d'élaborer un projet de vie et de le réaliser, nous ne pouvons toutefois pas faire l'économie de l'influence des facteurs « externes » et de déterminants culturels. Toutefois, les différentes phases de développement et de changement que chacun de nous est amené à vivre ne peuvent pas être considérées simplement comme le résultat de l'influence de ces facteurs « externes ». Il faut dès lors prendre conscience de notre capacité à gérer nos objectifs de vie et à infléchir notre trajectoire existentielle, selon des rythmes et des modalités qui prennent en compte nos visées et projets d'évolution personnelle ainsi que les contraintes externes. Vue sous cet angle, l'importance de la mise à jour des phases de développement de l'adulte est moins importante que la reconnaissance du passage d'une phase à l'autre. Notre interrogation doit donc porter en priorité sur les modalités de l'articulation d'un passage. Ceci nous permettra d'examiner en quoi tout passage d'une phase à une autre nous implique profondément, nous oblige à la confrontation avec nous-mêmes et à avec nos choix concernant le présent et l'avenir. Tout changement de phase nécessite des négociations avec notre environnement, des renoncements à des projets, des séparations, des deuils, mais aussi des rencontres, de nouveaux projets, de nouveaux liens ; il suppose également des désaccords avec nous-mêmes et avec autrui, accompagnés de doutes, mais aussi d'espoir.

Les transitions du domaine professionnel sont riches d'enseignements, en particulier sur les situations qui constituent des moments charnières en corrélation avec notre âge : l'entrée dans la vie active, l'insertion au sein d'une équipe professionnelle, les périodes d'apprentissage et de formation, la reconnaissance par nous-mêmes et par autrui de nos identités professionnelles, un changement de poste, d'activité, ou d'entreprise, des périodes de chômage, le départ à la retraite… Ces situations de passage vécues, ou anticipées, plus ou moins positivement, entraînent généralement une remise en question de notre modèle du monde et invitent à une réorganisation des rapports que nous entretenons avec nous-même, avec les autres et avec notre environnement, tant professionnel que personnel. En tant que transition, le passage d'une tranche d'âge à une autre, accompagné d'une mobilité professionnelle, se révèle être une situation particulièrement propice à la réflexion et à une analyse de l'ensemble de nos identités de rôles. En effet, dans ces moments de transition, nous sommes généralement mis en demeure de nous interroger sur nos liens d'appartenance et de revisiter notre parcours existentiel en fonction des projets qui nous apportent une évolution, organisent notre développement personnel, nous apportent de la satisfaction, et, en même temps qu'ils nous épanouissent, nous insécurisent. Ces transitions de l'âge adulte s'accompagnent quasi obligatoirement de transitions de type 1, et parfois de transitions de type 2. Finalement, quel que soit le type de transition engagée, nous sommes plus ou moins incités à faire un retour sur nous-mêmes, à faire le point sur les engagements que nous avons pris pour chacun de nos cinq domaines de vie afin de donner un sens à nos activités et à nos identités de rôles. Nous sommes invités à répondre à la question « Pour quoi est-ce que je fais ce que je fais ? » et à redéfinir notre relation à nous-mêmes, aux autres et au monde.

Ce travail de réflexion qu'introduit le passage d'une ère de l'âge adulte à une autre correspond à une interrogation sur nous-mêmes et sur notre devenir, sur nos tentatives vaines ou heureuses de nous réaliser par des voies originales conformes à notre identité intégrée, en accord avec nos valeurs fondamentales, en harmonie avec nos domaines de vie qui visent, au final, à nous permettre de réaliser pleinement notre projet de vie.

Comme nous pouvons le voir, la grande force et le grand paradoxe de la carte des cycles de vie à l'âge adulte est qu'elle renvoie à la fois à une orientation fortement individuelle et hautement générale. Tout en nous fournissant de grandes lignes, elle nous invite à nous poser des questions et spécifier nos choix de vie :

- Que voulons-nous faire de notre vie professionnelle ?
- Quel style de vie veut-on ?
- Voulons-nous vivre en couple, mariés, pacsés ?
- Souhaitons-nous faire un bébé, fonder une famille à deux ou tout(e) seul(e) … ?

Il n'y a pas si longtemps, une ou deux générations, ce type de questions ne se posait pas, les options de cet ordre ne nous étaient pas offertes. La société, beaucoup plus régie par les anciens principes, donnait des indications très claires, un peu comme si elle détenait le secret de la seule façon de devenir adulte et qu'il suffisait de se conformer au principe du dehors–dedans pour que la société reconnaisse les adultes. Et, bien entendu, beaucoup d'entre nous avons cru à cet ancien principe. Aujourd'hui nous savons qu'il n'en est rien et que nous conformer aux indications et aux directives externes nous amènera à faire l'abandon des questions singulières que chacun de nous se pose en réponse aux défis rencontrés ou relevés.

En fait, ce qui nous réunit est notre désir d'être unique. Un cycle de vie de l'âge adulte est un événement à la fois unique et universel. La carte des cycles de vie à l'âge adulte permet de comprendre ce qu'il y a de commun à chaque tranche d'âge de la vie adulte, et d'apprécier la manière dont chaque vie s'organise selon un modèle unique, infléchi par un projet de vie qui soit clairement et consciemment planifié et élaboré, ou au contraire laissé au hasard et porté par le courant et les évènements de la vie.

Les transitions entre 20 et 90 ans

Pour grandir et devenir adulte on découvre l'intérêt d'adhérer progressivement aux idées que :

- Personne ne nous doit rien : ni le gouvernement, ni le système, ni notre employeur, ni notre conjoint, ni nos parents, ni nos enfants ;
- Nous devons inventer notre futur en étant un bon gestionnaire de notre présent et un entrepreneur hardi de notre avenir ;
- La sécurité et la garantie totales n'existent pas, inutile d'en attendre ;

➢ Nous avons constamment l'occasion de réarranger nos priorités et la direction de notre vie.

Une fois acceptées ces prémisses sur l'évolution vers l'âge adulte, et gérées les craintes du passage d'une décennie à l'autre, il est important que nous comprenions les caractéristiques du processus transformatif et la manière dont la conscience enfant, puis adolescente se transforme en conscience adulte.

Un cycle de vie dure environ huit à douze ans, ce qui correspond à peu près à une décade. Le changement de cycle représente une étape et, bien que tout passage d'une étape à une autre nous rende plus vulnérable, ces moments de transition nous offrent la possibilité de développer de nouvelles forces, nous fournissent de nouvelles expériences et nous créent des opportunités de croissance enrichissantes.

Nous distinguons six étapes importantes de développement de l'âge adulte :

– 1 : 20 à 30 ans : démarrer

– 2 : 30 à 40 ans : y arriver

– 3 : 40 à 50 ans : devenir responsable

– 4 : 50 à 60 ans : apprécier la qualité de la vie

– 5 : 60 à 70 ans : réussir la retraite et le nouveau départ

– 6 : 70 et + : vivre la sagesse, promouvoir le rôle de mentor, vivre pleinement les bienfaits de la vie

La vingtaine (20-30 ans) : bienvenue au monde adulte ou **Good luck, Mister Gorski**[1]

Voilà venu le moment d'accepter d'être dans la catégorie « adultes » et de devoir assumer les responsabilités qui en découlent. Même encore très influencés par nos parents et par notre environnement, nous aurons à prendre des décisions concernant la manière de réaliser les engagements liés à l'âge adulte : le choix d'une profession, le mariage, la famille, l'autonomie financière, géographique, etc. Et c'est en quittant le cocon familial, et en

1. Paroles prononcées par l'astronaute Neil Armstrong en posant un pied sur la lune.

prenant les premiers pas sur le sentier de l'autonomie que nous vient le constat de la perte de l'illusion d'une sécurité absolue.

De nombreuses croyances, non aidantes, peuvent freiner notre développement au cours de cette décennie. Un danger serait de reculer le moment de notre indépendance, en attendant que d'autres (nos parents, un mentor, notre compagne ou compagnon de vie, un ami, une protection, une aide quelconque) viennent prendre en charge les difficultés que nous rencontrons, et pallier nos manques. Tant que nous sommes dans l'attente d'un « sauveur », il est très difficile d'entrer pleinement en contact avec nos ressources, d'avoir confiance en nous, en nos capacités, notre compétence de faire face aux obstacles et aux difficultés de la vie. Croire que les autres peuvent faire pour nous ce que nous pensons ne pas être capable de faire nous-mêmes, n'est pas le bon moyen pour construire notre indépendance sur une base solide.

Nous avons généralement beaucoup de réticence à l'admettre, mais à cet âge de la vie, nous sommes encore très fortement sous l'influence de nos parents, et soit nous nous conformons à leurs attentes, avec en arrière-plan la croyance qu'il n'y a qu'une seule manière de le faire, celle qu'ils nous ont enseignée, soit nous nous rebellons, et la seule bonne manière de se rebeller, pensons-nous, est d'être et de faire le contraire de ce qu'ils auraient souhaité pour nous. Naturellement, dans les deux cas, nous restons sous leur influence.

> Les tâches que nous devons réaliser pour gérer ce moment de notre vie sont :
>
> ✓ trouver la cohérence dans notre propre identité ;
>
> ✓ apprendre à maintenir des relations affectives stables pour passer des amitiés adolescentes aux amitiés adultes.

Les jeunes adultes que nous sommes devenus vivent typiquement dans l'inquiétude que les choix faits à cet instant seront irrévocables et qu'il va falloir vivre avec toute notre vie. De ce fait, nous avons besoin de nous donner des permissions de grandir et d'abandonner ces croyances, et d'agir pour qu'émerge notre projet de vie et que se réalise notre rêve de vie.

La trentaine (30-40 ans) : y arriver, ou la décennie de la dernière chance

Suffisamment dégagés de l'influence parentale et conscients de nos capacités et de nos compétences, au travers des identités de rôles jusqu'alors exercées dans la décennie de la vingtaine, une nouvelle prise de conscience voit le jour. Celle d'être devenu un « vrai » adulte. Nous ne cherchons plus à découvrir qui nous sommes, nous croyons avoir une assez bonne connaissance de nous-mêmes. La prémisse handicapante de cette décennie est alors la conviction que la vie n'est pas si compliquée, qu'il suffit de réfléchir et de prendre de bonnes décisions, ce qui veut dire que la vie est simple et maîtrisable à condition de faire taire les forces contradictoires qui nous habitent. Or, si nous continuons de tenter de les ignorer, ces parties de nous-mêmes que nous voulons tenir à l'écart risquent de venir occuper une place centrale dans notre vie dans un avenir plus ou moins proche. Nous mettons ainsi notre équilibre en péril et risquons de nous réveiller un beau matin en pleine phase de marasme.

Cette phase comporte souvent, et surtout dans son début, des éléments de désillusion, de confusion, d'insatisfaction et de frustration forts, sous-tendus par la question : « Est-ce bien ça être adulte ? » Il est fréquent que le jeune adulte ressente beaucoup d'insatisfaction dans cette période et se rende compte que la vie n'est pas telle qu'elle devrait être, telle qu'il voulait qu'elle fût. Il lui faut alors revisiter son projet de vie pour faire l'abandon des illusions de la vingtaine. Son discours change, passant de : « Si je fais ce qu'il faut, mon rêve va se réaliser » à : « Mon rêve ne va pas se réaliser par la magie de mon seul désir, la réalité est contraignante, mais je dois apprendre à faire avec ». Poursuivre notre croissance n'implique pas de vivre une phase de marasme douloureuse, ni un événement traumatisant ; elle implique au minimum une transition de type 1. C'est l'occasion d'évaluer jusqu'où nos choix sont conformes avec notre propre rêve de vie et de confronter ce rêve à la réalité pour établir notre projet/plan de vie. Ceci étant fait, nous entrons dans une phase d'établissement, un moment où notre rêve s'implante, où nous poursuivons nos ambitions et devenons acteurs du scénario que nous avons bâti. Il est important à ce moment de notre vie, d'avoir structuré notre projet de vie, d'avoir défini une entreprise personnelle afin de réaliser nos ambitions et nos aspirations de jeunesse. Il s'agit également d'être en contact avec nos valeurs propres, de nous affirmer en intégrant le principe du dedans-dehors, de nous entendre nous-mêmes et de faire entendre à d'autres notre propre voix. Ce passage de « l'apprenti » adulte à l'adulte à part entière peut s'avérer, pour certains, l'occasion de réactiver des conflits non résolus dans l'adolescence.

> Les tâches qui nous attendent dans ce chapitre sont :
>
> ✓ établir des buts et les atteindre, c'est-à-dire trouver notre place dans la société en étant reconnus dans nos réussites et nous ancrer davantage pour être pleinement en accord avec nos identités de rôles, ce qui nous permet de ne plus être un apprenti dans l'identité de rôle d'adulte, mais d'être authentiquement « soi-même » : un adulte à part entière ;
>
> ✓ nous affirmer dans nos identités de rôles, conscients et en accord avec nos valeurs, de manière à être de plus en plus lucides et en harmonie avec notre projet de vie.

Au terme de cette décennie d'apprentis adultes, nous sommes généralement devenus adultes seniors. Le passage de l'un à l'autre se fait généralement par le biais d'une transition de type 1 ou de type 2, ou, éventuellement, au travers des tentatives vaines de rester un « adulte junior ». Mais le temps passe et survient l'aube de la transition du mitan de la vie.

La transition du mitan de la vie (40-50 ans) : devenir responsable, le renouveau, la résignation

Cette période du mitan de la vie est, pour la plupart d'entre nous, un moment important de notre vie. Les essais, vains ou réussis, de faire une place à notre rêve dans notre projet de vie, ont donné lieu généralement à diverses expériences, autant professionnelles qu'amoureuses, et diverses tentatives pour gratifier nos valeurs et équilibrer nos domaines de vie. Nous avons développé des identités de rôles qui devraient nous satisfaire et nous apporter la maturité. Or, nous constatons, comme le dit Joseph Campbell, qu'à 40 ans nous avons le sentiment d'être arrivés en haut de l'échelle, mais de l'avoir posée devant le mauvais mur. C'est le moment où nous réévaluons notre passé en vue de modifier notre structure de vie et de nous autodéterminer davantage. Mais c'est également le temps des désillusions. Nous découvrons que nous ne sommes plus jeunes et nous en avons, hélas, des preuves : les premiers cheveux blancs apparaissent, nous avons tendance à prendre du poids bien que nous fassions beaucoup d'efforts pour l'éviter et rester en forme… cela n'empêche pas que tout semble concourir à nous faire prendre conscience de notre âge. Nos enfants (ces jeunes personnes que nous nous obstinons à nommer de cette façon) ne sont plus des enfants du tout ; ils sont devenus des adolescents ou de jeunes adultes qui nous confrontent aux changements et à l'évolution de la société, mais aussi à leur évolution (ils commencent à se séparer de nous et abordent la première tranche de vie adulte). Nos parents vieillissent également, et même s'ils restent en bonne santé (ce qui n'est malheureusement pas toujours le cas), ils deviennent plus dépendants et réclament notre présence et notre soutien.

L'ordre des choses et le temps basculent. Arrivés au mitan de la vie, nous nous demandons : « Est-ce bien cela que je voulais faire ? Le moment de faire quelque chose de vraiment important, de définitif, n'est-il pas venu ? » C'est une période pendant laquelle nous reconsidérons nos rôles professionnels en rapport avec les autres domaines : « Est-ce que je travaille trop ? Mon travail me convient-il ? N'est-ce pas au détriment des autres domaines de vie que j'y consacre ce temps et y déploie cette énergie ? » Ce genre d'interrogation sur l'investissement dans notre domaine professionnel renvoie généralement sur des croyances essentielles et provient d'un questionnement identitaire. Réussir professionnellement a été perçu jusqu'à ce jour comme très important, peut-être trop important ; notre désir de réussite nous a souvent amenés à prendre des responsabilités, à développer des projets et à remplir des rôles plutôt que d'être nous-mêmes. Mais nous devenons conscients du prix à payer pour la poursuite de ces buts et nous nous sentons insatisfaits, frustrés parce que le jeu n'en vaut pas, ou plus, la chandelle. Nous avons l'impression que tout l'investissement consenti au fil des années ne rencontre plus nos aspirations, ne nous permet plus d'obtenir ce que nous voulions. Alors nous cherchons un meilleur ajustement entre nos capacités, notre savoir-faire, nos valeurs et notre volonté d'auto-réalisation. En même temps que nous nous questionnons sur notre investissement dans le domaine professionnel, nous nous interrogeons sur notre vie amoureuse. Nous passons notre relation amoureuse au crible pour mettre en relief les pertes et les gains, les joies et les déceptions actuelles ou antérieures, en nous questionnant, non seulement par rapport à nos désirs, à nos besoins et à nos aspirations, mais aussi par rapport à nos limites. Nous nous interrogeons aussi bien sur ce que nous désirons recevoir que sur ce que nous sommes capables de donner.

Les tâches qui nous attendent au mitan de la vie sont :

✓ réévaluer le passé et revisiter notre structure de vie, avec la prise de conscience que le temps s'écoule et que nous avons déjà vécu à peu près autant d'années que celles qu'il nous reste à vivre, pour conduire une réflexion sur la gestion qualitative de notre temps ;

✓ être plus attentif à notre développement personnel et professionnel pour atteindre une plus grande individualisation, trouver notre équilibre et notre épanouissement dans tous nos domaines de vie, faisant en sorte que le domaine professionnel trouve sa juste place.

Pour environ 80 % des personnes de cette tranche d'âge que nous avons coachées, la transition du milieu de la vie est vécue comme une crise que nous appelons, dans notre modèle, une transition de type 2. La cause la plus patente de cette crise est généralement un bouleversement des valeurs. Tout se passe comme si des voix jusque là silencieuses, dans l'attente de ce moment précis, se faisaient enfin entendre. Nous avons pu remarquer également que la phase « marasme » précédant la transition vécue par le sujet, homme, ou femme, est de force modérée à sévère. Il semblerait que ce soit la puissance de la phase

« marasme » qui soit à l'origine du bouleversement de valeurs, lui-même responsable du remue-ménage à cet âge de la vie.

La transition de la cinquantaine (50-60 ans) : apprécier la qualité de la vie

Arrive la transition de la cinquantaine. Nous espérons qu'elle nous prépare à une vie plus légère, plus simple, plus claire. Après tout, notre vie personnelle et familiale est plutôt réglée, notre carrière professionnelle est installée, quelle que soit sa teneur, modeste ou brillante. Cela ne signifie pas que nous n'y voyions plus de contribution à apporter, au contraire. Néanmoins, à cinquante ans, nous avons fait le point avec nous-mêmes. Nos attentes sont plus réalistes et nous nous permettons de vivre, non plus de nous préparer à vivre. Apparaît alors, de manière consciente ou non, le sentiment de la finitude et de l'inévitabilité de notre mort, entraînant une évaluation de notre vie. Elle peut nous faire éprouver le sentiment que la vie, telle que nous la vivons, fait sens pour nous. *A contrario*, un sentiment profond de non-sens et d'insatisfaction peut nous envahir.

Dans le premier cas, nous pouvons dans cette période apprécier et évaluer la nouvelle structure de vie que nous avons mise en place. Nous sommes confrontés au fait de devoir accepter que notre vie, comme celles des personnes que nous connaissons, est ce qu'elle est, avec un passé existant, défini et irrévocable, mais aussi avec un futur. Pourtant, nous éprouvons souvent un sentiment nouveau d'affection pour notre passé ; il y a comme une réconciliation avec les traditions familiales et une plus grande acceptation de nos proches, en particulier nos parents ou nos vieux amis ; ils sont comme ils sont, nous n'avons pas besoin de les changer et ils n'ont pas à être différents.

Nous acceptons plus facilement que notre vie, avec ses sommets, ses vallées, ses limites, soit de notre responsabilité, tout en reconnaissant l'influence des forces et des obstacles externes. Nous augmentons ainsi notre seuil de tolérance vis-à-vis de la variété et des styles de vie des autres et nous devenons plus acceptants et plus compréhensifs. Nous éprouvons, à des degrés divers, le sentiment d'avoir réalisé notre projet de vie. Tel est le versant positif de cette décade. Mais, bien entendu, il peut y avoir des bilans moins positifs. Certaines personnes vont jusqu'à éprouver du dégoût à l'égard de leur propre vie, de celle des autres et de la vie en général. Ce ressenti est plus fréquent chez les personnes qui ont fait, soit peu de changements de vie significatifs, soit des changements inappropriés au cours de la décade précédente.

Se pose alors une question essentielle : « Qu'est-ce que bien vieillir ? ». De manière schématique, on relève deux types de réponses qui correspondent à deux tendances majeures.

D'un côté, certaines personnes de ce groupe d'âge soutiennent que bien vieillir, c'est continuer à être actif et engagé socialement, tant que la santé le permet.

De l'autre côté, nous trouvons les tenants de la théorie du désengagement qui maintiennent que bien vieillir implique un retrait de la société, une diminution de l'interaction sociale, une modification des relations interpersonnelles. Ces personnes iraient, de ce fait, dans le sens d'une plus grande intériorité.

Nous retrouvons là des opposés de notre société européenne actuelle : d'un côté une survalorisation de la jeunesse (bien vieillir, c'est rester jeune), de l'autre côté, les vertus propres à l'âge (le détachement, la sagesse). Nous retrouvons d'une part une nette préférence pour des valeurs auxquelles nous invite fortement la société actuelle, telles que l'action, l'activité, la productivité, et d'autre part des valeurs de contemplation et de réflexion.

Notre conclusion serait qu'il est souhaitable de dépasser cette opposition entre la *vita activa* et la *vita contemplativa* de manière à concevoir le vieillissement comme un processus d'adaptation, dans lequel notre façon de prendre position par rapport à nos vraies valeurs et au principe du dedans-dehors joue un rôle clé.

La période de la cinquantaine est considérée comme une phase de « qualité de vie », ce qui devrait, pour la majorité d'entre nous, signifier une phase de stabilité. Cette période ne peut être digne de cette appellation que dans la mesure où la structure de vie permet la réalisation d'aspirations modifiées et d'un projet de vie clairement défini par l'individu, qui se perçoit tel qu'il est : un homme ou une femme arrivés au mitan de leur vie.

La soixantaine (de 60 à 70 ans) : vivre la retraite, engager un nouveau départ

Cette décennie met fin à la structure qui était en place lors du mitan de la vie. C'est le moment d'examiner son passé, certes, mais surtout d'avoir une vision positive du futur pour envisager une réorganisation de sa vie en fonction d'une nouvelle saison à venir. Souvent, dans notre société, cette phase coïncide avec le départ à la retraite, mais ce n'est pas pour autant que la vie active est finie. Nous pouvons éprouver un sentiment de satisfaction ou d'échec par rapport à l'ensemble de notre vie, ou, selon le cas, développer notre projet, ou le continuer, ou encore générer un nouveau projet de vie ; nous pouvons tenter de réaliser des rêves que nous n'avons pu réaliser dans le passé, ou bien rêver de nouveaux rêves à vivre à présent.

Mais quelle que soit notre situation, la retraite représente une rupture avec un passé, qui, compte tenu qu'au moins 50 % de notre temps était consacré au domaine professionnel, comportait, certes, des contraintes au niveau des horaires, de la hiérarchie et des enjeux économiques, mais qui fournissait aussi un contexte de socialisation dans lequel les identités de rôles étaient clairement définies, et dans lequel existaient un objet de réalisation et des moyens de valorisation de soi. Le domaine professionnel offre un environnement qui, de manière informelle, gratifie pleinement certaines valeurs. La rupture d'avec la vie professionnelle, le nécessaire abandon de ce domaine de vie, implique un deuil à faire pour accéder à un nouveau départ, de la même manière que l'entrée dans la vie adulte suppose un deuil de notre vie d'adolescent.

Ce passage nous amène automatiquement, à entrer dans une nouvelle étape de notre vie, étape à laquelle nous nous sommes plus ou moins préparés, mais qu'il nous reste à investir. L'ensemble de nos domaines de vie est à remanier : un environnement nouveau d'insertion sociale est à trouver, de nouvelles valeurs sont à développer, des identités de rôles sont à construire. Comme toute transition qui accompagne le changement, la retraite comporte ces trois composantes : le retrait d'intérêt pour l'ancien mode de vie, la perte de sens et la renaissance à une nouvelle vie.

Divers travaux sur le passage à la retraite ont fait apparaître quatre grands types de réactions et de comportements :

Le premier est **« l'effondrement »**, marqué par une diminution de l'ensemble des activités, des liaisons et des relations sociales. La population la plus marquée par ce type de réaction fait majoritairement partie des groupes défavorisés de notre société, dont la situation tend à se dégrader du fait du passage à la retraite.

Le deuxième est **« le repliement »**, qui comporte une diminution de l'investissement dans les domaines de vie et les relations sociales, compensée par un allongement des périodes de vacances et du temps passé devant la télévision. Nous retrouvons majoritairement, dans ce groupe, des cadres supérieurs et des professions intermédiaires.

Le troisième est **« la retraite-réanimation »**, qui se traduit par un accroissement des activités de loisirs. Elle est majoritairement le fait d'ouvriers et de femmes vivant seules.

Le quatrième est **« l'épanouissement »**, impliquant un fort investissement dans les domaines de la vie personnelle, couple, famille et social. Il s'accompagne d'une forte satisfaction et d'une bonne santé. Ces personnes, qui vivent leur retraite en phase plateau, sont majoritairement des professions intermédiaires.

Mais quelle que soit la manière dont chacun de nous vivra sa retraite, cette période de la vie aura lieu, aussi nous semble-t-il dommage de ne pas savoir profiter de la vie quand nous n'avons plus l'obligation de la gagner, ce qui nous encourage à préparer aussi ce stade de notre développement.

L'allongement spectaculaire de la durée de vie (83 ans pour les femmes, 75 pour les hommes en janvier 2003), va considérablement modifier le regard que nous portons sur la soixantaine. Depuis les années cinquante, l'espérance de vie à la naissance s'accroît de trois mois par an. En conséquence, ceci contribue à allonger la durée de vie potentielle après la retraite, qui s'élève, tout sexe confondu, aux alentours de trente années. On s'approche d'un équilibre quantitatif des trois grandes périodes de la vie : formation, production, retraite. L'importance de la durée de vie après 60 ans ne peut, en tant que retraité ou futur retraité, nous laisser indifférent ; elle nous invite à réfléchir sur les moyens nécessaires à l'intégration dans le groupe « épanouissement » et cela, quelle que soit notre catégorie socioprofessionnelle.

Les dernières décennies (70 ans et plus) : la sagesse, le mentoring, vivre pleinement les bienfaits de la vie, simplifier et vivre jusqu'à la fin

Vita si moriendi virtus abest, seritus est.[1]

Sénèque

Ce stade ultime de la vie nous oblige à faire un constat incontournable : la vie n'est pas éternelle et nous allons aussi, un jour, mourir. Nous avons souvent déjà perdu des amis proches et des membres de notre famille. Sans avoir besoin de sentir que notre fin s'approche, nous sommes amenés tout naturellement à faire un nouveau bilan de notre vie. En réalisant ce retour sur nous-mêmes, nous éprouvons parfois un doux sentiment, lié à la satisfaction ressentie en contemplant une vie bien vécue ; parfois, la suite de nos réflexions nous laisse un goût amer ; peut-être, pour la majorité d'entre nous, est-ce une saveur douce-amère qui perdure. En passant en revue les événements de notre vie, nous pourrons remarquer aussi bien les moments de réussite, malgré les obstacles rencontrés, que les occasions manquées, les rêves que nous n'avons jamais osé réaliser. Il est vrai que si nous faisons honnêtement notre bilan, les deux composantes se retrouvent : les joies, comme les regrets, sont forcément présents. Mais si les regrets sont plus importants que tout, nous vivons alors avec un sentiment d'amertume et de désespoir, renforcé par celui qu'il ne nous reste plus assez de temps à vivre pour réaliser ne serait-ce qu'une partie de nos rêves.

De nos observations, il ressort que certaines personnes abordent cette phase de la vie adulte en tentant, par tous les moyens, de retarder les processus de ralentissement et de déclin, tant physiques et psychiques, que sociaux. D'autres tentent de vivre cette dernière étape comme une nouvelle étape de développement,

1. « La vie sans le courage de mourir, c'est la servitude. »

consolidant leur autoréalisation. Ces deux attitudes extrêmes, projetées sur une courbe de Gauss, se trouvent en opposé et nous laissent entendre qu'il y a deux manières d'appréhender cette étape de notre vie : l'une positive, l'autre négative, l'une en phase de lancement ou de renouveau et l'autre en phase de marasme. Il nous semble, quels que soient les obstacles et les changements offerts par la vie, que nous avons malgré tout, à travers nos identités de rôles, le choix de notre attitude. Celle déjà adoptée face à la perte et au changement au cours de notre vie, nous laisse entrevoir la manière dont nous vieillirons.

À partir de là, nous pouvons décrire quatre manières d'appréhender le vieillissement qui reflètent des positions existentielles :

« **Je m'accroche au passé** » : la personne s'accroche au passé, vit cette période de sa vie en phase de marasme, en s'accrochant à ses insatisfactions, à ses regrets et à l'amertume qu'elle ressent.

« **Je refuse de vieillir** » : la personne qui refuse de vieillir n'accepte pas d'avoir son âge, n'accepte pas le passage du temps, méconnaît la phase marasme qu'elle est en train de vivre, et perd ainsi l'occasion de faire une transition qui lui permettrait d'élaborer et de réaliser un nouveau projet de vie.

« **Je m'interdis le changement** » : cette personne s'accroche à son analyse tronquée du passé, et juge négativement tout ce qu'elle a fait. Elle méconnaît le potentiel de son présent et s'interdit tout projet pour l'avenir.

« **Je vis ma vie** » : cette personne est en contact avec son identité intégrée et ses valeurs. Elle accepte son âge, vit pleinement son présent et envisage positivement l'avenir en s'adaptant au vieillissement. Cette quatrième position ne va pas de soi. Elle ne s'acquiert pas sans une réflexion sur soi-même et sans une remise en question de l'identité, l'autonomie et l'appartenance.

Les pertes qui surviennent au-delà de 70 ans sont réelles, concrètes. Ce sont des pertes liées au déclin physique, à l'abandon de certaines identités de rôles qui entraînent une carence de contacts sociaux et d'autres changements divers qui engendrent une perte d'autonomie. Face au changements qui s'opèrent dans nos capacités physiques et dans notre corps, nous devons garder intact le sentiment de notre propre continuité malgré notre changement d'apparence et l'amenuisement de notre résistance physique. De tels changements nous amènent généralement à nous interroger sur la nouvelle identité que nous sommes invités à explorer et à adopter. Réfléchir sur une nouvelle identité nous encourage à nous positionner différemment et à établir de nouveaux rapports avec nous-mêmes et avec les autres. Ceci nous permet de rehausser notre estime de soi en opérant un réajustement de notre image et de nos valeurs et accompagne l'acceptation de nouvelles valeurs émergentes.

Ces différentes pertes peuvent être envisagées de façon positive ou négative. Considérées positivement, elles signifient un alignement progressif des divers rôles sociaux, au profit de l'émergence d'identités de rôles nouvelles et plus affirmées. Envisagées négativement, elles signifient le retrait pur et simple des activités sociales. Or, quel que soit notre âge, nous avons des besoins que nous devons satisfaire, et entre autres des besoins d'appartenance. À ce moment de notre vie, nous avons besoin d'appartenir « au courant de la vie » et, compte tenu des pertes de tous ordres, ce n'est pas chose facile. La prise de conscience de l'effet de ces pertes sur nous et de la nécessité de satisfaire notre besoin d'appartenance à de nouvelles manières d'être nous invitent à réaménager nos domaines de vie pour participer pleinement à la société dans laquelle nous vivons et, plus largement, à rester dans le courant de la vie.

> Plusieurs tâches nous attendent à cette époque de la vie, car pour la vivre positivement il importe de trouver des moyens pour :
>
> ✓ valoriser la sagesse et l'engagement en rapport avec les valeurs d'intimité, de compassion et contribution, et de recherche de sens ;
>
> ✓ socialiser les relations humaines. Mettre l'accent sur la compréhension, l'écoute de l'autre, et sur les relations qui

aident à vivre et nous aident à regarder positivement le présent et l'avenir ;

✓ vivre pleinement et authentiquement ses émotions. Accepter de ressentir et d'exprimer autant la joie que la tristesse, la colère que l'amour, accepter les deuils, les pertes, afin de rester ouverts et prêts à investir de nouvelles relations ;

✓ développer de la flexibilité mentale. Rester flexible c'est accueillir, accepter les évènements de la vie, les problèmes et les obstacles qui surgissent, rechercher des options et des solutions nouvelles au lieu de s'appuyer sur des modèles déjà vécus et en faire des normes fixes.

Vivre positivement ces dernières décennies, c'est être pleinement en contact avec son identité intégrée, c'est-à-dire avec le sentiment profond que notre vie coïncide, en tant que cycle de vie unique, avec un segment d'histoire unique et que toute identité intégrée se perd ou s'installe dans la rencontre et l'échange social auxquels nous prenons part.

En résumé

Nous avons conscience de n'avoir fait qu'effleurer les théories sur le développement de l'adulte selon la perspective des cycles de vie. Une approche plus approfondie de ce sujet mérite à elle seule un ouvrage et dépasse largement les limites de celui-ci. Toutefois, il appartient au coach, et à tout autre professionnel de la relation d'aide, de réfléchir sur les tâches de développement propres à chaque décennie afin d'enrichir celles qui ont été présentées ici par sa propre expérience et ses observations. Dans cette optique, il faut garder à l'esprit le rôle et le travail du temps dans les processus de développement et rester également ouverts, curieux, interrogatifs et sans jugement de valeur lorsque, en tant qu'accompagnateurs, nous nous trouvons devant des personnes qui vivent des événements difficiles. Nous devons garder toujours à l'esprit que la résilience fait partie des qualités de l'être humain. La capacité de l'humain à faire face à l'adversité, à traverser des épreuves et à en sortir aguerri, muni d'une plus grande maturité personnelle et relationnelle, est notoire ; elle mérite notre reconnaissance et notre respect.

Tout coach se trouve dans l'obligation de choisir entre deux prémisses opposées concernant sa conception de la vie adulte, et cela en pleine conscience, car ce qu'il choisit de croire affecte non seulement son activité de coach et ses actions de coaching, mais avant tout sa propre vie. La première prémisse, la plus ancienne, est liée aux anciens principes et entretient l'idée qu'être adulte c'est faire taire ses rêves et être « réaliste », c'est rechercher la sécurité, et se conformer aux directives de l'environnement socioculturel. La seconde prémisse propose qu'être adulte, c'est s'engager dans le long chemin qui mène à l'autonomie, c'est découvrir le plaisir de l'indépendance dans l'interdépendance, être en contact avec ses valeurs, se reconnaître responsable de ses choix, développer ses identités de rôles et apprécier son identité intégrée en étant pleinement citoyen dans la cité.

Le modèle de coaching du Dôjô est basé sur l'adhésion à la deuxième prémisse qui correspond à une vision phénoménologique-existentielle de la vie adulte, dans le sens où ce que nous manifestons de notre expérience, ce que nous donnons à voir, à entendre et à faire ressentir dans le monde, relève de la représentation que nous nous en faisons. La vie est en mouvement et représente une réalité dont nous sommes les architectes, les entrepreneurs et les maîtres d'ouvrage. Notre projet de vie est à faire ; notre identité à créer ; vivre est une œuvre originale ; aucune vie « clefs en main » ne nous est offerte ; toute vie est à construire. Ainsi, quels que soient les obstacles et les aléas de l'existence le défi est-il, pour chacun de nous, de se rendre disponible pour vivre les nombreux cycles de changement qui lui sont offerts, de continuer à s'autoriser, à se développer et s'autoréaliser, en gardant le cap sur son projet.

Apprenons à devenir ces personnes responsables, ouvertes, qui à 80 ou à 90 ans montrent de la gratitude d'être encore en vie, qui sourient à l'ironie et aux paradoxes de la vie et qui, tellement « vivantes », donnent envie aux autres de devenir eux aussi des centenaires.

Carte n° 6 : l'apprentissage à l'âge adulte, ou l'apprentissage de l'âge adulte

Durant des siècles, en dépit de quelques tentatives, assez souvent qualifiées d'utopistes, le champ de l'éducation et de l'apprentissage a été limité aux jeunes enfants et aux adolescents. Cela est évoqué dans l'expression populaire « Passe ton bac d'abord », comme si une fois le premier cycle d'études terminé, et autant que possible sanctionné par un diplôme, tout apprentissage était acquis et pratiquement une fois pour toutes.

L'apprentissage, l'éducation, tels qu'ils sont le plus généralement conçus, couvrent tout un ensemble de matières enseignées censées répondre à des demandes diverses. L'éducation, l'enseignement, s'entendent de la formation initiale à la formation dite « continue », celle-ci visant principalement, et malgré tout, l'adaptation du plus grand nombre possible d'individus à un environnement socioprofessionnel. Ce type et mode d'apprentissage, grâce à l'acquisition de capacités, du savoir et du savoir-faire, ont pour objectif le développement intellectuel, psychologique et moral de chacun, de lui faciliter aussi bien l'entrée dans la vie adulte que dans la société, et de surcroît, par un enseignement complémentaire bien que souvent rudimentaire et insuffisant, l'accès à la citoyenneté. Cet apprentissage cherche à rendre l'individu suffisamment autonome, à lui permettre d'acquérir les capacités critiques requises pour qu'il soit considéré adulte. Il poursuit évidemment un autre but complémentaire : l'acquisition, par l'individu, des compétences nécessaires à l'exercice d'une profession.

Vu sous cet angle, tout apprentissage relève de l'éducation, au sens latin du terme, qui signifie « nourrir ». Il s'agit, par l'éducation, d'apporter à l'individu la « nourriture » nécessaire à la satisfaction de ses besoins élémentaires et, en même temps, de « l'élever », de le « dresser » pour qu'il soit conforme aux attentes de son environnement. Bien entendu, la transmission d'informations, de normes et de dogmes participe au conditionnement, au dressage en question.

De cette façon, et avant tout, l'éducation a une fonction sociale remplie par différentes instances familiales, scolaires, universitaires, médiatiques, politiques, etc. Dans la mesure où chaque instance souhaite apporter sa pierre à l'édifice éducatif et que le discours de chacune des instances privilégie des valeurs spécifiques, exprimant sa vision du monde particulière, l'individu se trouve confronté à des discours perçus, très légitimement, comme contradictoires.

Nous pouvons aisément percevoir l'oscillation entre deux pôles : l'un qui se veut savoir universel, objectif et scientifique, et relèverait du rôle des institutions et des professionnels de l'éducation (éducateurs, enseignants, professeurs...), l'autre représentant d'autres formes de connaissances, plus subjectives, qui laisseraient une place à l'expérience particulière d'un sujet relativement autonome. À la visée d'une transmission, d'un savoir et d'un savoir-faire, devrait s'ajouter, de manière indispensable bien qu'informelle, la prise en considération de l'évolution et de l'autoréalisation du sujet social, en tant que personne, dans ce qu'elle a d'original et de particulier.

Passer par un tel apprentissage de base dans notre société est pratiquement inévitable, de telle sorte que, si nous voulons rester éveillés, conscients de notre inachèvement et de nos capacités quasi illimitées d'apprentissage, c'est le regard que nous portons sur le monde, sur les autres et sur nous-mêmes qu'il convient d'interroger. Car en évoquant la notion d'apprentissage, il ne s'agit pas seulement d'apprendre ce qui nous vient du passé ; il importe également de découvrir ce qui nous viendra du futur. Mais que doit-on entendre par cela, puisque, comme aurait pu dire Monsieur de La Palice, le futur n'existe pas encore ? Plus sérieusement, bien que le futur n'existe effectivement pas encore, il est déjà en construction au présent, une construction à laquelle nous sommes parties prenantes et qui touche la totalité de nos activités actuelles. Nous œuvrons et apprenons en permanence dans un monde ouvert, un monde où le présent s'ajuste pour enrichir un futur en devenir. Aucun apprentissage ne serait valable, réaliste, et réellement éducatif, s'il ne prenait en compte le positionnement du sujet par rapport à son projet de vie, ce qui nous renvoie à une question clé de cette carte : « Qu'ai-je besoin d'apprendre et de désapprendre pour maîtriser mon futur ? »[1]

---

1. Pour les autres questions de cette carte, voir notre ouvrage *Manuel du Coaching*.

Parce qu'il participe au futur du sujet, l'apprentissage doit s'inscrire dans son champ culturel et participer à sa propre actualisation. Culture étant entendue ici aussi bien comme histoire et mémoire d'un patrimoine que comme disponibilité à actualiser le présent et être « contemporain du futur ». Les apprentissages de base, et encore plus les apprentissages faits à l'âge adulte, doivent accorder de l'importance à la relation intime et soutenue qui existe entre éducation et culture, car l'apprentissage des connaissances, aussi utile, voire indispensable soit-il, tend habituellement à la négliger, sinon à l'oublier purement et simplement. En fait, le mot « culture » est à entendre au sens où nous l'avons défini : la compétence à être ouvert à la vie et curieux de la découvrir, à être dans l'actualité, ici et maintenant, en même temps qu'à être dépositaire et gardien du passé. Il s'agit de rester disponible pour enrichir en permanence nos connaissances en redonnant au désir, à la sensibilité, à la curiosité et à l'affectivité leurs places légitimes dans le cycle permanent d'apprentissage à l'âge adulte.

Sans préjuger des savoirs disciplinaires, toujours nécessaires, dont nous avons besoin en tant qu'individus responsables pour vivre pleinement et efficacement nos identités de rôles, être en accord avec nos valeurs, réaliser notre projet de vie, lier éducation et culture, encourage l'individu à développer de la curiosité et à chercher à disposer de compétences éthiques, épistémologiques et politiques de plus en plus étoffées et actualisées. Assumer notre mission de citoyen, avoir notre place dans la société, c'est relever des défis constitués par les contradictions et les antagonismes dont notre époque fait actuellement l'expérience. L'apprentissage à l'âge adulte, si nous voulons lui donner un sens, diffère considérablement des conceptions, malheureusement souvent désuètes, de l'éducation telle qu'elle nous est dispensée, aussi bien au cours de notre scolarité qu'à l'université, ou au sein des grandes écoles. En tant qu'adultes, nous avons besoin d'apprendre en prenant part à des actions diverses, en étant conscients de nos prémisses et des raisons profondes de notre engagement.

À l'âge adulte, nous pourrons tirer beaucoup de profit d'apprentissages qui ne sont pas forcément formels, surtout de ceux ne ressemblant en rien au « modèle scolaire » que nous avons connu en tant qu'élève ou étudiant. Nous avons, avant tout, beaucoup plus besoin d'un guide, d'un coach plutôt que d'un éducateur ou d'un formateur. Un coach n'est pas un dispensateur de connaissance. Son rôle est de nous en faciliter l'accès. La finalité de l'apprentissage à l'âge adulte, c'est d'apprendre à apprendre, mais aussi à désapprendre dans tous les domaines de vie. Telles sont également les grandes lignes du rôle du coach : permettre au sujet, par le jeu de la relation de coaching, de trouver des moyens pour devenir son propre coach et prendre son autonomie. C'est par la qualité de ses invitations et de ses permissions que le coach peut permettre au sujet de se situer lui-même à l'origine, à la source de son propre devenir, d'être l'unique maître de ses apprentissages, afin de devenir un « apprenti-sage ».

Carte n° 7 : les aires de conscience

Clef de voûte du modèle disciplinaire, la carte des aires de conscience nous interroge sur nos identités de rôles, ce qui les constitue et ce qui en fait leur raison d'être, en nous renvoyant à notre congruence interne et à notre identité intégrée.

La carte des aires de conscience est un système qui offre une représentation de l'individu « comme-un-tout-dans-un-environnement ». Elle nous invite à nous représenter le sujet coaché en tant qu'individu, poursuivant un but dans un environnement en transformation permanente, agissant en interaction avec lui-même, les autres et son environnement, maintenant le contact avec ses capacités, ses valeurs, ses identités de rôles, évoluant en accord avec son identité intégrée.

La carte des aires de conscience est en elle-même un modèle. Elle permet au coach de se représenter la complexité du sujet coaché et de son vécu ; par le jeu de l'écoute, du questionnement et de la reformulation, elle lui permet de s'interroger sur le « pourquoi » de ses actions, sur le maintien, la pertinence et l'actualisation de ses identités de rôles, et, de ce fait, sur l'authenticité de son désir et de son projet de vie.

Alors qu'il y a sept aires de conscience, nous avons choisi, dans cet ouvrage, de faire porter notre analyse uniquement sur les identités de rôles. Pour des informations détaillées sur la carte des aires de conscience, le lecteur pourra utilement se reporter à notre ouvrage *Construire sa vie adulte*.

Les identités de rôles

À travers cette présentation de la carte des aires de conscience, nous souhaitons souligner qu'il est impossible d'avoir une représentation fidèle de ce qu'est un individu sans tenir compte également de ses rapports avec les autres. En effet, quand un sujet relate une expérience ou une action accomplie, ne serait-ce qu'à lui-même, il est nécessaire de l'inviter à relier son récit, explicite ou implicite, à tout un « nexus » d'autres personnes. Cette mise en exergue de la relation qu'entretient le sujet avec d'autres personnes permet de le situer, et de l'inviter à se situer, dans ses diverses identités de rôles. Car, même si, en tant que coachs, nous n'avons en face de nous qu'une seule personne, il faut toujours garder à l'esprit que chaque personne agit en permanence sur les autres, en même temps qu'elle subit les comportements, les agissements et les actions des autres. Le sujet coaché ne vit ni en autarcie ni sur une île déserte ; d'autres l'entourent et entrent en interaction avec lui. La personne qui est en face de nous, le sujet que nous écoutons, n'est pas le seul acteur de son « monde ». La façon dont cette personne perçoit les autres et se comporte à leur égard, la manière dont les autres la perçoivent et agissent envers elle, la façon dont elle interprète leurs agissements en les percevant, tout ceci fait partie de l'ensemble des éléments de la situation qui contribuent à nous aider à comprendre l'identité de rôle que joue ou que tente de jouer la personne.

La complémentarité des identités de rôles

Pour distinguer notre usage du terme « complémentarité » de ses autres acceptions courantes, il convient de noter que nous l'utilisons pour désigner le type de relation interpersonnelle établi lorsqu'une personne fait une offre, de communiquer par exemple, et que l'autre accepte l'offre telle qu'elle lui est faite. Dans le *Dico PNL*[1], nous avons eu l'occasion de distinguer la relation complémentaire de la relation symétrique. Une relation complémentaire est marquée par le fait qu'une personne donne et que l'autre

1. Turner, J. et Hévin, B., *Dico PNL,* Éditions d'Organisation, 1995.

reçoit ; le rôle de chacun est implicitement défini et accepté de part et d'autre, ce qui évite le risque d'entrer en compétition, comme c'est souvent le cas dans une relation symétrique dans laquelle chacun cherche à occuper le même rôle en même temps, que ce soit celui de donneur ou de receveur. Dans une relation complémentaire, une personne prend l'initiative et l'autre suit ; l'un donne un feed-back, par exemple, et l'autre l'accepte ; l'un donne un conseil et l'autre, même s'il ne le suit pas, reconnaît au premier le droit de lui en donner. Dans une telle relation, les actions se stimulent réciproquement ; elles sont essentiellement dissemblables et mutuellement appropriées, ce qui fait que les personnes concernées par la relation ont tendance à s'accorder, à se compléter ou à se complémenter. Cela implique que toute identité de rôle n'a de sens qu'en relation avec l'autre. Un manager ne peut être manager que parce qu'il a au moins un subordonné ; un vendeur n'est vendeur que parce qu'il a un acheteur ; un homme a besoin d'une épouse pour être un mari ; un couple ne peut être parent s'il n'a pas d'enfants ; un coach sans coaché ne peut que faire semblant d'être coach. L'existence d'un autre avec qui on est en relation, est un prérequis pour accéder à une identité de rôle, car c'est au sein de la relation que s'actualisent en permanence les identités de rôles des partenaires qui s'y sont engagés. Ronald Laing, tenant de l'antipsychiatrie, propose qu'« on ne saurait abstraire complètement l'identité propre de quelqu'un de son identité-pour-autrui. Son identité-pour-soi ; l'identité que les autres lui attribuent, les identités qu'il leur attribue, l'identité ou les identités qu'ils croient qu'il croit qu'ils croient ... »[1].

En résumé l'identité de rôle répond à une double question essentielle : « Qui es-tu face à moi ? Qui suis-je face à toi ? » Comme nous l'avons fait remarquer dans le *Manuel du Coaching*, cette question nous permet de distinguer l'identité de rôle du « jeu de rôle », du fait d'être affublé d'un rôle pour ou par autrui. Un rôle peut être joué, certes, mais cela n'implique ni l'authenti-

1. Laing, R., *Soi et les autres,* Gallimard, 1971.

cité ni l'adhésion du sujet qui sont mises en évidence dans une identité de rôle.

Ce qui distingue un « rôle », dans ce sens, d'une « identité de rôle », est ce qui distingue l'authentique de l'inauthentique. Une identité de rôle implique que le sujet soit totalement vrai, congruent et en accord avec ses valeurs ; elle implique qu'il soit engagé dans ce qu'il fait, parce cela fait sens pour lui. L'identité de rôle permet l'accord avec soi-même et avec l'autre, dans ce lieu, à cet instant, et que l'autre nous reconnaisse simultanément de façon corollaire. Il existe, par exemple dans les entreprises, des invitations à se conformer à des pratiques ou à prendre part à des rites, qui n'ont aucun autre but que celui de donner aux membres de l'entreprise le sentiment illusoire de participer au pouvoir et aux prises de décisions, puisqu'ils ont des insignes, des délégations de pouvoir et de menues responsabilités… La mise en avant de ces rôles donne à ceux qui les prennent l'illusion d'exercer des identités de rôles, mais ce n'est qu'une façade, un trompe-l'œil, car il n'en est rien.

En résumé, un individu exerce tout un éventail d'identités de rôles dans chacun des ses domaines de vie, pour se positionner et s'affirmer dans son identité personnelle et sociale, depuis des identités de rôles professionnelles aux identités de rôles familiales et civiques. Chacune de ces identités de rôles demande, pour l'assumer et l'assurer correctement, des capacités, des comportements, des valeurs et des attitudes mentales spécifiques. En assumant une identité de rôle dans un domaine de vie particulier, nous acceptons de nous vêtir d'un certain « costume social ». Ce costume nous facilite l'incarnation du rôle puisqu'il signale aux autres que c'est ce rôle-là que nous avons endossé. Néanmoins, nous avons le devoir, vis-à-vis de nous-mêmes, de faire en sorte que, quel que soit le rôle et quel que soit le costume, notre personnalité transparaisse, que notre vrai « moi » soit bien présent et représenté.

L'identité intégrée

Pour être pleinement en contact avec notre identité intégrée, il est nécessaire d'avoir conscience en même temps de la pluralité de nos identités de rôles, de ce qui les différencie, ce qui les réunit, et de notre être en tant qu'« un-tout-dans-un-environnement ».

La conscience d'être « unifié », lorsqu'elle se présente est un instant toujours neuf. Nous avons alors la sensation d'être un individu complet et congruent car nous sommes en cohérence avec nos pensées, pleinement en contact avec nos sentiments, en phase avec nos actes, en accord avec nous-mêmes et avec le monde. Cela correspond à l'expérience paroxystique, telle que la décrit Maslow, c'est-à-dire à une expérience qui intègre une dimension spontanée, créative avec la sensation d'être en contact avec la partie la plus intime et la plus privée de soi : nous sommes imbriqués et en même temps dégagés de nos identités de rôles, acceptant nos besoins, plus cohérents avec notre projet de vie et avec les moyens de le réaliser.

Dans ces moments d'exception où nous sommes en contact avec notre identité intégrée, nous nous sentons privilégiés, dans un état de sécurité ontologique. Nous reconnaissons le caractère unique de chaque être et de chaque situation et acceptons le fait que toute répétition de situation est impossible, illusoire. L'âge, le sexe, le statut social de nos partenaires ne sont pas les éléments les plus importants, nous recherchons avant tout la qualité de la relation et développons un égoïsme sain qui correspond à la devise du Dôjô : « Moi d'abord ».

Cette devise appuie la notion de qualité de la relation entretenue avec soi-même, qui elle-même conditionne la qualité de la relation avec autrui. L'égoïsme d'une personne en contact avec son identité intégrée est totalement différent de l'égoïsme au sens traditionnel du terme. Dans une relation avec autrui, la personne en contact avec son identité intégrée recherche du plaisir, son plaisir, et pour cela accepte le plaisir de l'autre et le fait que l'autre aussi recherche du plaisir. Elle sera alors en mesure de s'inviter et d'inviter l'autre à partager une relation créative et authentique. La parole biblique « Aime ton prochain comme toi-même » retrouve ainsi tout son sens.

3

LE MODÈLE RELATIONNEL

LA DEUXIÈME PARTIE DE CET OUVRAGE traitera des moyens techniques utilisés pour appliquer le modèle relationnel. Notre tâche ici, est de préciser les stratégies utilisées par les coachs (du moins ceux qui sont formés au modèle de coaching du Dôjô) et par leurs clients, au cours de leurs échanges dans le processus qui s'établit au sein de la relation d'aide qu'est le coaching. Viennent à l'esprit des questions telles que… comment le coach invite-t-il et accompagne-t-il son client dans la voie du changement ? Pourquoi ce client change-t-il, c'est-à-dire comment reprend-il contact avec ses ressources et comprend-t-il ce pourquoi il est venu demander de l'aide ? Des techniques relationnelles variées seront décrites, lesquelles, malgré une apparente divergence, reposent toutes sur la thèse que le plus important dans la relation de coaching n'est pas la technique utilisée, mais l'attitude du coach. Cette thèse permet de faire usage de techniques apparemment aussi différentes que la confrontation, l'écoute provocative et la reformulation-clarification. En fait, ces interventions ne peuvent se distinguer aussi fortement que si nous les regardons uniquement sous leur aspect « technique » car, en les considérant sous l'angle des attitudes du coach dans la relation qui s'établit typiquement entre les coachs et leurs clients, ces méthodes ont une similitude de fond.

Dans la mesure où notre approche est centrée sur la relation entre le coach et son client, plutôt que sur le client seul, considéré comme un élément isolé, l'accent portera sur les attitudes et les techniques relationnelles. Car si l'on estime que le coaching est une relation entre deux individus, un professionnel (le coach), et une personne venue demander de l'aide (le sujet, le client), les problèmes rencontrés ne peuvent être appréhendés qu'au travers d'une coreprésentation partagée, et la recherche de leurs solutions ne peut s'engager que depuis la perspective d'une relation de coopération.

Des modèles de divers types auxquels nous nous sommes formés l'un ou l'autre, que ce soit comme intervenant, formateur, psychothérapeute et superviseur, ont influencé notre recherche et ont contribué à la mise en forme du modèle relationnel. Nous pouvons citer en vrac : la PNL, l'analyse transactionnelle, la sémantique générale, l'hypnose ericksonienne, la Ligne du Temps, le psychodrame morénien, la psychanalyse, la thérapie familiale systémique et stratégique, la pédagogie… sans oublier les autres supports moins formels tels que sont le cinéma, la lecture du *Monde* et de bandes dessinées ; les discussions au bistrot du coin, aussi bien entre nous qu'avec nos confrères ou des amis ; de nombreuses conférences que nous avons données ainsi que celles auxquelles nous avons assisté ; notre amour de la lecture ; notre curiosité toujours renouvelée ; notre émerveillement devant l'être humain, etc. Tout cela nous a permis de modéliser ce qu'est une relation de coaching, de mettre en exergue comment une action de coaching se divise en quatre phases distinctes, depuis le tâtonnement jusqu'à l'autonomie du sujet, et de souligner les capacités que le coach doit mettre en œuvre à chacune de ces phases.

Nous sommes partis du postulat de base suivant : à partir du moment où des professionnels de la relation d'aide travaillent en tant que coachs, ils ont un souci majeur : savoir quoi faire avec les clients, et quand le faire. Une fois que des réponses à cette interrogation sont trouvées, tout coach lucide se découvre un deuxième souci : comment faire ce qu'il sait faire. Les réponses à la première question : quoi faire et quand, se trouvent fournies par le modèle relationnel que nous vous présentons dans cet ouvrage ; ce qu'il faut faire se décrit et s'enseigne. Toutefois, le coaching est une affaire qui nécessite autant de rigueur que de souplesse, autant de respect d'une démarche sérieuse que d'acceptation de la créativité et de l'accès à une improvisation spontanée. En conséquence, les réponses à la deuxième question : comment faire, quel style adopter, sur quel mode relationnel intervenir, tiennent davantage de l'intuition du coach que de l'application stricte d'un modèle, aussi réfléchi et élaboré soit-il.

LE COACHING EST UN ART

D'un point de vue métaphorique, nous pouvons considérer que le travail du coach est en partie le résultat d'un apprentissage rigoureux, et en partie un art. Pour nous, cela est comparable à l'apprentissage d'un art martial, tel le tir à l'arc : comment parvenir à tirer, à lâcher la flèche, à laisser le mouvement surgir, libre et spontané, alors qu'il s'agit de poser un acte spécifique selon un code de conduite précis, pour tout dire, dans les règles de l'art ? Cela se fait, tout simplement, grâce à l'exercice, grâce à la répétition d'un même geste maintes fois repris et retravaillé jusqu'à ce qu'il devienne naturel, jusqu'au moment où le mouvement, au début difficile à réaliser, s'exprime librement, facilement, agréablement, naturellement, sans effort apparent. Car quand la technique est dépassée, lorsqu'elle est parfaitement assimilée et qu'elle fait corps avec le praticien, celui-ci devient « inconsciemment compétent » ; il oublie la technique et, ainsi, apparaît l'art. C'est à poursuivre cette voie que nous invitent les grands maîtres de zen : « Ta voie qui est la voie n'est pas la voie, le nom qui est le nom n'est pas le nom ». Ou, pour prendre un autre exemple, peut-être plus facilement compréhensible pour nos esprits cartésiens, nous pouvons offrir la comparaison entre l'artiste et l'artisan. Il n'est nullement nécessaire d'être un grand artiste pour prendre une photo de sa famille, ou de la femme que l'on aime. Disposer d'un bon appareil de photo et respecter quelques règles techniques simples suffisent pour faire une photo correcte. À ce niveau, une photo n'est qu'une photo, c'est-à-dire, le souvenir figé d'un mouvement et d'un moment de vie. Mais certaines photos sont bien plus que des photos : elles sont des œuvres d'art. Une œuvre d'art ne saurait se définir uniquement par le fait que l'artiste a bien respecté les règles. Il arrive, par exemple que certains artistes prennent des photos sans respecter les règles, et le résultat n'en est que plus beau. Néanmoins, en prenant le temps de bien regarder la photo en question, il est possible de décoder les règles que l'artiste a appliquées pour réaliser sa création, ce qui permet de renouveler l'expérience. Certains photographes auront le réflexe de répliquer ou d'imiter ce qu'ils ont vu pour améliorer leur propre technique et faire des photos de plus en plus belles, grâce aux nouvelles règles. C'est ainsi que se créent les écoles dans lesquelles on peut apprendre à faire de la photographie, des écoles qui s'organisent autour des règles d'un maître. Chacune de ces écoles est en mesure de produire de nombreux artisans, sans doute de qualité, mais il arrive de temps en temps que le travail d'un élève ressorte du lot et mérite que sa production soit considérée comme de l'art, bien qu'il suive le même enseignement et applique les mêmes règles que ses pairs. Un artiste n'est pas obligatoirement quelqu'un qui travaille en dehors des normes ; le respect des règles n'empêche pas de faire une œuvre d'art, au contraire. Dans le domaine de la créativité, de la création artistique, le fait de respecter des règles permet de les expérimenter et de les intégrer, et c'est l'intégration des règles qui permet de les dépasser.

En ce qui concerne l'art du coaching, nous nous permettons de rappeler simplement une des nouvelles règles pour vivre le monde d'aujourd'hui que nous avons proposées dans le *Manuel de coaching* : « Modifiez ces règles quand vous en aurez trouvé de meilleures ».

Se contenter de faire du coaching, uniquement parce que l'on a fait l'apprentissage d'un modèle élaboré par des maîtres d'une école, signifie que l'on considère le coaching comme de l'artisanat, alors que c'est un art. Paradoxalement, sans doute, le plus grand hommage que l'on puisse rendre à son maître, le plus grand compliment que l'on puisse offrir à celui auprès de qui l'on a étudié, à celui dont on a suivi l'enseignement, c'est de le dépasser. Car c'est la transmission de son savoir qui nous a permis de grimper sur ses épaules pour voir plus loin que sa vision à lui, pour aller plus loin que la démarche qui est la sienne, et pousser notre réflexion au-delà des limites qu'il nous a aidés à atteindre.

Bien que nous n'ayons pas la prétention d'avoir dépassé les maîtres dont les travaux nous ont aidés, directement ou indirectement, à créer notre modèle relationnel du coaching, citons-en certains. Carl Rogers est sans conteste celui qui a le plus influencé notre démarche ; Fritz Perls a retenu toute notre attention ; Frank Farrelly a profondément marqué notre manière de faire et a eu surtout un impact considérable sur notre façon d'être auprès de nos clients.

Notre visée, en mettant au point le modèle relationnel, le modèle « R », est de faire que chaque coach puisse s'identifier comme un maître-artisan, car, ce faisant, il pourra à son tour aider ses clients à découvrir et à expérimenter leur propre fibre d'artiste, celle qu'ils expriment au travers de leur art de vivre.

Faire du coaching un art, bien au-delà des techniques qui permettent un tel exercice, est aussi un des buts du modèle « R ». Un autre, plus terre-à-terre, est d'aider le coach à accompagner efficacement le coaché. Regardons de plus près sur quoi repose l'efficacité du modèle « R » du coaching.

LES FACTEURS DE L'EFFICACITÉ DU MODÈLE « R »

Le coaché possède toutes les ressources dont il a besoin pour mettre à jour, lancer, réaliser et savourer son projet de vie. Voilà déjà la prémisse de base qui fonde toute démarche de coaching efficace.

Toutefois, au-delà de cette prémisse, nous pouvons évoquer brièvement trois facteurs qui concourent spécifiquement à l'efficacité du modèle relationnel dans la mesure où celui-ci permet au sujet d'accroître :

– 1 la conscience qu'il a de ses ressources ;

– 2 l'énergie dont il dispose ;

– 3 son autonomie.

Explorons maintenant chacun de ces facteurs pour répondre à la question : « En quoi le fait d'accroître la conscience de ses ressources, l'énergie dont il dispose et l'autonomie du sujet est-il facteur d'efficacité dans le coaching ? », en mettant en relief de quelle façon ils participent à l'efficacité du modèle « R ».

La conscience que le sujet a de ses ressources

L'efficacité d'un modèle de coaching repose d'une part sur l'aide apportée au sujet qui lui permet de prendre conscience qu'il dispose, en lui-même ou dans son environnement, de toutes les ressources dont il a besoin pour construire son projet de vie, et d'autre part, sur la liberté accordée au sujet pour « rêver son rêve » sans contrainte, attente ou obligation de résultat, tout en l'aidant à différencier ses désirs réels de ses fantasmes, et à faire le distinguo entre les obstacles, les difficultés réelles qu'il rencontre et les problèmes fictifs, illusoires.

Sachant qu'un projet de vie est le résultat d'un rêve confronté au principe de réalité, prenons le cas d'une personne qui s'interroge en permanence pour savoir si elle doit ou non démissionner de son emploi et trouver un autre employeur. Posé en ces termes, le problème peut être qualifié de « fictif » ; il devient alors, insoluble. Garder cet emploi ou en changer, son métier, quoi qu'il en soit, restera pour elle sans intérêt, dans la mesure où elle continuera à mener une vie professionnelle maussade, terne, insatisfaisante, tant qu'elle n'aura pas pris conscience de ses propres ressources pour évaluer la situation et trouver des moyens pour y remédier. Pour donner un sens à sa vie, il faudrait qu'elle cesse de se concentrer sur ce « problème » et qu'elle prenne conscience du « problème réel » : celui de son autonomie, de sa relation au monde, de son manque d'intérêt pour le monde professionnel dans lequel elle se trouve et de la pauvreté de l'ensemble de ses domaines de vie. Or, dans la phase de marasme, elle n'a pas accès à cette connaissance d'elle-même.

Nous avons souvent dans notre vie l'occasion de connaître ce genre de situation alternative : ou bien faire ceci, ou bien faire cela, sachant qu'aucune solution n'est la bonne puisque la question juste n'a pas été posée. Les situations de coaching fourmillent d'illustrations de ce type de problèmes et de faux prétextes allégués pour ne pas les affronter.

En admettant que la personne de notre exemple aille voir un coach pour tenter de résoudre son problème professionnel, elle devra accepter de sortir de son dilemme, et comprendre que son problème n'est pas sa difficulté de choisir entre rester dans cette entreprise ou en sortir, mais l'absence de projet pour elle-même.

Tant qu'elle n'aura pas pris conscience de ses valeurs et de ses besoins, et réfléchi sur les moyens sains de les satisfaire, elle perpétuera son erreur. Elle ne bougera que si elle prend conscience qu'elle n'est pas démunie et sans ressource, et que, comme le disait Sénèque : « Il n'existe pas de bon port pour celui qui ne sait pas où il va ». Tenter de résoudre des problèmes qui n'ont guère de solution entraîne un perpétuel recommencement qui décourage et coûte une grande somme d'énergie, toute nouvelle tentative étant par nature vouée à l'échec, puisque la demande, en l'occurrence, aboutit à faire plus de la même chose, et donc à n'obtenir que plus du même résultat.

Vu sous cet angle le coaching peut paraître d'une simplicité enfantine, mais en pratique, il n'est pas aisé d'accompagner un sujet pour l'aider à sortir de sa méconnaissance, à reconnaître que les solutions qu'il a mises à l'épreuve jusqu'à maintenant ne l'ont conduit qu'à se maintenir dans une forme d'insatisfaction plus ou moins grande. Que son inhabilité à trouver une solution est due au seul fait qu'il n'accepte justement pas de reconnaître le degré d'insatisfaction qui est le sien à ce moment de sa vie.

Quand, grâce au questionnement du coach, à son écoute, il découvre que le problème est mal posé, que l'hypothèse de départ est fausse, le chemin vers une vie heureuse et épanouie peut être entrevu. Le chemin n'est pas forcément facile jusqu'à l'élaboration et la réalisation d'un projet de vie, mais accepter d'aller dans cette direction représente déjà beaucoup. Mieux vaut se fixer un objectif et ébaucher son projet de vie que s'épuiser sur un problème fictif. Fixer un objectif, ébaucher un projet de vie, permettent de s'apercevoir des conflits réels dans lesquels on se débat, de reconnaître que notre vie actuelle n'est pas satisfaisante, d'accepter de lâcher prise et d'avancer vers l'inconnu d'une vie nouvelle qui prenne en compte nos valeurs, enrichisse nos identités de rôles et nous mène vers une reconnaissance de la liberté, de l'énergie et de la confiance.

L'énergie dont dispose le sujet

Un second aspect de l'efficacité du modèle « R » est que son utilisation fait augmenter l'énergie dont dispose le sujet car il lui permet de prendre conscience des obstacles externes et internes, et de choisir d'entreprendre des actions appropriées pour les traiter.

En fait, presque curieusement, se maintenir en phase « marasme » exige la dépense d'une grande quantité d'énergie. Maintenir une méconnaissance, refuser la réalité de la situation vécue, éviter d'entrer en contact avec ses sentiments réels, requièrent la mobilisation d'une somme considérable d'énergie. Et c'est du gaspillage, un gaspillage du même ordre que celui qui consiste à dépenser une bonne part du revenu national d'un pays pour faire de la propagande et créer de la désinformation par la mise en place de moyens de communication qui visent à cacher la réalité de la situation à la nation. C'est également ce que fait le sujet, lorsqu'il s'obstine à ne pas vouloir reconnaître le peu d'agrément de sa vie actuelle. C'est-à-dire qu'il choisit de méconnaître la phase « marasme » dans laquelle il est et préfère reporter sur les autres et l'environnement les raisons ou la cause de son insatisfaction actuelle. Le coach, pour qui le cheminement naturel au travers les étapes des cycles de changement, jusqu'à l'élaboration et la réalisation du projet de vie du sujet n'est pas l'alpha et l'oméga du coaching pourra, à l'écoute de ce discours, tenter de questionner pour obtenir des éclaircissements, ou formuler des objections. Mais ce sera le plus souvent sans résultat, à moins que le sujet, avec l'aide du coach plaignant, ne devienne acheteur, ce que nous verrons dans le prochain chapitre.

Un autre obstacle, et pas des moindres, freine l'évolution du sujet : sa peur de changer. Ce que lui offre l'avenir lui est inconnu, et tant que son insatisfaction, voire sa souffrance, n'est pas supérieure à sa peur du changement, il y a peu de chance qu'il change. Il est habitué à son état actuel, il en sait les inconvénients, mais c'est là qu'il a trouvé une illusion de confort. Or, l'avenir, le futur, ne lui offrent qu'incertitudes. Dans cette relation de coaching, ce qui lui est proposé n'est pas défini et ne peut l'être. C'est toujours après coup, en regardant le chemin parcouru, les étapes et les obstacles que l'on a franchis, qu'ils pourront être décrits et deviendront visibles. Un cycle de changement comprend toujours un passage qui, pour certains, ressemble à un abîme. Il est légitime qu'il puisse donner le vertige.

Face à cette situation, le coach se doit de prendre appui sur le modèle Relationnel, Modèle « R », en se faisant le « plus léger possible ». Puisque le changement que le sujet doit opérer est celui du passage de l'arrêt au mouvement, rien ne doit venir entraver ce passage. Et surtout rien qui ne vienne du coach. Tout appui pris sur cette théorie, toute référence à la spécificité de sa méthode, toute certitude sur ce qui sera bon ou bien pour le sujet, alourdira la démarche et risquera d'être vécu comme un obstacle supplémentaire pour le sujet. Ses seuls appuis sont sa disponibilité et son écoute, une attitude d'acceptation inconditionnelle et un lâcher prise, qui lui font accepter réellement, authentiquement, de rester un pas en arrière du sujet, s'il veut poursuivre sa tâche et être cette aide efficace que le sujet est légitimement en droit d'attendre de lui. Il se doit d'être le plus léger possible quant au savoir et à la compétence. Il doit faire l'abandon de toute volonté de faire avancer le sujet, ce qui ne ferait qu'alimenter sa résistance. C'est paradoxalement cette absence de résistance du coach, et son lâcher prise, qui permettront au sujet de prendre conscience de ses obstacles externes et internes, de ses résistances au changement, et, à son tour de lâcher prise. Alors, l'énergie se libère et se déplace, le sujet reprend confiance en lui, en ses ressources et il avance. Néanmoins, quoi que fasse le coach, le sujet n'ira pas plus vite que son propre rythme, bien que beaucoup de coachs aient du mal à l'accepter, car ils sont souvent dans l'illusion d'avoir à faire ainsi l'abandon du poids, du sérieux de leur responsabilité et de leur pouvoir. Et pourtant, un des facteurs de l'efficacité du modèle relationnel qui est le nôtre réside dans le fait qu'il permet au sujet d'accroître son énergie après avoir pris conscience de ses obstacles externes et internes, et cela, grâce au lâcher prise du coach. L'énergie ainsi accrue entraîne une liberté accrue, et fait progresser le sujet vers l'autonomie et la joie de vivre.

L'autonomie du sujet

Le but du coaching tel que nous le concevons est, qu'au final, le sujet coaché acquière une représentation claire de ce que devrait ou pourrait être sa vie, une vision de ce qu'il veut, et de la manière dont il envisage sa vie future. En clair, qu'il ait un projet de vie.

Nous avons vu déjà des personnes demander à être coachées parce qu'elles ne parvenaient pas à rédiger un rapport, ou parce qu'elles ne se sentaient pas à l'aise face à leur hiérarchie. Ces demandes peuvent paraître curieuses à la lumière de ce que l'on vient d'écrire, mais elles sont fréquentes. D'autres personnes viennent parce que leur travail ne les satisfait pas, ou encore, parce qu'elles ne sont pas heureuses, ou parce qu'aucun de leurs domaines de vie ne leur donne le moindre plaisir.

Être dans une phase de désynchronisation, se sentir coincé dans le marasme, est sans doute une bonne raison pour demander l'aide d'un coach, mais cela ne suffit pas comme motivation pour s'engager pleinement dans une relation de coaching. Après tout, si un certain nombre de sondages montre qu'une bonne majorité de gens ne sont pas heureux de leur sort, ce n'est pas pour autant une raison suffisante pour passer des heures de travail dans une démarche aussi questionnante, aussi impliquante et aussi exigeante que le coaching, qui va requérir, du coup, toute leur énergie.

En effet, la remise en question de nos comportements, de notre façon de faire, l'acte d'accepter de reconnaître que notre vie actuelle ne nous satisfait pas pleinement, nous amènent aussi à constater que l'éducation que nous avons reçue ne nous garantit pas d'être au clair avec ce que nous attendons de la vie. Car, notre système d'éducation nous invitant, voire, dans certains cas, nous obligeant à prendre des décisions d'orientation dès notre adolescence, la plupart d'entre nous n'a aucune représentation de ce que lui réserve cette vie à venir. Il arrive que les sujets coachés n'aient jamais eu la moindre vision de leur vie. La tâche du coach, telle que nous la concevons, est de vérifier, dès les deux ou trois premières séances, que le sujet est apte à se forger une idée du sens qu'il pourrait donner à sa vie pour s'avouer des raisons de sa présence dans notre cabinet qui soient autres que « réussir dans la pub » ou « gagner plus du fric ».

Une attention spécifique portée au langage du sujet peut nous renseigner sur cette capacité. En tant que coachs, nous avons eu, maintes fois, l'occasion d'entendre, surtout de la part des managers « invités » par leur hiérarchie à se faire coacher, un vocabulaire truffé de certains lieux communs. Ils nous demandaient de les aider à « apprendre à s'exprimer », à « motiver leur équipe », à

« mieux communiquer », à « mieux gérer leur temps » et d'autres banalités de ce genre qui représentent autant de paroles creuses, des bruits faits avec la bouche !

Le coach ne peut et ne doit pas se satisfaire de réponses stéréotypées de cet ordre. Son rôle à ce moment-là est de faire redescendre le sujet sur terre, de l'aider à se positionner, à devenir demandeur et acheteur de coaching, ce qui, au final, lui permettra de devenir acteur dans sa démarche et auteur de son changement. Pour cela, le coach doit demander au sujet ce qu'il attend de lui en tant que coach et de l'action de coaching, pourquoi il vient le consulter, dans quelle intention, dans quel but. Et le coach se doit d'obtenir des réponses, de vraies réponses car ces questions sont importantes, elles méritent réflexion. En fait, l'importance de ces questions est la suivante : pour fournir des réponses de manière honnête et authentique, le sujet doit engager une recherche et poursuivre une réflexion qui ne peuvent rester théoriques ; sa recherche et sa réflexion l'engagent et l'invitent à prendre position, non pas en tant que personne qui rend visite à « son » coach, mais en tant que sujet coaché, décidé à s'impliquer et à se remettre en question.

L'IDENTITÉ DE RÔLE DU COACHÉ

Pour faire un travail sérieux et efficace, les coachs ont besoin d'un sujet également sérieux et efficace. Expliquons-nous. Dans la rencontre avec un coach, certaines personnes, tellement privées d'écoute et tellement désireuses de parler d'elles, recherchent seulement la satisfaction de ce besoin. Personne, ni votre compagne (ou compagnon), ni vos amis et encore moins vos enfants, pas même vos collègues de travail, qui ont surtout envie de parler d'eux, n'est prêt à écouter un discours fleuve sur les détails des actualités de la veille, de celles du lendemain, et le pourquoi de ceci ou cela, sur les racontars de bureaux. Aussi certaines personnes sont-elles prêtes à payer (ou à faire payer par l'entreprise) 300 ou 400 € à qui veut bien l'écouter parler. Or, tout sujet demandant l'aide d'un coach doit rapidement comprendre qu'il n'est pas là pour parler de la dernière exposition, ou du dernier concert qu'il vient de voir, mais de choses qui l'engagent et qui ont trait au coaching, c'est-à-dire à son projet de vie. Parler de soi ne suffit pas ; il faut pouvoir dire pourquoi on ne supporte plus ce travail, ou ses collègues, ou sa vie de couple, ou sa vie de famille, ou au contraire pourquoi on l'aime, et entrer dans le détail ce que l'on aime particulièrement, dans ce que l'on vit à ce moment de sa vie. À moins de n'être intéressé qu'à l'argent, un coach ne se contente pas de futilités.

Une action de coaching doit également avoir pour objectif d'apprendre au sujet à faire la distinction entre banalité et réalité. Nous raffolons de banalités, de discussions sur des thèmes stéréotypés et banals, donc de « passe-temps », d'échanges dans lesquels notre implication personnelle est très faible. C'est ce que nous trouvons de mieux pour meubler les silences : parler de sport, de sexe, de « bouffe », de vacances, etc. Ce genre d'échanges peut être classé en deux grandes catégories, « n'est-ce pas affreux » et « n'est-ce pas formidable », avec quelques variantes quand on parle de succès ou d'échecs « j'ai eu une plus grosse prime que toi » ou « j'ai eu plus de poisse que toi ». Avec les gens que l'on connaît mieux, on peut aller jusqu'à parler politique et s'autoriser des critiques virulentes sur notre époque. Les sujets ne manquent pas.

Aussi certaines personnes ont-elles une manière « banalisante » de parler de leur vie, quel que soit le domaine, personnel, professionnel ou autre, en disant : « Mon patron a encore fait ceci ou cela. Mon fils vient de réussir ses examens. Est-ce que je dois demander une augmentation ? Etc. » Ces banalités ne touchent à rien de réellement personnel, d'authentiquement impliquant. Ce ne sont que des rationalisations subjectives, une manière de passer le temps, de meubler le silence, et de ne pas s'impliquer.

Les sujets semblent parfois vouloir s'engager plus intimement dans la relation, et disent parfois : « Monsieur ou Madame Coach, je ne peux pas continuer ainsi ». Notre réponse standard à cette invitation est généralement : « Et pourquoi pas ? Vous le faites déjà depuis plus de vingt ans. Des millions de gens vivent ainsi toute leur vie. Pourquoi pas vous ? Je comprendrais que vous n'en pouviez plus, si vous arriviez à me prouver que vous ne voulez plus ! Mais il n'est pas vrai que vous ne le puissiez plus ! » En fait, cette méconnaissance que se propose le sujet est la fin des fins du discours banal, ce n'est, là encore, que du bruit avec la bouche.

La participation active du coaché est un facteur primordial dans la réussite de l'action de coaching. Nous ne pensons pas que des résultats et des changements significatifs puissent être obtenus sans efforts, sans remises en question, sans prendre de risques, sans faire des transitions des deux types, 1 et 2, sans vivre des sommets et des vallées. Rappelons-nous, les vallées représentent des périodes plus ou moins fortes de questionnement sur soi, des moments où l'on a l'impression de se trouver dans un tunnel, sans toutefois perdre la foi qu'au bout du tunnel, la lumière nous attend de nouveau.

La personnalité et le savoir-faire du coach jouent un rôle important dans le processus d'accompagnement au changement. Le coach doit être un bon compagnon de route, un bon guide, tel le guide de montagne, qui ne porte pas son client au sommet, mais lui facilite la découverte des sentiers les plus praticables et lui donne un petit coup de main quand il le faut, sans plus.

L'IDENTITÉ DE RÔLE DU COACH

Cela nous amène, pour conclure ce chapitre, à la personnalité du coach. De tout ce qui pourrait être écrit sur ce sujet, nous ne retiendrons que quelques idées principales. Nous avertissons le lecteur, tout comme nous le faisons avec les personnes qui viennent se former au coaching au Dôjô, du danger d'entretenir le coaché dans l'illusion ou de le tromper en répondant à des attentes dont on sait qu'un jour elles décevront. Le coach doit ressentir, dès les premières séances, que la relation de coaching et le climat qui s'en dégage, relèvent d'un travail spécifique, d'une ambiance de travail distincte de celle à laquelle il est habitué. Il n'est pas suffisant de dire que le coaching n'est ni une formation, ni du conseil, ni de la psychothérapie, ni une discussion de salon, encore faut-il que le coaché le vive. Qu'il découvre, en la vivant, que la relation de coaching est une relation réelle, une relation de vérité, de sincérité, qui s'inscrit dans un monde où la méconnaissance, les illusions sont confrontées. Il lui faut percevoir que le coach ne laissera pas cette relation se transformer en relation de passe-temps, qu'il ne relâchera pas sa vigilance et relèvera toujours la banalité dans les paroles du coaché. Et il est bien sûr essentiel, pour ne pas tomber lui aussi dans la banalité, que le coach sache distinguer entre banalité et authenticité. Une tâche ardue de nos jours, pour certains. Le coach doit bannir toutes les attitudes directives, telles que conseil, jugement, soutien moral, dans l'exercice de son métier. Et en particulier, ne pas confondre sentimentalisme et compassion, car on ne pratique pas une relation d'aide efficace en s'attendrissant sur le sort des coachés. En revanche, si dans notre pratique et notre enseignement, d'aucuns nous qualifient de durs et d'autoritaires, nous savons que le modèle que nous enseignons invite à la compassion et au vécu d'un rapport de qualité avec les coachés. Le but, la finalité du modèle relationnel, est bien d'amener le coach à entendre et à comprendre authentiquement de quoi parle le sujet, et à ressentir ce qu'il ressent. En effet, si le coach ne vit pas, ou n'a jamais vécu en lui, ce que lui proposent ses clients, s'il ne sait pas ce qu'est se sentir piégé, chagriné, désengagé, angoissé, en insécurité, ou, au contraire, joueur, excité, en énergie positive, voire en paix intérieure, même à degré bien plus minime que le sujet, il ne peut pas savoir de quoi celui-ci parle, surtout s'il ne tente pas d'en faire l'expérience. Et, s'il ne tente pas d'en faire l'expérience, il n'arrivera pas à rejoindre son coaché dans son vécu, dans son modèle du monde.

Enfin, il est important que le coach voie le coaché comme un gagnant, engagé vers la réalisation de son projet de vie, plutôt que comme un apporteur éternel de problème. Car tout homme tient sa destiné en main. Pour nous, le plus commun des mortels, dès qu'on le voit, se transforme instantanément en un être non ordinaire, en un individu réel, vivant tout simplement ce qu'il vit à ce moment de sa vie, en un être irremplaçable, appelé à remplir et à vivre sa vie, en train de construire son projet et de suivre sa voie.

4

AU DÉBUT IL Y EUT L'ÉCOUTE

En lettres d'or : qu'est-ce que l'autre me dit d'autre
que ce qu'il dit quand il dit ce qu'il dit ?
Et : qui parle quand il parle ?

Jacques Durandeaux

PEUT-ÊTRE SERAIT-IL PLUS JUSTE DE PARLER « DES ÉCOUTES », des différents niveaux d'écoute, et du mouvement qu'est l'écoute. De l'écoute de soi-même, de l'autre, de l'environnement, de celle des mots avec le cortège d'intonations, de gestes, de mimiques qui les accompagne forcément. Il s'agit ici de l'écoute-identité de rôle, de l'écoute-relation et de l'écoute compréhension qui sont simultanées, entremêlées, hiérarchisées et surtout complexes. L'identité de rôle est le préalable à la relation, elle-même passage obligé vers la compréhension. La relation ne peut s'établir pleinement, que si chacun, de manière consciente ou non, a répondu aux questions : « Qui suis-je face à toi ? », « Qui es-tu face à moi ? ». Comme nous l'indique la carte des aires de conscience, selon mon identité de rôle du moment, j'entrerai différemment en contact avec mon environnement, je développerai telle ou telle attitude, j'utiliserai plutôt telles capacités que telles autres, je serai de ce fait plus attentif à telles caractéristiques de l'événement, plus intéressé par les notions et les concepts en rapport avec cette identité de rôle. Inversement ma façon d'entrer en contact, de « créer » la relation, précisera mon identité de rôle. Enfin mes valeurs, mes croyances influenceront cette identité de rôle et modifieront mes comportements et la manière dont j'évolue avec ceux avec qui je suis en relation dans cet ici et maintenant.

Il s'agit là, comme nous l'indique la carte des aires de conscience, de niveaux d'influences qui, selon le point de vue, sont support ou contexte les uns pour les autres. Chacun de ces niveaux agit sur les autres, et ils interagissent en permanence. Chaque niveau est vivant, en mouvement, d'ailleurs parfois contradictoire. Ainsi, une identité de rôle se fonde sur l'authenticité, la relation se crée, se maintient, ou se détériore par rapport à l'influence, la peur ou le jugement, tandis que la compréhension prend ses racines dans les attitudes d'acceptation inconditionnelle, d'ouverture, de curiosité et également dans la précision, la lucidité et le cadre de référence.

L'ÉCOUTE DANS LA RELATION DE COACHING

Il existe une différence radicale entre l'écoute dans le contexte de la vie quotidienne, l'écoute amicale, parentale, poétique, etc. et celle qui s'exerce dans le registre professionnel. On ne s'étonnera donc pas de voir apparaître la notion d'écoute dans la relation de coaching. Elle est indispensable et occupe une place centrale dans le modèle relationnel. L'écoute aidante du coach est à la fois simple et très complexe. Si elle est évidente, forgée par l'histoire de chacun, par sa formation et son expérience professionnelle, elle n'en nécessite pas moins un travail sur soi-même, relevant plus du « savoir être » et des positions de vie, du sentiment que l'on a de sa propre valeur et de celle d'autrui, que d'un savoir ou de techniques plus ou moins sophistiqués.

Il s'agit d'une « écoute-observateur » qui emprunte très largement à l'écoute rogérienne, mais en la complétant par la perception silencieuse, propre à la sémantique générale. L'écoute du modèle « R », ou écoute relationnelle, situe résolument l'écoute dans le cadre de la relation, en stimulant l'échange par la reconnaissance, tout en favorisant la reconnaissance par l'échange. L'écoute relationnelle prend ses racines dans l'attitude d'acceptation inconditionnelle de soi et de l'autre, dans une position de vie : « Je suis quelqu'un de bien, vous êtes quelqu'un de bien ». Il s'agit, comme le dit Éric Berne « de la position saine, la meilleure pour bien vivre, celle des authentiques héros et princes, et héroïnes et princesses »[1].

L'écoute relationnelle s'appuie sur l'empathie. Le coach doit savoir percevoir, au-delà du discours du client, son univers affectif, imaginaire et cognitif. Comprendre de l'intérieur, entrer en contact avec la carte du monde du sujet, percevoir ses attitudes, ses valeurs, son bien-être ou son mal-être, sans que ceux-ci aient été verbalisés.

Pour cela, le coach se doit de maintenir pendant la durée de l'entretien une attitude d'acceptation inconditionnelle, c'est-à-dire qu'il ne juge pas, ne conseille pas, ne compare pas. Il comprend ce qui est énoncé, sans obligation d'adhérer aux opinions émises, ni de s'identifier au sujet.

La pratique du modèle « R » et de l'écoute relationnelle implique la congruence du coach. Celui-ci doit être (au moins pendant la durée de la séance) pleinement en accord avec lui-même, en contact avec ses pensées, ses sentiments, ce qui l'autorise à communiquer son ressenti, ses interrogations, sa compréhension ou son incompréhension. Le coach est présent, authentique et honnête, en un mot, consistant.

L'écoute relationnelle n'est pas projection de la part du coach

L'écoute relationnelle suppose, comme nous l'avons déjà dit, un travail sur soi, avec l'aide éventuelle d'un tiers écoutant, qu'il soit psychanalyste, psychothérapeute, coach, mentor, animateur de groupe d'évolution… Le choix de la forme que prendra son développement personnel est du ressort intime de la personne concernée. Le choix relève de la perspicacité intuitive du sujet, mais pas de l'air du temps ni d'une quelconque instance institutionnalisée qui tenterait d'imposer sa volonté symboliquement en assénant : « Tu devrais consulter un psychothérapeute, un psychiatre, un médecin… », comme naguère on disait (et c'est

1. Berne, E., *Que dites-vous après avoir dit bonjour ?* Éditions Tchou, 1997, page 77.

peut-être encore vrai dans certains milieux) : « Tu devrais voir ton confesseur ». Que l'on nous comprenne bien sur ce point : bien que nous ayons choisi, l'un comme l'autre, de faire une thérapie de longue durée (de plus de dix ans) pour devenir psychothérapeutes, coachs, enseignants plus lucides, nous ne voulons ni croire, ni faire croire, que c'est la seule voie, ou qu'elle soit indispensable. Pour nous, la rencontre avec un maître de sagesse au sens oriental, le massage, la danse, les arts martiaux, la participation à des colloques, à des groupes de discussion, la lecture, etc. font partie des orientations possibles et peuvent s'avérer, pour certains, beaucoup plus bénéfiques qu'une psychothérapie ou une psychanalyse orthodoxes de longue durée.

Rappelons que l'écoute relationnelle commence par l'absence de toute attitude altérante. En somme, ce qu'un coach doit contrôler ce sont ses attitudes et, sur le plan psychologique, on peut dire que la préparation à la profession de coach consiste plus dans l'acquisition d'attitudes adéquates que dans l'accumulation de connaissances théoriques sur le fonctionnement humain. Dès le moment où une attitude adéquate, pertinente, a été adoptée, nous pourrions presque dire que le reste est donné de surcroît. Certes, les connaissances théoriques ne sont pas négligeables (sinon à quoi sert notre modèle « D » ?), mais elles n'acquièrent leur intérêt et leur importance que par l'effort de lucidité du coach, lié à son propre niveau. Autrement dit, il n'y a pas de recettes qui seraient applicables par n'importe quelle personnalité avec un rendement garanti.

L'écoute relationnelle est avant tout une écoute silencieuse et de concentration

S'il est vrai, en tant qu'être social, que nous nous construisons par les mots, il est non moins vrai que les mots sont réducteurs et que la réduction qu'ils impliquent élimine une partie de la spécificité de l'expérience vécue, ici et maintenant. Ce n'est donc pas par hasard que la pratique de l'écoute rogérienne, associée à la perception silencieuse de la sémantique générale, nous invite à rechercher dans l'écoute un état mental détaché des systèmes de mots, à chercher à capter l'essentiel des choses, sans délimitation de déformation par les mots. C'est l'état de pensée non verbale, la recherche d'une plus grande richesse de contact avec le perçu, le vécu.

« Il y a une différence énorme entre « penser » en termes verbaux et « contempler » intérieurement silencieux, à des niveaux non verbaux. De cette dernière attitude naît la recherche de structure du langage, propre à s'adapter à la structure des processus silencieux que l'on suppose avoir découvert […]. Si nous « pensons » verbalement, nous agissons comme des observateurs de parti pris et projetons sur les niveaux silencieux la structure du langage que nous utilisons. »[1]

Le sémanticien général attache une grande importance à l'entraînement à la perception silencieuse. Habitués à penser verbalement, à mettre tout en mots, nous sommes en contact assez pauvre avec le « contempler silencieux » des objets. Nous ne savons plus donner la place qu'ils méritent à nos cinq sens. Nous devons réapprendre à percevoir avant de nommer, à regarder, humer toucher, goûter avant de mettre des étiquettes. Quand vous visitez une exposition, écoutez un concert, regardez un spectacle, vous ne vous posez plus la question « qu'est-ce que ça veut dire, qu'est-ce que c'est ? » Vous jouissez des formes, des couleurs, des sons, des mouvements, au niveau non verbal.

La perception silencieuse n'a rien à voir avec une extase exubérante, mais elle invite indéniablement à un état modifié de conscience. La perception silencieuse ou pensée non verbale, est simplement la pleine conscience d'être avec ce qui est, *hic et nunc*, dans le moindre geste, la moindre activité de la vie quotidienne. En d'autres termes, elle nous invite à être vigilants, par rapport à notre habitude de catégoriser et de nommer un objet, qui attire notre attention sur les similarités entre les objets et les classes qu'on leur assigne et nous fait négliger les différences. En ce qui concerne les individus, les différences sont, dans 99% des cas, plus importantes que les similitudes. Cette tendance est poussée à l'extrême, quand, aveuglés par l'étiquette que nous avons appliquée à une personne, nous nous empêchons de la regarder comme un individu unique. Il n'est que « manager » ou « compétent » ou

1. Korzybski, A., *La carte n'est pas le territoire*, L'Éclat, 1998, page 29.

« motivé » ou quelques autres étiquettes de ce type. Qu'est-il « réellement » ? Regardons-le, écoutons-le et cessons de lui coller des étiquettes. La perception silencieuse nous invite à une autre qualité d'écoute-observation : intégrer la pensée non verbale dans l'écoute relationnelle. C'est non seulement une suspension de toute théorie et de toute conceptualisation, mais également de toute représentation verbale sur le monde, voire de tout désir de faire quelque chose.

Il est vrai qu'il est très difficile de ne pas mettre de mots sur ce que nous observons. Ce n'est qu'en s'exerçant que l'on apprend la perception silencieuse. Asseyez-vous et regardez un bouquet de fleurs, cinq, dix minutes, sans lever les yeux, sans rien faire d'autre que regarder ces fleurs, en vous efforçant de bien les voir et de « ne rien dire » à leur sujet. Dès que les mots s'en mêlent, fermez les yeux, et sentez votre respiration. Nous disons bien sentir sa respiration, non pas penser à la respiration. Quand vous sentez votre respiration, vous pouvez à nouveau ouvrir les yeux, et continuer votre « contempler silencieux » du bouquet. Ne vous découragez pas si vous n'arrivez pas à ne pas mettre de mots, laissez du temps au temps. Au bout d'une semaine, d'un mois, ou de quelques années d'exercice, vous aurez appris la perception silencieuse.

Certes, certaines techniques de concentration s'approchent de ce que nous décrivons ici. Néanmoins, l'écoute-observation, l'écoute silencieuse que nous défendons demande beaucoup plus de « lâcher prise » et d'empathie que ce que proposent ces techniques.

Soulignons un fait d'expérience. La personne qui pratique la perception silencieuse se trouve dans un état d'hypervigilance, de concentration extrême. Être réellement concentré, signifie que rien d'autre ne nous préoccupe que ce que nous faisons sur le moment. C'est pourquoi l'écoute, dans ce cas, est d'une finesse sans pareil. L'écoute est toujours une « écoute-observation-spontanée », ce qui explique sans doute pourquoi il est des hommes (et des coachs) d'une si fine sensibilité à l'égard d'autrui, comme à l'égard du monde.

5

LES QUATRE PHASES DE L'ÉVOLUTION NATURELLE D'UNE ACTION DE COACHING ; RÔLES ET FONCTIONS DE CES PHASES

Si j'avais une phrase à inscrire au mur de mon cabinet, j'écrirais : « Être ici ne suffit pas ».

Bernard Hévin

AVANT D'ABORDER LES PHASES D'UNE ACTION de coaching, rappelons que dans le modèle qui est le nôtre le coaching s'inscrit dans une relation d'aide qui vise autant le développement professionnel que personnel, et qu'il va du coaching professionnel au coaching de vie. Mais qu'entend-on par relation d'aide ? Pour nous il s'agit d'une intervention dans laquelle le sujet (le client au sens rogérien) est le maître d'œuvre de son projet de vie, des changements qu'il veut apporter dans sa vie, et pour lesquels il a recours à l'aide d'un coach.

Cette définition souligne clairement que cette approche est centrée sur l'autodéveloppement. Notre conception du coaching est très différente d'un processus unidirectionnel où un expert apporte de l'aide sous forme de conseils, d'informations, voire de formation à un sujet qui la reçoit. Comme nous le verrons en avançant dans la présentation du modèle « R », pour nous la relation de coaching consiste donc en une interaction particulière entre deux personnes, un professionnel-coach et une personne qui demande une aide : le client. Chacun contribue, par l'acceptation de son identité de rôle, à la recherche et à la satisfaction d'un besoin d'aide. Cela suppose que le coach adopte, soutenu par une attitude d'acceptation inconditionnelle et de compréhension, une façon d'être et de faire, et la communique de manière formelle et informelle, en fonction du but et des objectifs poursuivis. Ce but et ces objectifs représentent, bien évidemment, la réponse aux demandes et aux besoins du client, et également les objectifs opérationnels propres à chacune des phases de coaching dont le but final est l'autonomie du sujet.

LES OBJECTIFS OPÉRATIONNELS D'UNE RELATION DE COACHING

Selon le contexte et la demande du client : coaching professionnel ou coaching de vie, la relation coach-client peut répondre à différentes fins. Toutefois, pour instaurer et maintenir une relation optimale, le coach doit garder à l'esprit divers objectifs opérationnels que l'on peut résumer ainsi :

- ➢ Instaurer une relation de confiance, qui autorise le client à exprimer ses pensées et ses sentiments ;
- ➢ Vérifier en permanence, au travers de la reformulation, que le client se sent entendu et compris ;
- ➢ S'assurer que la demande est bien une demande de coaching, et qu'elle le reste pendant toute la durée de l'entretien ;
- ➢ Maintenir un climat de confiance, d'honnêteté, de chaleur et de respect ;
- ➢ Maintenir les identités de rôles réciproques, en favorisant la participation optimale du client ;
- ➢ Favoriser le renouveau du client en valorisant ses actions ;

- ➢ Rester toujours un peu en arrière du client en respectant son choix de transition ;
- ➢ Faire de chaque relation de coaching une occasion de croissance et d'apprentissage, tant pour le client que pour le coach ;
- ➢ Garder toujours en tête que la finalité du coaching est l'élaboration et la réalisation d'un projet de vie.

LES PHASES DE LA RELATION DE COACHING

Comme une relation de coaching se poursuit pendant plusieurs mois, répartie sur dix à vingt séances d'une à deux heures, il est possible de différencier les étapes qui marquent l'évolution de la relation entre le coach et son client. L'observation et la modélisation de notre pratique au fil des années nous a permis de nommer et de décrire un certain nombre de phases caractéristiques du déroulement de la relation coach/coaché. En regardant cet ensemble d'informations, il apparaît que chaque coach professionnel, attentif à sa pratique, découpe le processus relationnel en un nombre plus ou moins grand de phases, qu'il est toutefois possible de réduire à quatre, qui correspondent au début, au développement, au corps et à la fin de la relation. En ce qui nous concerne, nous avons choisi de nommer ces phases : le tâtonnement, l'écoute, l'identification, la clarification. Chacune de ces phases apparaît et évolue au cours des séances, notamment en fonction de l'évolution et la de la clarification de la demande et des attentes du sujet, du contenu des échanges, de la qualité, ou bien du niveau d'intimité qui s'instaure entre le coach et le client, et des rôles assumés par chacun en fonction de besoins de plus en plus clairement définis.

Phase 1 : le tâtonnement

Cette phase comporte plusieurs objectifs, à traiter pratiquement en simultané : accueillir le sujet, instaurer un climat de confiance et d'ouverture, entendre et comprendre sa demande. Le coach et le coaché se découvrent, l'un exprimant son attente, l'autre s'efforçant de comprendre. Le coach, au travers de ses grilles de lecture, entend ce que lui dit le sujet et tente de comprendre ce qu'il attend de lui, ce qu'il souhaite de cette rencontre. Une attention particulière est accordée à la connaissance du sujet, aux difficultés qu'il exprime, à ses préoccupations, aux objectifs qu'il vise. Le coach, dans ce « tâtonnement » et à l'aide du modèle « D », prend la mesure du sujet et, grâce aux données recueillies, établit un diagnostic structural et un diagnostic des difficultés du client. Il décide si ce que demande au présent le sujet relève du coaching ou non.

Précisons que la phase de tâtonnement peut s'étendre sur trois à quatre séances et qu'elle n'est pas assimilable à un enregistrement des données. Elle est productrice de signification. Elle met en œuvre les opérations de sélection, d'inférence, de comparaison par rapport aux objectifs de l'entretien et de préparation de l'intervention. La phase de tâtonnement est ainsi dirigée par les objectifs du coach, reliés à son cadre de référence. En résumé, il s'agit d'une activité cognitive qui consiste à acquérir des indices et à les interpréter, à produire des hypothèses et à les interpréter par l'acquisition de nouveaux indices.

Phase 2 : l'écoute

Écouter, ce n'est plus seulement, comme en phase 1, entendre et comprendre. C'est entrer en relation d'empathie avec le coaché. C'est entendre « ce qu'il dit quand il dit ce qu'il dit », mais également « qu'est-ce qu'il ne dit pas quand il dit ce qu'il dit ? ». En d'autres termes, c'est découvrir ce qui fait fond, au-delà de ce qui fait figure.

« Toute figure suppose un fond sur lequel elle apparaît comme une figure. Cette vérité élémentaire est méconnue, car l'attention se trouve normalement attirée par la figure qui émerge et non pas par le fond dont elle se détache. »[1] Le rôle du coach dans cette phase est de veiller à ne pas rester captif de ce qui normalement est négligé. Ne pas se laisser arrêter par la forme déjà fixée, au point d'en paraître évidente ou d'être présentée comme telle, résulte de la capacité du coach à suspendre momentanément tout jugement tant d'attribution que d'existence. C'est entrer en résonance avec

1. Anzieu, D., *Le Moi Peau,* Dunod, Paris, 1985.

les sentiments, les émotions qui sont là, que le sujet lui-même n'ose pas exprimer et que, dans certains cas, il méconnaît au point de s'interdire de les ressentir. C'est dans cette attitude d'écoute profonde, ce moment où le coach est « sans mémoire et sans désir », que l'attitude de compréhension et de neutralité bienveillante prend toute sa signification technique. Et c'est dans cette écoute offerte par le coach que le coaché peut puiser le courage de se regarder, de se reconnaître et de s'accepter de façon réaliste, de prendre des décisions et d'apporter certains changements à sa vie. C'est une étape où, bien que le sujet ait tendance à faire appel à son savoir, à sa compétence technique, le coach doit renoncer à ce savoir, abandonner tout désir de comprendre, et se laisser porter par son identité de rôle, en faisant confiance au coaché pour qu'il trouve en lui-même la réponse à ses besoins.

Phase 3 : l'identification

La phase « écoute » comme nous venons de le voir, fait avant tout appel aux compétences relationnelles du coach. Mais arrivé en phase 3, ce sont surtout ses compétences disciplinaires qui seront sollicitées. Il est courant dans la relation de coaching que le client pose des questions et s'attende à recevoir des réponses. Il est assez compréhensible qu'il sollicite ce qu'il considère être du domaine de l'expertise du coach par des questions comme : « Est-ce qu'un coach peut m'aider à … ? », « Qu'est-ce que je dois faire quand … ? », « Que feriez-vous à ma place ? », etc.

Dans la demande du client, le coach doit d'abord reconnaître quel aspect de sa compétence est sollicité, et plus simplement si cette question relève de son champ de compétence de coach. Si le client lui demande, par exemple, si telle formation pourrait lui permettre de mieux s'affirmer auprès de ses subordonnés, le coach peut se demander s'il lui signifie qu'il doute de l'efficacité de ce type de formation, ou, au contraire, qu'il a envie de la suivre et qu'il veut être encouragé dans son choix. Selon sa compréhension de la question, il peut encourager le client à parler de ses difficultés, ou l'informer sur ce qu'il sait de cette formation. Mais en appui sur le modèle « D », il entendra surtout que deux cartes font figure : la carte des apprentissages à l'âge adulte, et celle des aires de conscience, et il pourra alors décider ou non d'informer le coaché sur ces aspects du modèle « D ».

En faisant le choix de partager ses connaissances et de donner des informations qu'il estime nécessaires au coaché, le coach assume un rôle de suppléance, rôle très important, car cela va permettre de construire une représentation partagée et d'augmenter les ressources du coaché. Dans ce sens, chaque phase suscite la participation active du coaché en mettant à son service ses connaissances du modèle disciplinaire, en lui fournissant des « outils » que sont les cartes du modèle « D » pour qu'il mobilise ses ressources, comprenne de lui-même la situation dans laquelle il est, et envisage des solutions qui l'aideront à faire face. Le but visé étant de recadrer la situation, en co-créant, avec le coaché, une nouvelle représentation qui enrichisse la connaissance qu'il a de lui-même et de son propre fonctionnement, et qu'ainsi, il puisse faire des choix éclairés quant aux différents moyens en mesure de l'aider.

Phase 4 : la clarification

Le but du coaching, tel que nous l'avons déjà défini, est d'aider le sujet, pleinement conscient de ses ressources, à formuler et réaliser son projet de vie. Il s'agit donc pour le coaché de devenir responsable de son devenir, de s'engager dans un projet qui représente pour lui un choix congruent, tant par rapport à ses valeurs qu'à l'équilibre de ses domaines de vie. Cette phase marque généralement la fin de la relation de coaching. Le coach et le coaché doivent, dans ces dernières séances, reconnaître ce qu'ils ont vécu et prendre le temps de partager leur vision de cette expérience commune.

Comme nous l'avons déjà souligné, « la mise à jour et la réalisation du projet de vie du coaché sont, par dessus tout, la preuve de l'issue positive de l'action de coaching. C'est la preuve par laquelle les coachés nous démontrent que nous, coachs, venons de leur apporter la meilleure aide qui soit : une aide qui les aide à se passer de notre aide ». C'est la meilleure preuve pour le coach que « le coaché est en possession de toutes les ressources nécessaires pour lui permettre de prendre à son compte les actes concernant son existence et la construction de son futur. »[1]

---

1. Hévin, B., Turner, J., *Manuel de coaching*.

En effet, c'est la preuve que le coaché a atteint un niveau d'autonomie qui lui permettra de faire le transfert des apprentissages réalisés au cours du coaching à d'autres situations de sa vie future et d'investir son énergie dans la construction d'un présent et d'un futur qui gratifient ses valeurs fondamentales.

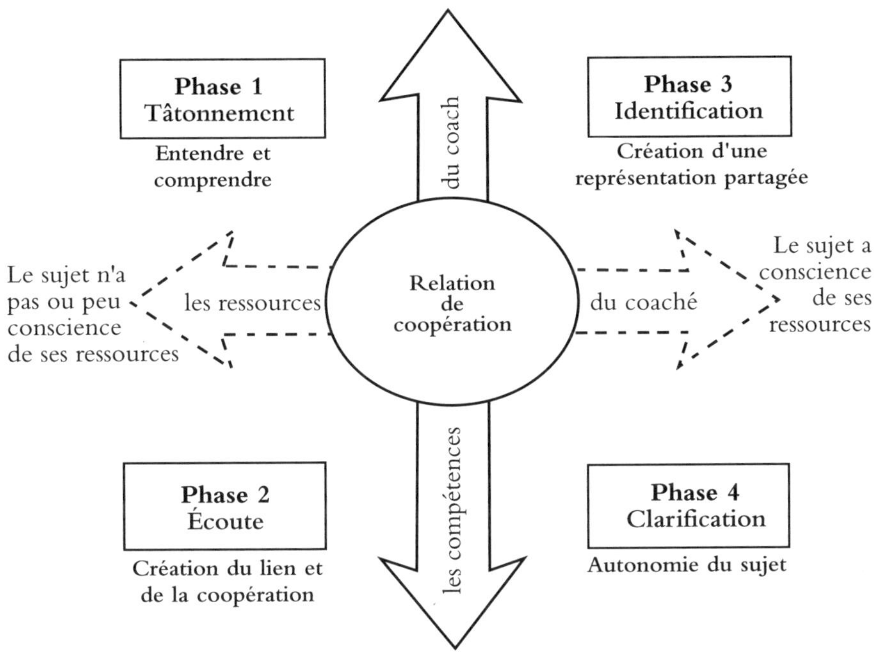

Figure 4-1 - Les quatre phases d'une action de coaching

LE RÔLE DU COACH DANS LES QUATRE PHASES D'UNE ACTION DE COACHING

La relation de coaching s'exerce suivant plusieurs modalités, toutes guidées par le but final que nous avons décrit dans les chapitres précédents, toutes destinées à redonner au sujet coaché le plein usage de ses ressources, et la jouissance de son autonomie.

Comme nous l'avons déjà dit, une relation de coaching s'inscrit dans la durée, en général de dix à vingt séances d'une à deux heures. Parfois, il ne s'agit de traiter, *a priori*, qu'une difficulté passagère relevant du domaine personnel. Parfois, elle relève d'une interrogation plus large, et tous les domaines de vie sont concernés. En soi, le modèle de coaching du Dôjô n'impose aucune limite de rencontre : un coaching de « performance » peut se limiter à dix séances alors qu'un coaching de « maintenance » peut durer plusieurs années.

Quelle que soit la durée du coaching, le modèle reste le même, et n'exige aucune modification dans le processus d'intervention tel qu'il est présenté dans ce livre.

Précisons également que notre modèle de coaching s'inscrit dans un mode d'intervention. parfaitement adapté à la contrainte imposée par la plupart des entreprises et des organisations qui limitent *a priori* le nombre d'heures de coaching offert à une même personne. Nous rencontrons cette contrainte avec la plupart des entreprises clientes, qu'elles soient privées ou publiques, y compris celles qui acceptent de faire appel à un coach pour aider un employé à traiter des problèmes qui relèvent du domaine personnel.

Il est non moins vrai que dans le cas où des sujets choisissent d'entreprendre une démarche de coaching à titre privé, un bon nombre d'entre eux sont contraints de limiter le nombre de séances pour des raisons financières, ce qui peut naturellement poser problème au coach, d'autant plus lorsqu'on se souvient que la phase de tâtonnement peut prendre jusqu'à quatre séances.

Cette phase de tâtonnement tient au fait que, quel que soit leur type, qu'ils soient envoyés par l'entreprise ou qu'ils viennent de leur propre chef, à titre privé ou non, les clients viennent nous voir mais savent très rarement pourquoi ils le font. S'ils étaient au clair avec leurs difficultés ou leur questionnement, ils ne seraient pas venus.

Ne sachant donc pas pourquoi ils rencontrent ces obstacles à ce moment de leur vie, ils ne peuvent pas le dire, ils tâtonnent, et bien sûr le coach aussi. Le coach, lui, écoute avec sa propre carte du monde, avec son expérience et son savoir « disciplinaire » et « relationnel », il essaie de comprendre et en même temps, il est pris par le temps. Dans cette situation, le coach se doit de faire quelque chose qui induise un changement chez les coachés et, comme le disait Milton Erickson « n'importe quel petit changement, parce que le sujet veut un changement, si petit soit-il, et il l'acceptera comme un changement, et alors le changement se développera selon ses propres besoins. »[1]

Mais obtenir ce résultat n'est pas si simple.

Cela demande des compétences que nous allons présenter et développer dans les prochains chapitres.

Néanmoins, nous pouvons déjà préciser que le coaching est, pour nous, un mode d'intervention essentiellement basé sur la coopération entre un professionnel, le coach et un sujet, envisagé comme un système – il serait d'ailleurs plus juste de parler de système-client, bien que la relation de coaching présentée ici n'implique qu'une seule personne.

L'utilisation de notre modèle s'inscrit dans un cadre systémique, qui permet d'envisager tout changement de situation du sujet en tenant compte de l'ensemble du contexte social dans lequel il évolue.

Ce contexte social est schématisé par l'ensemble des sept cartes du modèle disciplinaire. Pour souligner la perspective systémique du modèle, nous parlons plus volontiers de situation à changer ou à construire que de problème à résoudre.

Pour simplifier la présentation, nous continuerons à utiliser les termes « sujet » ou « client ».

Rôles et actions du coach : mais que fait le coach au juste ?

Nous avons largement développé dans notre précédent ouvrage le rôle et les actions du coach au cours des quatre phases de coaching. Nous en reproduisons la synthèse dans la figure 4.2.

1. de Shazer, S., *Clés et solutions en thérapie brève,* Satas.

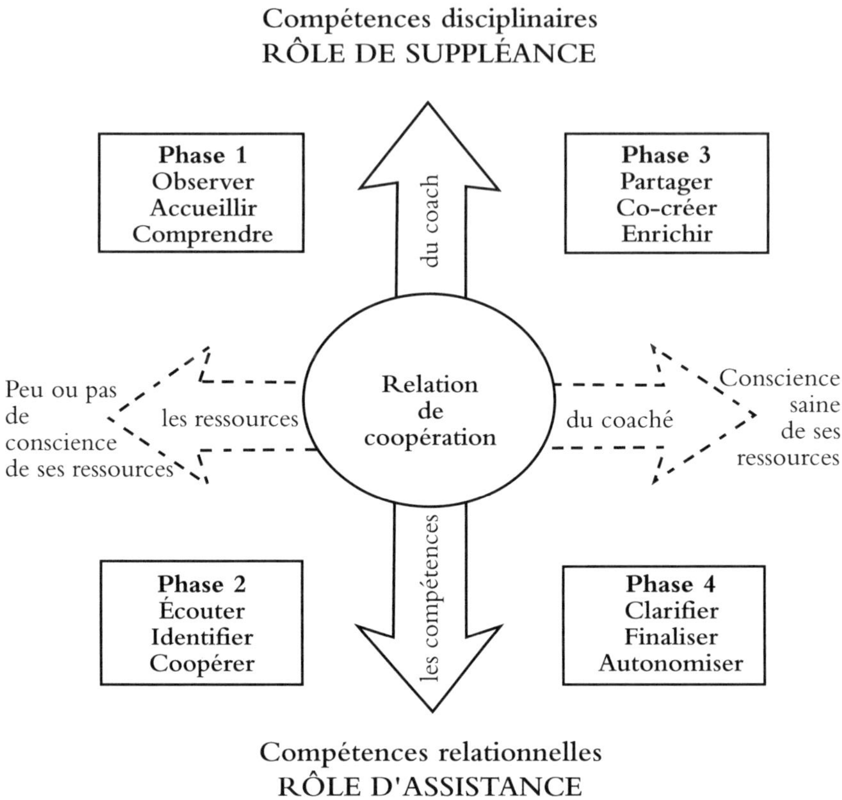

Figure 4-2 - Rôles et compétences du coach

Rôles et compétences du coach pour chacune des phases

Dans le contexte d'une action de coaching, la gestion du processus est d'une importance capitale. Dans les premières séances, le client se sent généralement peu ou pas en contact avec ses ressources. D'après notre expérience, huit clients sur dix se situent, sur la carte du cycle de changement, en phase 2 (désynchronisation) à l'étape de marasme ; ils ont de ce fait tendance à se positionner dans une demande de conseils. Le sujet attend alors du coach qu'il diagnostique et solutionne son problème. Pour établir et maintenir une relation de coopération (phase 2), le coach doit d'abord comprendre et accepter le sentiment d'impuissance du client. Pour ce faire, son rôle sera un rôle de suppléance, non pas une suppléance sur le contenu, sous forme de directives et de conseils comme le souhaiterait son client, mais une invitation à entrer plus profondément dans sa demande et ses attentes. C'est dans le rôle de suppléance sur le processus que le coach met à la disposition du client ses compétences de gestionnaire de la relation. Cela permet de l'accompagner vers les autres phases, en structurant la relation sur une base coopérative (phase 2), d'encadrer la demande en maintenant un équilibre entre le rôle de suppléance et le rôle d'assistance, de fournir des informations (phase 3). Dans cette phase de coaching, le coach utilise ses compétences de pédagogue afin d'enseigner les cartes au coaché de manière à ce qu'il puisse personnaliser son apprentissage, prendre contact avec ses ressources et devenir de plus en plus autonome. Ce qui permet de passer en phase 4, la phase de clarification qui caractérise la fin de la relation.

L'ARTICULATION DU « QUOI » DU MODÈLE DISCIPLINAIRE ET DU « COMMENT » DU MODÈLE RELATIONNEL : LES RAPPORTS ENTRE LES DEUX MODÈLES

Bien qu'il n'existe aucune théorie universelle sur le comportement humain, et qu'il n'en existera probablement jamais, notre modèle de coaching n'en est pas moins fondé sur des hypothèses que nous allons présenter ici. Nous pensons que tout coach qui entre en relation avec un client se réfère, qu'il le veuille ou non, à des hypothèses implicites sur la façon d'agir pour amener le client à modifier ses comportements, sa façon de penser, et ses sentiments. Il nous semble impossible de ne pas faire de suppositions quand on travaille avec des gens. Jusqu'à quel point en sommes-nous conscients, c'est une autre histoire. Quoi qu'il en soit, nous allons tenter d'expliquer ici notre position aussi clairement que possible. Nous sommes d'ailleurs convaincus que ces hypothèses influencent la perception du coach, l'organisation des données recueillies, ses réactions et celles qu'il tente d'obtenir de son client.

La notion d'intervention est l'un des pivots de notre démarche. Elle a servi à construire le modèle « D ». Nous avons présenté une version détaillée de ce modèle dans notre ouvrage *Construire sa vie adulte*. Après avoir expérimenté ce modèle, tant dans notre pratique de coaching que dans l'enseignement de ce métier, nous avons choisi d'expliciter le modèle « R ». Une première synthèse de ses deux modèles a été publiée, dans le *Manuel de coaching*. En résumé, la notion d'intervention signifie que toute action de coaching doit avoir pour finalité l'élaboration, la mise à jour et la réalisation du projet de vie du sujet, donc de conduire le sujet sur la voie de son propre changement. Toutefois, quand nous parlons d'accompagnement au changement, que ce soit pour changer une situation ou pour accompagner un coaché, nous distinguons deux facteurs : un facteur général et un facteur particulier.

Le facteur général est ce qui permet de comparer au travers de situations de coaching, par nature particulières, ce que l'on a observé par ailleurs, dans d'autres situations de coaching. Ce facteur général permet de comprendre et d'analyser une action de coaching précise et se réfère aux connaissances disciplinaires, donc au modèle « D ». Grâce à lui on peut accompagner le changement visé en s'inspirant de conclusions basées sur l'expérience et l'observation. L'observation prouve en effet, malgré le caractère unique de chaque relation de coaching, de la demande formulée et de la situation présente, qu'existent des éléments de comparaison avec d'autres relations de coaching. Il s'agit en fait d'une modélisation qui consiste à recueillir des données sur le terrain, à en dégager des constantes, à les organiser en un tout cohérent : une théorie et un modèle représentant le phénomène étudié. Le modèle disciplinaire a été construit suivant ce principe. Il s'agit bien d'un modèle, résultat d'une modélisation. Lorsque l'on s'en sert pour prédire, par exemple, quelle sera la prochaine étape du sujet sur le chemin de son projet de vie, l'exactitude de la prédiction va varier en fonction de l'influence relative du facteur général et du facteur particulier, propre à cette relation de coaching.

Un facteur particulier existe par ailleurs en chaque situation et en chaque client coaché. Ce facteur particulier inclut tout ce qui échappe à la généralisation et inscrit chaque relation dans l'évènementiel et l'imprédictible.

De ce fait, on est assuré que l'importance de chaque facteur variera selon les clients et leurs situations. Pour illustrer cela, prenons l'exemple d'un cadre, licencié dans la tranche d'âge de 40-45 ans et décidons de mesurer le temps nécessaire pour qu'il retrouve un emploi. En interrogeant des spécialistes de l'*outplacement* et les conseillers de l'APEC, nous pouvons établir que la moyenne est de neuf mois. Sur 1000 cadres qui vivent cette situation, toutes choses étant égales par ailleurs, on constate qu'environ 80% des cas observés retrouvent un emploi neuf mois après leur licenciement. Cela signifie qu'ils sont dans la norme statistique, et donc que le facteur général est prédominant.

Si nous faisons figurer ces résultats sur une courbe de Gauss, elle aura à peut près la forme vue en figure 5.

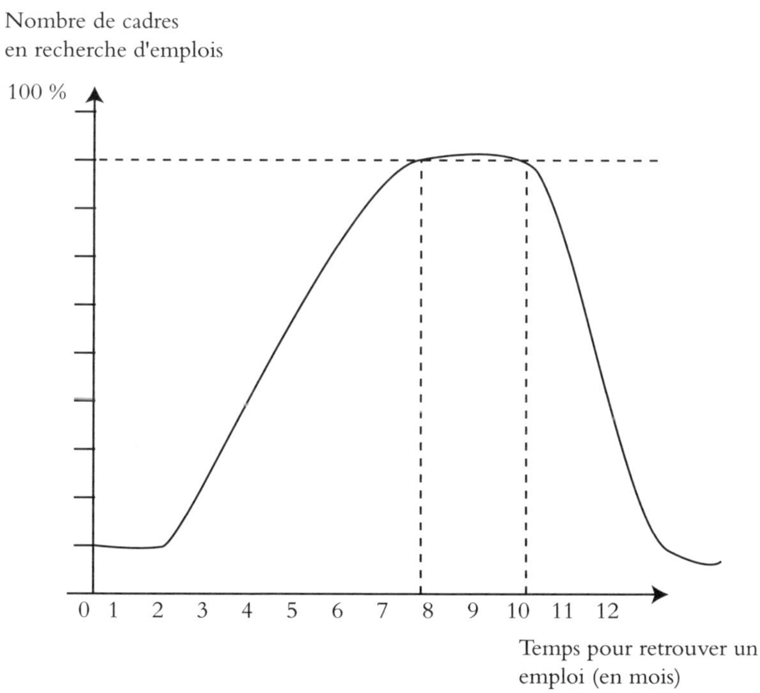

Figure 5 - Facteurs généraux et facteurs spécifiques (courbe de Gauss)

On observe donc chez quelques individus une durée très inférieure à neuf mois, ce qui signifie que chez eux le facteur particulier domine. L'analyse de cette courbe de Gauss, permet de faire l'hypothèse que plus nous allons vers le haut, plus le facteur général est important, et qu'au contraire, plus nous allons vers les extrémités, plus le facteur particulier est dominant.

La même courbe pourrait être établie pour mesurer, sur une carte des cycles de changement, le temps moyen pour franchir les étapes qui permettent à un individu de faire une transition de type 1 ou une transition de type 2. Même si nous disposons de cette statistique, elle serait de peu d'utilité car quand on entreprend une action de coaching, le modèle « D » ne permet en aucune façon de déterminer, *a priori*, quelle sera la carte qui fera figure. Si un coach, d'après une norme d'évaluation, introduit une généralisation laissant entendre que le cas du client ressort de telle carte, puis obligatoirement de telle autre carte, il déformerait la nature même du modèle. De plus il risquerait de priver le client d'une démarche originale.

Quand on entreprend de recevoir des clients en coaching, le modèle « D » est certes indispensable, mais il n'est utile que si le coach sait tenir compte, grâce au modèle « R » du facteur particulier que représente obligatoirement chaque sujet. On ne peut pas savoir ce qu'un individu considère comme normal pour se lancer dans ce projet de vie. D'où la nécessité d'établir avec le sujet un rapport de coopération et de maintenir un « équilibre créatif » entre les rôles de suppléance et d'assistance, c'est-à-dire entre le modèle « D » et le modèle « R ».

6

LE POSITIONNEMENT DU COACH DANS SES RÔLES DE SUPPLÉANCE ET D'ASSISTANCE

LES COMPÉTENCES DU COACH pour exercer les différents rôles peuvent être regroupées en deux grands rôles : un rôle de suppléance et un rôle d'assistance.

Le rôle de suppléance consiste à mettre au service du client les compétences disciplinaires, et l'ensemble de son savoir et savoir-faire. En partageant avec le coaché les généralisations du modèle disciplinaire, le coach apporte de l'extérieur des grilles de lectures et des procédés d'analyse qui permettent au sujet de recadrer la situation, de l'éclairer d'un jour nouveau, et d'apporter des situations innovantes. En soumettant au coaché une méthode de travail rigoureuse et éprouvée, le coach lui apporte une nouvelle méthode de travail et de réflexion pour produire le changement souhaité.

Le rôle d'assistance porte sur une autre partie des compétences nécessaires pour exercer le métier de coach. Il regroupe tout un ensemble de compétences relationnelles, de procédés, de techniques et de tactiques (qui seront développées dans la troisième partie du livre) conçus et utilisés pour aider le client à devenir son propre maître d'œuvre du changement visé. La mise en œuvre des compétences relationnelles du coach a pour but d'aider le coaché à prendre conscience de ses propres ressources et à les activer, à donner du sens à ses actes, et à devenir de plus en plus autonome.

Le rôle d'assistance utilise prioritairement les compétences relationnelles du coach. Il est ouvert au monde du sujet, sans jugement par rapport aux informations qu'il reçoit, et utilise tous les procédés et techniques d'écoute classiques : silence, questionnement, reformulation, etc. mais cela va bien au-delà. Pro-actif, empathique, le coach utilise toute la panoplie des techniques relationnelles comme la confrontation, l'accentuation, les procédés provocatifs, etc. le but étant d'activer les ressources du coaché.

Autant le rôle de suppléance est requis pour combler le manque d'informations, de connaissances et apporter des informations nouvelles au sujet, qui lui permettent de porter un regard neuf sur sa vie et son projet, autant le rôle d'assistance est nécessaire pour favoriser le facteur particulier et remédier aux limites du modèle disciplinaire par rapport à l'élaboration du projet de vie du sujet.

Dans une relation de coaching, on considère que le rôle de suppléance et le rôle d'assistance sont deux rôles indissociables, qui se complètent mutuellement. Le schéma de la figure 6 nous donne le cadre général qui permet au coach d'exercer ces deux rôles. L'axe horizontal symbolise le coaché et la conscience qu'il a de ses ressources, du moins dans sa demande d'être coaché. Il s'agit là d'un facteur général. Au début de la relation, le coaché, peu ou pas conscient de ses ressources, se situe à gauche de l'axe, et à droite lorsqu'il a une conscience saine de ses ressources. Précisons que cet axe correspond à la perception que le coaché a de lui-même, mais ce n'est pas obligatoirement la perception du coach sur le sujet.

Généralement, quand une personne demande l'aide d'un coach (ou quand une entreprise invite l'un des ses salariés à rencontrer un coach), c'est qu'à différents degrés elle se sent démunie, avec des ressources insuffisantes pour affronter ce qu'elle vit. Par rapport à la carte des cycles de changement, la personne se situe en phase de désynchronisation, dans le marasme, impuissante à changer la situation par elle-même. Même si notre prémisse est : « Chacun de nous porte en lui-même ou dans son environnement les ressources dont il a besoin », le rôle du coach est d'accueillir et d'accepter le ressenti du sujet. Il l'aide ainsi à prendre conscience de ce qui l'insatisfait, à accepter de le reconnaître, à lâcher prise et à avancer pour soit remanier son projet, soit en formuler un nouveau. C'est par l'alternance et du jeu des rôles de suppléance et d'assistance que le coach contribuera à obtenir ce résultat. Le coach peut reconnaître l'état de désynchronisation du sujet, tout en sachant (facteur général) qu'il y a chez lui des ressources en sommeil ou méconnues que la relation de coaching pourra réveiller et activer. C'est donc le savoir-faire du coach qui lui permettra de déterminer quel rôle, suppléance ou assistance, est à activer prioritairement. Il faut remarquer que le sentiment du client d'être démuni et sans ressource varie selon la perception qu'il a de ses domaines de vie et de ses différentes identités de rôles. Il peut par exemple se situer à gauche en tant que manager d'une équipe de vente, et à droite en tant que vendeur. Tel client peut bien déclarer : « Je suis parfaitement à l'aise dans mon métier, je pense que je suis un bon professionnel et d'ailleurs je suis reconnu par mes supérieurs et mes collègues en tant que tel, mais ma vie familiale est un fiasco, à 35 ans je ne suis toujours pas marié, alors que je ne rêve que de fonder un foyer et avoir des enfants. J'ai besoin que vous m'aidiez, seul je n'y arriverai jamais ». Nous pourrions ainsi multiplier les exemples qui se situent à gauche de l'axe des ressources pour un domaine de vie, ou telle ou telle identité de rôle, et à droite pour les autres domaines. Ce qui ne fait d'ailleurs, le plus souvent, que renforcer son sentiment de manque de capacités, là où il déclare être démuni. Le coach aura besoin de tenir compte d'un autre paramètre important : « Nous avons tendance à contextualiser nos capacités : ce que nous savons faire dans certains domaines de vie, nous ne l'exportons pas dans les autres domaines, ou alors, pris par le stress dans une situation donnée, nous oublions que nous savons faire. »[1] Le coach devrait, en exerçant les rôles de suppléance et d'assistance, aider le coaché à reconnaître son savoir-faire et ses ressources, donc ses propres capacités à améliorer sa situation.

1. Turner, J., Hévin, B., *Construire sa vie adulte.*

L'axe vertical de la figure 4 place aux deux extrémités d'un autre continuum les deux rôles fondamentaux que le coach est amené à exercer : le rôle de suppléance et le rôle d'assistance. Dans le haut du schéma, le rôle de suppléance est associé au facteur général et au modèle disciplinaire. En phase 1, il consiste à faire de la suppléance sur le processus, et en phase 3 sur le contenu, en informant le sujet sur les cartes du modèle « D ».

En bas du schéma, le rôle d'assistance est associé au facteur particulier et au modèle relationnel. En phase 2, l'assistance consiste à développer une écoute empathique, en phase 4, à clarifier, finaliser, autonomiser, le coaché ayant à nouveau une conscience saine de ses ressources, et enfin, clôturer la relation.

Le cercle du milieu indique la nécessité d'établir le plus rapidement possible une relation de coopération et de la maintenir tout le temps du coaching.

Le coach se déplace de haut en bas de l'axe et de bas en haut, chaque fois qu'il accentue un rôle par rapport à l'autre. L'efficacité du coaching est associée à l'équilibre entre ces deux rôles et leur alternance favorise la coopération, la mise en œuvre des ressources du sujet, et donc la mise à jour et la réalisation des objectifs et des buts de la relation de coaching.

Deuxième partie

2

AU-DELÀ DU MODÈLE RELATIONNEL, TECHNIQUES ET TACTIQUES POUR ACCOMPAGNER LE CHANGEMENT

Cette phase du livre se veut un guide pratique traitant de la manière de coacher un sujet et de la manière de promouvoir délibérément des changements utiles. Elle est spécifiquement centrée sur ce que l'on peut faire et comment on peut faire pour contribuer de façon opérante à aider un coaché à évoluer dans sa vie, à résoudre ses problèmes, et à réaliser son projet de vie.

En abordant la description des procédés pour coacher une personne, rappelons qu'il ne s'agit que de tactiques (tactique : ensemble de moyens coordonnés que l'on emploie pour parvenir à un résultat[1]) et de techniques (technique : qui dans le domaine de l'art, concerne le savoir-faire, les procédés de travail et d'expression, plus que l'inspiration – Manière précise de faire, de procéder, en vue d'obtenir un résultat[2]). Ce sont en fait des moyens, que l'on pourrait également traduire par stratégies ou procédés, dont l'efficacité repose sur plusieurs facteurs, que sont les attitudes mentales du coach, ses capacités à s'autoréguler, la qualité de la relation, la coopération du sujet, etc. Les pratiques et techniques favorisant l'épanouissement et l'autonomie du sujet sont regroupées dans les deux principaux rôles du coach : le rôle de suppléance (phase 1 et 3), sur le processus et sur le contenu, et le rôle d'assistance (phase 2 et 4) qui facilite la coopération, finalise et clôture la relation.

Nous pouvons faire l'hypothèse que chaque coach, à partir de sa formation et de son expérience professionnelle, élabore de manières plus ou moins explicites, au fil des années, ses propres stratégies et tactiques d'intervention. Ces procédés sont directe-

1. Dictionnaire *Le Robert*, 1987.
2. Dictionnaire *Le Robert*, 1987.

ment influencés par la personnalité du coach, par les prémisses et les croyances sur lesquelles il s'appuie, par les principes et les raisons qui le guident et par la manière dont il conçoit le rôle de coach et celui de coaché. En somme le coach intervient à partir de ce qu'il est, en s'appuyant sur des tactiques et des techniques qui lui servent de balises (et dans certains cas de bouées). Elles évolueront de manière plus on moins marquée au fil du temps, influencées par l'acquisition de nouvelles connaissances, par l'évolution de la profession et le développement professionnel et personnel du coach.

Notre expérience de formateurs et surtout de superviseurs, nous a cependant permis de constater qu'un nombre important de coachs éprouve des difficultés à nommer et à décrire les procédés et les prémisses qui guident leur pratique. Cela est reflété par la mise à jour d'incongruences entre les valeurs qu'ils promeuvent et les comportements qu'ils mettent en œuvre. Toute incongruence qui reste méconnue nuit à la qualité de la relation. Le coach et le coaché se heurtent à une différence entre la théorie et la pratique, entre ce qui est censé être fait et ce qui est fait réellement, ce qui a pour effet d'augmenter l'incohérence dans la relation et de ruiner l'efficacité attendue. De plus, cette méconnaissance de sa propre pratique peut amener le coach à intervenir de manière automatique et systématique, sans tenir compte du facteur particulier que représente chaque relation de coaching, privant ainsi le sujet d'une intervention personnalisée et réellement ajustée à sa demande, et surtout à ses besoins.

Toute relation d'aide repose implicitement ou explicitement sur une théorie de l'accompagnement au changement. La relation de coaching s'appuie, comme on l'a vu dans les chapitres précédents, sur les deux modèles que sont le modèle « D » disciplinaire et le modèle « R » relationnel. L'appui que prend le coach sur l'un ou l'autre de ces modèles l'invite à développer deux rôles fondamentaux : le rôle de suppléance, en liaison avec le modèle « D » et le rôle d'assistance, en liaison avec le modèle « R ». Nous tenons par ailleurs pour acquis que chaque personne possède en elle, ou dans son environnement, les ressources dont elle a besoin ; que nul individu, quel que soit le degré et l'intensité des difficultés vécues à certains moments de sa vie, n'est ni démuni, ni sans ressource. Nous tenons également pour acquis que chacun de nous change continuellement. Le changement se fait de manière harmonieuse (ce qui ne veut pas dire sans remise en question ni souffrance) lorsque la personne accepte de recevoir et de traiter l'information qui vient de son organisme et de son environnement, quand elle accepte d'agir de manière à prendre conscience de, et à satisfaire ses besoins, quand elle accepte de choisir de vivre les différentes étapes de changement qui la conduiront vers l'élaboration et la réalisation de son projet de vie.

C'est en rapport avec cette théorie que nous pouvons proposer des tactiques et des techniques précises, pour assister toute personne qui vient demander l'aide d'un coach. Comme nous l'avons déjà précisé, le rôle de suppléance doit alterner avec le rôle d'assistance. Mais, pour faciliter la présentation, nous verrons ces tactiques et techniques en quatre blocs séparés qui correspondent aux quatre phases d'une action de coaching et aux compétences requises dans chacune de ces phases.

7

LES TACTIQUES LIÉES AU RÔLE DE SUPPLÉANCE DANS LES QUATRE PHASES DE COACHING

QUAND CE RÔLE DE SUPPLÉANCE FAIT FIGURE, le coach le valorise et transmet au coaché, de manière formelle, explicite ou implicite, une expertise pour l'aider à poser un regard neuf, ou au moins différent, sur la situation qu'il vit et qu'il expose au coach. Le coach va alors s'appuyer sur les sept cartes du modèle « D » et faire de la suppléance sur le contenu, ou sur l'étude des processus connus (règles de communication, processus de deuil, méconnaissances, types de personnalité, etc.) Il peut informer directement le sujet, ou l'inviter à suivre telle conférence, lire tel ouvrage, voire à passer tel test de personnalité du type de l'inventaire de personnalité du Process Communication Management.

La suppléance sur le contenu se fait prioritairement en phase 3 et, dans une moindre mesure, en phase 4, alors que la suppléance sur le processus peut s'exercer à tout moment.

Lorsque le coach exerce le rôle de suppléance sur le contenu, il utilise sa connaissance des cartes du modèle « D » pour aider le coaché à enrichir la connaissance qu'il a de lui-même. Un coach pourra, par exemple en utilisant la carte des aires de conscience, insister sur le fait qu'un manager n'est pas qu'un manager. Il est aussi un mari, un père, quelqu'un qui est inséré dans différents environnements et contextes sociaux. Ne considérer du sujet que ce qu'il offre dans son identité de rôle de manager (qui plus est souvent mal assumée), c'est ne le rencontrer que sur une seule de ses facettes. Le coach pourra provoquer un élargissement soudain du contexte en disant : « Vous savez, je peux aussi vous rencontrer sous le maximum de facettes possibles, ce que je nomme dans mon jargon identité de rôle. Ce n'est pas seulement vous, manager, vous le patron de cette équipe, c'est aussi vous le mari, le parent ; c'est aussi vous, dans le contexte des différentes situations professionnelles et également personnelles, que je souhaite rencontrer ». Ce faisant, le coach crée une situation qui décale le problème. En introduisant un champ de plus en plus large, il stimule la réflexion du sujet en l'invitant implicitement à ne pas se focaliser sur une seule identité de rôle (pour reprendre le vocabulaire des entreprises « à ne pas rester le nez dans le guidon »). Différentes tactiques sont possibles pour aider le client à reprendre contact avec ses ressources et atteindre le but visé. La notion de but est essentielle. Si le coach ne sait pas où il va et où il entraîne son sujet, ils n'arriveront vraisemblablement nulle part. Afin d'éviter un résultat aussi peu positif, il nous faut guider et accompagner le sujet comme il se doit, et comme il y a droit, nous attacher à rester vigilants sur l'objectif et la finalité du coaching. Pour cela, une boîte à outils, que nous nommons tactiques et techniques est indispensable.

Peut-être certains de nos lecteurs se souviennent-ils de l'originale et amusante prière du pasteur dans le film de Mel Brooks intitulé *Le Shérif est en prison* : « Mon Dieu, ce que nous allons faire ici aujourd'hui, est-ce vraiment important ou bien sommes-nous juste en train de nous masturber ? » Pour autant, il est évident que le coaching n'est pas juste de la masturbation (celle-ci étant généralement une activité solitaire, alors qu'à notre connaissance le coaching ne l'est pas… du moins c'est notre opinion !) Il s'agit d'une relation qui a un but précis et qui suppose un professionnel sachant ce qu'il fait et comment il le fait, ce qui nous ramène à la nécessité pour le coach d'être à l'aise avec ses tactiques et techniques. Parmi celles utiles, voire indispensables, pour assumer le rôle de suppléance, nous pouvons citer l'interprétation, la valorisation positive, donner des permissions, changer les étiquettes, utiliser des métaphores et des histoires, utiliser des échelles.

INTERPRÉTER

Ne demande jamais ton chemin à quelqu'un qui le connaît car tu ne pourrais pas t'égarer...

Rabbi Nahman de Braslav

L'interprétation, telle que nous la définissons, est assez proche du recadrage. Le coach transmet une expertise sur une manière différente de voir la situation. Il s'agit d'une tactique par laquelle on suggère des possibilités de signification différentes, soit du comportement du client, soit de la situation. Ce type d'interprétation est un combat contre la « pulsion de vérité » qui existe chez la plupart des clients. Nous jouons une « logique de sens » contre une « logique de vérité ». Le fait qu'une même situation, objectivement observable, puisse offrir d'innombrables interprétations implique qu'il n'y a pas d'interprétation « vraie » mais seulement des interprétations « justes », qui ne sont que des possibilités du monde et non le monde en lui-même. On sort de la logique binaire du « vrai » et du « faux », pour entrer dans ce que nous appelons la « logique du sens ». L'attitude d'interprétation « sens » fait éclater la notion de vérité et instaure un pluralisme interprétatif qui fait obstacle à l'idéologie de « l'explication vraie ».

En utilisant cette tactique, on aide le client à changer sa façon de voir, c'est-à-dire ce sur quoi il se focalise, y compris son cadre de référence, ses perceptions, ses explications et ses prédictions. Le coach aide le client à passer d'idées qui ferment des possibilités à des idées et des expériences qui indiquent qu'un changement positif est possible, et souvent déjà démarré.

L'interprétation existentielle procède d'une « logique de sens ». Elle offre au sujet la liberté d'imaginer, pour qu'il soit capable d'imaginer la liberté.

VALORISER

Le coach s'appuie sur son expertise pour affirmer au client sa conviction qu'il est compétent pour s'auto-évaluer, faire ses propres choix, décider de ce qui est bon pour lui, s'engager dans la vie, atteindre les objectifs qu'il se fixe et savourer ses réussites. Le coach explique au besoin les prémisses sous-jacentes qui lui permettent d'affirmer en quoi la situation du sujet, bien que particulière, peut être vue selon des principes plus positifs et généraux. Il s'agit, dans les faits, d'approuver et de valoriser la personne du client avec ses expériences internes, tout en la tenant responsable de ses actes.

C'est une tactique qui vise à aider la personne à se fier à ses propres critères pour évaluer la situation, et lui faire prendre conscience que penser ou ressentir ne veut pas dire agir, que ce qui est pensé ou ressenti n'est ni bien ni mal, mais est… et aussi étrange que cela puisse paraître à certains clients, est… acceptable, et continue à faire de lui un individu digne d'amour. Nos clients ont besoin de développer des attitudes[1] saines et de comprendre que certaines choses qu'ils font amènent des difficultés ou simplement entretiennent leurs problèmes. Ce sont des comportements qu'ils ont besoin de changer. Chercher le coupable, chercher qui est à blâmer n'a jamais présenté d'intérêt. Changer les choses en a, comme par exemple, modifier son comportement, développer des attitudes saines. « C'est OK d'être ce que je suis, de suivre mon propre chemin, pas pour être ce que papa ou maman ou les autres, voudraient que je sois. C'est OK d'être moi ».

Les clients prennent la responsabilité de leurs actes, et acquièrent la compétence pour s'évaluer eux-mêmes, tout en devenant disponibles au feed-back.

1. Une attitude est une pensée qui dure longtemps, reliée à une émotion et qui invite à une action. Turner, J., Hévin, B., *Construire sa vie adulte*, InterEditions, 2e édition, 2005.

DONNER DES PERMISSIONS

Savoir donner, de manière opportune et au moment opportun, la permission adéquate, est une des tactiques de base qui fait le coach compétent. C'est ce qui lui permet d'être un suffisamment bon parent nourricier pour lui-même et pour ses clients. C'est ce qui consiste à se donner authentiquement et à donner aux autres la permission d'être et d'agir ; c'est-à-dire de mener une vie de manière autonome.

Donner une permission à un client, c'est lui donner une information réaliste et saine à propos de lui-même, des autres et du monde. C'est un message qui décrit avec réalisme les capacités, les compétences, les ressources du client et les possibilités qui s'offrent à lui. C'est, par exemple, en référence à la carte n°1, lui donner la permission de vivre selon les nouveaux principes. Le client peut accepter ce nouveau message, en remplaçant ceux qu'il avait introjectés, et qui étaient devenus des obstacles internes. Tout coach peut, bien sûr, accorder une permission verbale, mais le plus important c'est de donner des permissions qui s'inscrivent dans un modèle de congruence. Autrement dit, ce que vous dites doit s'accorder avec ce que vous faites.

Pendant les premiers entretiens, dans la phase de tâtonnement, le coach se sera fait une idée des permissions qu'il lui faudra offrir au sujet s'il veut l'aider à retrouver par exemple, un équilibre quantitatif et qualitatif dans ses domaines de vie. Mais il devra auparavant se poser la question : « Dans quelle mesure me suis-je accordé cette permission à moi-même ? ». Pour notre part, nous avons choisi de ne jamais aller nous nourrir auprès d'un cuisinier affamé. Pour être congruent dans les permissions accordées, le coach devra se les être déjà accordées à lui-même.

CHANGER LES ÉTIQUETTES

Les gâteaux de riz peints sur du papier ne remplissent pas l'estomac !

Propos du Maître Zen Dâgen – 1200

La première remarque à propos des étiquettes, c'est que ce sont des mots qui désignent des choses. Elles ne sont pas les choses elles-mêmes. Ce que le coach doit avant tout intégrer, c'est une réalité toute simple : le monde des choses est constamment changeant, et les mots sont statiques. Le mot n'est pas la chose. Le mot feu ne brûle pas, le mot chien ne mord pas.

« Les mots sont comme ils sont
les mots sont comme le vent
les marins naviguent avec le vent
pas avec les mots
voilà la différence. »

Le mot n'est qu'une « carte verbale ». Une carte n'est pas le territoire. Quel que soit le nom que nous donnons à une chose, quoi que nous disions qu'elle est, elle n'est pas. Les mots sont des cartes, une carte est statique, le territoire lui, se déroule plus ou moins lentement. L'autre danger est de construire des cartes qui ne s'ajustent à aucun territoire connu, c'est-à-dire objectivement observable. La plupart des coachs savent bien que ce n'est pas en laissant leur client se désigner lui-même comme un incapable que cela l'aidera à reprendre contact avec ses ressources. Il ne s'agit pas de nier le ressenti que le client a de lui-même, mais de lui faire préciser où, quand, dans quelles circonstances, avec qui, il éprouve ce sentiment, puis de s'attacher à lui faire changer cette étiquette.

Nous avons constaté récemment que les mots du vocabulaire psychiatrique sont couramment utilisés dans les entreprises. Nous entendons parler de paranoïaque, d'obsessionnel, voire de *borderline*. Nous avons du mal à comprendre l'intérêt qu'il y a à s'affubler ou affubler les autres de pareilles étiquettes. Cela ne décrit rien, ne veut rien dire dans le contexte des entreprises, c'est dévalorisant, voire blessant, pour celui à qui on a collé ce genre d'étiquette. Ce n'est d'aucun intérêt dans le coaching, si ce n'est de risquer des obstacles de communication. À notre avis, il y en a suffisamment comme ça.

Le monde des entreprises (voire le monde tout court) est devenu fou d'étiquettes. La première personne qui ose exprimer sincèrement (voire bruyamment) ses émotions, risque de se faire étiqueter d'hystérique. Comme si tout, ou presque, relevait d'une pathologie. Peut-être cela fait-il plus savant, ou plus impressionnant. La vie est plus simple et en même temps plus complexe. Il y a mille raisons de faire ce que nous faisons, et parfois zéro. Assimiler les comportements, les pensées et les sentiments des gens « normaux » à des pathologies ne peut qu'obscurcir les relations et les situations quotidiennes, même les plus banales. Bientôt l'enfant qui présentera le « symptôme » de préférer aller jouer que faire ses devoirs se verra étiqueté « inadapté social ». Le rôle et la tactique du coach face aux étiquettes sont de faire prendre conscience que beaucoup de personnes vivent des expériences similaires, de donner des appellations courantes, non issues du vocabulaire de la psychiatrie ou de la psychologie de bazar aux schémas de comportements décrits et observés. Et donc de changer des étiquettes dévalorisantes, et le plus souvent fausses, par des cartes descriptives ne comportant aucun jugement de valeur.

RACONTER DES MÉTAPHORES ET DES HISTOIRES

S'il suffisait de s'asseoir jambes repliées pour méditer,
toutes les grenouilles seraient des Bouddhas.

Proverbe Zen

Utiliser les métaphores et les histoires est une tactique, un procédé, qui invite le client à quitter le monde « rationnel », « cartésien » pour se placer en mode imaginaire. Le coach propose au client une analogie, une représentation imagée qui peut l'aider à avoir accès à son expérience, à se l'approprier, ou à en changer la représentation. Ce procédé a été introduit, développé et popularisé par les praticiens en psychothérapie brève, s'inspirant des travaux de Milton Erickson. Il est également très présent chez les praticiens adeptes de la sémantique générale. Voilà une des définitions qu'en donnent G. Lafoff et M. Johnson[1] : « La métaphore est pour la plupart d'entre nous un procédé de l'imagination poétique et de l'ornement rhétorique, elle concerne les usages extraordinaires plutôt qu'ordinaires du langage. De plus, la métaphore est perçue comme caractéristique du langage, comme concernant les

---

1. Lakoff, G., Johnson, M., *Les métaphores dans la vie quotidienne*, Éditions de Minuit, 1985.

mots plutôt que la pensée ou l'action. Pour cette raison, la plupart des gens pensent qu'ils peuvent très bien se passer de métaphores. Nous nous sommes aperçus au contraire, que la métaphore est partout présente dans la vie de tous les jours, non seulement dans le langage, mais dans la pensée et l'action. Notre système conceptuel ordinaire, qui nous sert à penser et à agir, est de nature fondamentalement métaphorique. »

Le coach va utiliser la métaphore et les histoires pour informer le sujet, montrer des étapes à franchir, proposer des exemples à suivre ou à ne pas suivre. Nous nous sommes rendu compte, au fil de notre expérience, que nos élèves-apprentis coachs, comme nos coachés, aimaient les métaphores et les histoires et s'en souvenaient facilement. Par exemple, à un coach en supervision, qui ne supportait pas que la phase de tâtonnement puisse durer au-delà de la première séance, nous avons raconté cette histoire, par ailleurs empruntée à Carl Whitaker : « J'ai effectivement appris ceci il y a plusieurs années d'une femme qui enseignait l'art aux enfants ; je lui ai demandé : « Comment diable pouvez apprendre aux enfants à être artiste ? Elle a répondu - C'est très facile, vous leur donnez un chevalet, un à chacun, et puis vous circulez entre eux. J'ai demandé - Et alors, que leur demandez-vous de faire ? Elle - Je ne leur demande rien. Et moi de rétorquer - Qu'obtenez-vous ? Et elle - Pas grand-chose. Et moi - Comment faites-vous ? » ». Plusieurs années après, ce coach se souvenait encore de cette histoire et supportait que la phase de tâtonnement dure le temps qu'elle devait durer. Il y a beaucoup de puissance dans les métaphores et parfois des effets positifs complètement inattendus.

Le coach se sert tactiquement de la métaphore et des histoires pour enrichir les représentations du client, pour l'outiller en lui fournissant des représentations rassurantes, encourageantes et faciles à mémoriser, qui vont l'aider à voir les choses sous un jour nouveau.

UTILISER DES ÉCHELLES

Utiliser des échelles est une tactique utilisée par le coach pour accélérer un processus et sortir le plus rapidement possible de la phase de tâtonnement. Les échelles ont pour but de « mesurer » les perceptions du client, et également de le motiver, de l'encourager, ainsi que d'élaborer des objectifs opérationnels, des solutions. C'est une invitation faite au client pour qu'il mesure ou évalue sur une échelle ses préoccupations, ses insatisfactions ou ses motivations. Les échelles sont utilisées dans le but de rendre concret ce qui est abstrait, général ou flou. Par exemple, imaginons qu'un client se plaigne du peu de satisfaction qu'il retire de son métier. Nous pouvons l'inviter à mesurer cette insatisfaction en lui demandant un chiffre. « Vous me dites que vous êtes peu satisfait de votre métier. Sur une échelle d'insatisfaction allant de 0 à 10, 10 étant le maximum et 0 pas d'insatisfaction du tout, à combien vous situez-vous sur cette échelle ? »

Le même principe peut être utilisé pour mesurer la motivation ou le progrès vers l'atteinte d'un objectif. Puisque nous ne pouvons avoir aucune certitude lorsqu'un client utilise un mot ou un concept, l'évaluation chiffrée permet au coach et au coaché de construire ensemble un pont, une méthode, pour parler de choses difficiles à préciser, comme le marasme, le rêve ou la motivation, ou encore les progrès du coaché en direction du projet de vie.

Les échelles présentent l'avantage d'être « libres de tout contenu ». En effet, si dans l'exemple présenté plus haut, le client nous répond 5, il saura ce qu'il veut dire par l'évaluation proposée. Les autres personnes, en l'occurrence le coach, ne peuvent qu'accepter ce fait. Le coach peut échanger avec le sujet en quoi sa vie serait différente s'il passait par exemple à 6, et ce que, dans ce cas, il serait nécessaire qu'il fasse.

8

LES TACTIQUES LIÉES AU RÔLE D'ASSISTANCE DANS LES QUATRE PHASES DE COACHING

SELON LES MOMENTS ET L'ÉVOLUTION D'UNE RELATION DE COACHING, l'accent pourra être mis sur l'une ou l'autre carte du modèle « D » : cycle de changement, aires de conscience, domaines de vie, etc. Mais, dans tous les cas, le coach s'abstient de participer aux contenus de l'échange, de donner des conseils, de proposer une direction, des objectifs, ou un thème de réflexion. C'est pourquoi nous disons, en transposant dans l'action de coaching la technique de Carl Rogers, que le coach, dans notre modèle, est non directif.

La caractéristique de cette attitude est la suivante : le coach n'apporte au coaché ni directive, ni jugement de valeur.

Une image commode, très souvent utilisée pour rendre compte d'une telle attitude, est celle du « miroir ». Il y a cependant beaucoup plus, dans la relation du coach au coaché, qu'une simple « réflexion ». Le coach ne juge pas, n'approuve ni de désapprouve, il cherche à comprendre et à aider le coaché. Il participe ainsi à son implication authentique dans la relation de coaching. L'authenticité du coach est fondamentale, il s'agit de sentiments vraiment éprouvés par le coach et non d'une attitude de façade, artificielle et purement technique ou stratégique. En dehors de ces fondements de l'attitude du coach, les tactiques pouvant faciliter son action sont aussi variables que les sujets coachés eux-mêmes, puisqu'elles participent de la même évolution. La pluralité des possibilités peut être regroupées en quelques catégories : le silence, le questionnement, la reformulation, l'interprétation, sur lesquelles le coach s'appuie tactiquement.

Avant d'entrer dans le détail de ces différentes tactiques, soulignons que la pratique du rôle de suppléance du coach a d'abord pour but d'instituer dans la relation un certain champ de parole. Mais l'évidence immédiate est que, dans une action de coaching, le matériau est langage. Aussi le rôle d'assistance est-il de libérer une parole pleine, au-delà des craintes, des méconnaissances, rendant le coaché transparent à lui-même, en lui apprenant à entendre sa propre voix.

LA TACTIQUE DU SILENCE OU LA RÉCEPTION DU SILENCE

Le silence est toujours présent dans une séance de coaching et ses effets peuvent être aussi décisifs que la parole. Aussi, lorsque dans une séance de coaching, le coach comprend qu'il doit se taire, il utilise non seulement la tactique adéquate, mais comprend et témoigne que toute représentation est avant tout une représentation sans parole, une représentation en quelque sorte indicible.

Ainsi, le silence a cette double face d'être à la fois une tactique offerte au coach dans son rôle d'assistance et la manifestation du processus naturel d'abstraction. La représentation muette, indicible, précède toujours la description verbale et l'inférence. Le silence serait la manifestation de la nature muette de la vie psychique. Pourtant le silence n'a pas bonne presse et n'est pas toujours reconnu comme une tactique, c'est-à-dire comme une attitude liée à un savoir-faire. Peut-être le terme même de « silence », trop descriptif, et trop connoté devrait-il être remplacé, c'est pourquoi nous proposons celui de « réception silencieuse ».

Du point de vue de la tactique, la réception silencieuse est aussi la meilleure place, la meilleure position du coach pour libérer la parole du sujet. Faire silence à un moment ou à un autre de la séance équivaut donc non seulement à respecter la parole du sujet, mais également à l'inviter à s'écouter.

Nous savons, du moins la sémantique générale nous l'enseigne-t-elle, que lorsque nous les prononçons, les mots ont une valeur différente que lorsque nous les pensons dans nos représentations verbales. Le mot articulé a un effet d'autoréflexivité sur celui qui parle. Le silence du coach intensifie cet effet. Il agit comme un miroir qui reflète la parole du sujet, libre à lui d'accepter ou de refuser ce reflet. Mais quand il accepte, le coaché est souvent étonné par ce qu'il vient de dire et en même temps soulagé de l'avoir dit. Le silence du coach agit de manière plus encourageante et souvent bien plus efficace que n'importe quelle autre tactique ou technique.

Mais ce silence du coach est rarement un simple silence. Il est généralement ponctué d'accusés de réception, c'est-à-dire de signaux verbaux et non verbaux qui indiquent que le coach est attentif. Faire un signe de tête, se pencher, avoir un léger contact physique, sourire et autres marqueurs analogiques signalent au coaché qu'il est attentivement et réellement entendu, compris et écouté. Des signes verbaux associés au non verbal tels que « hum, hum », « oui », « OK » (ce que nos stagiaires en formation au coaching nomment, non sans humour, nos « grognements empathiques ») montrent aussi au sujet que le coach est toujours attentif, acceptant, et qu'il peut se livrer davantage, pour autant qu'il ne puisse interpréter ses signaux comme des jugements, des évaluations ou des réponses. Un bon accusé de réception ne doit aucunement distraire le coaché de son expérience immédiate. La forme la plus dépouillée, mais aussi souvent la plus difficile à mettre en œuvre par le coach, est un silence respectueux face à ce qui vient d'être dit, un silence d'acceptation inconditionnelle, assez long, qui ne demande rien, un silence de « lâcher prise » et qui, en même temps, manifeste notre présence authentique.

Dans la pratique, la tactique du silence est d'un maniement délicat. Elle contraste avec le questionnement excessif où le coach peut laisser passer une occasion d'offrir à point nommé une question au coaché, ou de faire une reformulation pertinente et éclairante pour le sujet. Ou bien il peut également invariablement répondre par le silence au silence du coaché, dans une sorte de combat silencieux, qui peut confirmer, pour certains sujets, que la relation de coaching équivaut à un duel pugilistique psychologique où la victoire appartient à celui qui sera resté silencieux le plus longtemps. Cela est, bien sûr, sans rapport avec la « réception silencieuse », dont nous parlons ici.

Un autre cas plus courant peut également se présenter, celui du silence du client, dans le (les) premier(s) entretien(s). Le coach doit alors évaluer, par le tempo du coaché, s'il entend s'installer dans son silence. S'il pense que c'est effectivement le cas, il doit l'encourager à parler. Il peut le faire au moyen de monosyllabes (grognements empathiques) habituelles ou par une invitation bienveillante à dire ce qui lui vient à l'esprit, ou en lui demandant s'il n'y a pas quelque chose sur lequel il bute ou qui l'embarrasse. Une fois donnés ces encouragements, ces apaisements, le coach n'a pas à se répéter. Il devra ensuite attendre silencieusement que le sujet reprenne la parole.

L'efficacité de cette tactique, comme nous venons de le voir, est directement reliée à l'intention du coach, qui se manifeste au travers de ses attitudes. La réception silencieuse n'est qu'une tactique. Nous savons qu'il n'existe pas de parole sans réponse, même si elle ne rencontre que le silence, pourvu qu'elle ait un auditeur… en l'occurrence un coach authentiquement et réellement à l'écoute : c'est là la fonction de la réception silencieuse.

LA TACTIQUE DU QUESTIONNEMENT

Je résous maintes questions en ne les posant pas.

Louis Sautenaire

Je ne peux rien pour qui ne pose pas de question.

Confucius

Le questionnement est une tactique qui vise avant tout à aider le coaché à prendre contact avec ses ressources. Poser des questions, c'est vouloir inviter le sujet à trouver les capacités à s'étonner, à s'interroger sur son présent et son futur. Le questionnement poursuit plusieurs buts, dont celui, élémentaire pour un coach, de disposer d'informations sur le coaché, telles que : profession, âge, marié ou non… dans ce cas, le contexte indique clairement que le coach recueille des données en vue d'une expertise. Mais cela relève de l'aspect mineur du questionnement, car le but visé est d'enrichir l'information du sujet sur lui-même, et ce type de questions n'apprend rien au sujet qu'il ne sache déjà.

Pour nous la vraie question est là, qui dérange le sujet dans sa quiétude, dans la prétendue évidence du tout est normal, du tout est réglé. Le « pourquoi » est l'une des interrogations fondamentales de l'être humain. Primo Levi demande un jour à l'un des gardiens d'Auschwitz : « Pourquoi tout cela ? » « *Hier ist kein warum.* »[1] lui répondit le SS[2]. C'est ainsi que l'humanité fit naufrage dans le « sans pourquoi ».

Le questionnement du coach vise, autant pour le sujet que pour lui-même, à maintenir et à enrichir la capacité à s'étonner, à s'interroger sur l'événement, et sur sa conduite. « Vous me dites avoir travaillé 60 heures la semaine dernière, puis-je vous poser une question ? » « Oui. » « Aimez-vous votre travail ? » « Oui, c'est évident. » « En quoi est-ce évident ? » Ce court échange entre coach et coaché invite chacun à s'interroger sur le « c'est évident ». Paradoxalement, la question ne vise pas l'inconnu, le monde mystérieux et invisible, mais le « quotidien », tout ce que nous vivons au jour le jour, et qui faute du « pourquoi ? » est devenu « évident ». Le questionnement cherche à donner du sens à nos actes, à remettre en cause notre quotidien en permanence. « Seulement la réponse, répondant, doit reprendre en elle l'essence de la question, qui n'est pas éteinte par ce qui y répond. » [3]

Parce que donner du sens n'est pas donner un sens, le questionnement ne porte pas sur une question particulière, ne s'intéresse pas à la « cause », mais à l'homme qui s'interroge. Le coach offre une question au coaché qui se l'approprie, qui se questionne, et qui se dérange. Le questionnement est un mouvement qui a pour but de déranger, mais jamais pour rien. Nous questionnons par delà le « courant » et le « c'est évident » qui sont bien ordonnés

1. « Ici il n'y a pas de pourquoi. »
2. Levi, P., *Si c'est un homme*, Pocket, 1988.
3. Blanchot, M., *L'entretien infini*, Gallimard, 1969.

dans la vie quotidienne. C'est ainsi que la question reposée chaque jour invite à retrouver le sens du renouveau, à transformer le quotidien en une aventure chaque fois renouvelée, et, en un mot, invite à être fécond.

La non-indifférence aux situations que nous rencontrons fait de nous un être de liberté, sortant du déterminisme, de l'influence du principe « dehors-dedans » ou tout est tracé et décidé à notre place, imposé par nous, le plus souvent sans que nous nous en rendions compte. Le rôle du coach est bien, au travers du questionnement, d'inviter le coaché au « pourquoi » : « pourquoi faites-vous ce que vous faites ? », à lui redonner conscience qu'il peut assumer la responsabilité de son histoire et, mieux encore, à en devenir le maître d'œuvre en réalisant son projet de vie. Dans le « pourquoi » se transmet le germe de la réponse à « qui suis-je ? », soit « je ne suis pas, je deviens ».

LA TACTIQUE DE LA REFORMULATION

Dans la reformulation, le coach, par l'information qu'il fournit, reflète au sujet, soit ce qui vient d'être exprimé dans la séance, soit ce qu'il a dit dans les séances précédentes, reliant ainsi les séances entre elles. Le but est de rendre le coaché plus conscient de ce qui se passe en lui et ainsi d'enrichir son information sur lui-même. Il s'agit bien, pour le coach, de retenir et de réfléchir le dit du sujet, autant l'explicite que l'implicite et non de faire du psittacisme. En re-phrasant le discours du sujet, le coach vérifie avec lui qu'il a compris ce qu'il voulait dire, et qu'il est en résonance avec les sentiments ressentis, souvent mal exprimés. Le ton de la voix, l'attitude du coach, sont aussi importants que les mots qu'il utilise. Le coach, en utilisant cette tactique, ne structure pas la situation, ne rectifie pas les idées erronées que le coaché peut avoir sur lui, sur son rôle et sur ses positions idéologiques et théoriques. Il accepte, par exemple au début de la relation, que le coaché ne s'y positionne pas clairement, lui laissant le soin de réviser, au fil des séances, la conception qu'il se fait du coaching. Il est souhaitable, dans cette reformulation, d'utiliser les mêmes mots que le coaché, mais aussi d'introduire un autre cadre de référence. Une image commode, très souvent utilisée pour rendre compte de cette tactique autant que de l'attitude du coach, est celle du miroir évoquée précédemment. Il y a cependant plus dans la relation du coach au coaché que celle d'un simple « reflet ». Comme le disait si bien Cocteau : « Les miroirs feraient bien de réfléchir avant de nous renvoyer notre image ». Le coach ne juge pas, n'approuve ni ne désapprouve, il cherche à comprendre et à aider le coaché, il participe à son autonomisation. Pour ce faire, il ne suffit pas que le coach perçoive le client comme celui-ci se perçoit lui-même, il faut encore qu'il réussisse à faire ressentir cette identité de perception avec le coaché. Ceci n'est possible que si le coach reflète les sentiments réellement éprouvés et non qu'il utilise simplement la reformulation dans une attitude purement superficielle, mécanique ou stratégique. Cela implique également qu'il ne privilégie aucun des éléments de l'expérience subjective du sujet coaché : la reformulation peut porter aussi bien sur la pensée que sur les sentiments, les émotions, les comportements, sur l'implicite comme sur l'explicite, sur les perceptions aussi bien que sur les intentions.

TACTIQUE DE L'INTERPRÉTATION

Bien que nous ayons déjà traité de l'interprétation dans le rôle de suppléance, nous allons étudier comment, dans une forme complémentaire, l'utiliser dans le rôle d'assistance.

Telle que nous l'envisageons, l'interprétation est proche du décodage ou du recadrage d'un message (ou d'un ensemble de messages) qui permet, de manière purement inférencielle, d'en dégager des significations implicites, c'est-à-dire l'énoncé des motifs cachés ou mal perçus des phénomènes apparents. Le coach ne restitue au sujet que ce qui est issu de son propre discours. Le choix du niveau et de la profondeur de l'interprétation dépendront évidemment du stade de développement du sujet et de ce qu'il peut accepter à tel moment. Cela suppose en général d'être au moins en phase 2 de la relation de coaching.

Du fait que l'interprétation s'éloigne sensiblement du mode de perception habituel du coaché, et que son contenu risque de n'être pas reconnu par celui-ci, il est utile de formuler toute interprétation sous une forme non catégorique, en se servant d'expressions comme : « J'ai l'impression que vous ressentez ceci... est-ce que je me trompe ? » Il est important que le coach s'exprime à la première personne, en indiquant nettement qu'il s'agit de son impression subjective. Par son attitude non directive, le coach se contente de dégager quelques potentialités de l'évolution du sujet, et de l'inviter à prendre contact avec ses désirs.

Signalons ici la différence entre la reformulation et l'interprétation. Tandis que la reformulation est l'énoncé du désir exprimé par le sujet, l'interprétation est le dégagement d'un désir encore « latent », implicite et non conscientisé. L'interprétation permet par exemple au sujet de prendre conscience de ses obstacles internes et de ce qui l'empêche de développer son autonomie.

L'interprétation inférencielle est l'impossibilité du blocage de la pensée. Elle évite le risque de transformer une parole « propositionnelle » en parole « impositionnelle » qui peut être la source des pires violences. L'interprétation, telle que nous la concevons est une invitation à renoncer à ce besoin, souvent passionné, de tirer des conclusions, de se forger une opinion et un jugement définitifs. C'est au contraire un long voyage dans la recherche de sens, et comme le disait Nietzsche : « Il existe toutes sortes d'yeux... aussi, il y a en conséquence toutes sortes de vérités, et en conséquence, il n'y a aucune vérité ».

9

LES ATTITUDES MENTALES QUI FACILITENT L'ÉCOUTE ET L'EXERCICE DES RÔLES D'ASSISTANCE ET DE SUPPLÉANCE

L'ATTITUDE NON DIRECTIVE

La non-directivité, vue sous l'angle d'une relation de coaching, est d'abord une attitude envers la personne coachée, par laquelle le coach se refuse à proposer une direction quelconque, se refuse à penser ce que le coaché doit ressentir, agir ou réfléchir d'une manière déterminée.

Les caractéristiques de l'orientation non directive dans une action de coaching

Trois caractéristiques sont au centre de l'orientation non directive dans une action de coaching.

La première est une hypothèse sur la positivité du développement humain. Chaque individu possède, en lui-même ou dans son environnement, les ressources dont il a besoin. Les troubles divers et les difficultés que peut rencontrer le sujet sont des phénomènes seconds sous lesquelles subsistent les tendances positives. La tâche du coach est d'aider à restaurer leur exercice.

La deuxième est l'hypothèse que les facteurs déterminants du changement et de l'autonomie du sujet résident dans l'attitude du coach envers l'individu coaché. Les tactiques et techniques qu'emploie le coach, comme les modèles disciplinaires qu'il professe, n'ont d'effet que s'ils reflètent des attitudes. Le coaching, vu sous l'angle non directif, n'est pas une manipulation technique de l'individu, il est avant tout interaction entre deux personnes, ayant chacune un statut différent. Cette interaction ne devient relation de coaching positive et non directive que dans la mesure ou le coach est positionné dans une attitude d'acceptation inconditionnelle de lui-même et du sujet.

La troisième hypothèse concerne la relation du coach avec lui-même, et en particulier avec ses propres valeurs. L'école non directive a toujours dénoncé le malentendu qui identifie l'attitude non directive à l'indifférence ou à un comportement de « laisser faire ». Au contraire, elle souligne que c'est dans l'attitude non directive qu'un intervenant (en l'occurrence le coach) peut le plus authentiquement être lui-même. C'est également une attitude par laquelle le coach témoigne qu'il a confiance dans les capacités d'autodéveloppement et d'autonomisation de l'individu coaché.

LES QUALITÉS QUI SONT LE FONDEMENT DE L'ATTITUDE NON DIRECTIVE

Rogers, dans ses différents ouvrages définit les qualités qui sont le fondement de l'attitude non directive. Nous avons choisi d'en retenir trois, pour nous fondamentales :

– 1 La congruence du coach ;

– 2 La considération, l'acceptation, la confiance ;

– 3 La compréhension empathique.

La congruence du coach

Être congruent, pour un coach, c'est être exactement ce qu'il est et non pas une façade, un rôle ou une prétention, c'est être sans

« masque », exprimant ouvertement ses pensées, ses émotions et ses sentiments dans l'ici et maintenant. Un coach congruent, c'est un individu entier, en accord avec lui-même qui :

- Pense ce qu'il dit ;
- Exprime ce qu'il ressent ;
- Dit ce qu'il fait ;
- Fait ce qu'il dit.

Lorsque le coach se trouve être cette personne vraie, authentique, entrant en relation sans masque ni façade avec le sujet coaché, son action a beaucoup plus de chance d'être efficace. Cela implique qu'il est ouvert, capable d'accueillir les sentiments qui l'agitent, de les laisser émerger pour les vivre consciemment, d'« être » ces sentiments et qu'il est à même de les partager si il estime qu'il y a lieu de le faire.

Cela signifie que le coach rencontre authentiquement le coaché, dans une communication relationnelle, une relation directe de personne à personne. Cela signifie qu'il n'est pas une façade stérile, mais une personne vivante, qui a des convictions, des sentiments, qu'il « est » lui-même, et qu'il ne se renie pas. Le coach dans cette conception est en relation authentique avec le coaché. Il s'autorise à vivre et même à exprimer son enthousiasme, ou son ennui, à se sentir intéressé par ce que dit et vit le coaché, à ressentir de la joie, de la colère, de la tristesse ou de l'amour, à manifester sa sympathie et sa compréhension. Il reconnaît et accepte inconditionnellement que ses sentiments sont les siens, et n'éprouve ni le besoin de se justifier, ni celui que les autres ressentent la même chose.

Il peut évaluer et apprécier conditionnellement tel travail d'un coaché, sans impliquer que ce travail soit objectivement bon ou mauvais, et surtout que le coaché soit lui-même inconditionnellement bon ou mauvais. Il exprime simplement un feed-back porteur du sentiment personnel qu'il éprouve devant tel résultat.

Ainsi le coach est pour le coaché une vraie personne, et non l'incarnation mythique du Dieu Savoir, chargé de définir ce qui est bon ou mauvais, bien ou mal dans le comportement ou le projet de vie du sujet.

La considération, l'acceptation, la confiance

La deuxième attitude est que le coach accepte positivement et inconditionnellement le sujet comme partenaire à part entière de communication. Il lui porte alors une attention chaleureuse, une attention qui n'est pas possessive, qui ne demande aucune gratification personnelle, qui ne comporte aucun jugement, ni aucune volonté de le conseiller, ou de l'orienter dans un direction quelconque. Un coach confiant accueille le manque momentané de motivation et d'énergie d'un coaché, sa peur, ses hésitations devant la tâche nouvelle, aussi bien que son désir d'expérimentation, de créer de nouveaux réseaux, de faire de nouvelles expériences, ou de s'en tenir à des efforts disciplinés en gardant une large marge de sécurité pour atteindre son but. Il accepte et accueille les sentiments, les émotions du coaché, son inquiétude ou son adhésion dans son vécu des différentes étapes du cycle de changement, sa difficulté à lâcher prise, comme sa facilité à aller de l'avant.

Tout cela implique la prise en considération du coaché avec ses demandes explicites et implicites, ses besoins et ses sentiments, exprimés ou non, et ses différentes potentialités. C'est dans la mesure ou le coach s'accepte et accepte inconditionnellement le coaché, qu'il est confiant en lui-même et dans le sujet, qu'un authentique climat de coopération peut se créer et permettre ainsi au sujet de reprendre pleinement contact avec ses ressources.

La compréhension empathique

La compréhension empathique est sûrement, parmi ces différentes attitudes, celle qui favorise le plus l'installation d'un climat de confiance et d'autonomisation du sujet. Carl Rogers donne cette définition de l'empathie : « L'état d'empathie, ou le fait d'être empathique, consiste à percevoir le cadre de référence interne d'une autre personne avec exactitude et avec les composantes émotionnelles et les significations qui s'y attachent, comme si l'un était l'autre personne, mais sans jamais perdre la condition « comme si ». [...] Si la qualité de « comme si » [...] se perd, alors il y a identification ».

Cette profondeur de compréhension n'a pas grand chose à voir avec l'habituelle compréhension justificative du type : « Je comprends très bien ce que vous ressentez, ma grand-mère a eu la même chose ». Lorsqu'un sujet rencontre un coach réellement empathique, il réagit habituellement comme ceci : « Au moins quelqu'un qui comprend ce que je vis, ce que je ressens, sans me juger, ni m' « analyser », qui accepte ce que c'est pour moi d'être « moi » ; je peux continuer à m'accepter, m'épanouir et me développer ». La compréhension empathique du coach va aider le sujet à progresser vers des formulations plus exactes et plus profondes de ses ressentis, à la fois parce qu'il peut considérer, comme de l'extérieur de lui-même et avec une certaine distance, les formulations précédentes, et parce qu'il bénéficie de l'attention positive du coach. Cependant il importe de rappeler ici que la compréhension empathique est une attitude et non une technique. La reformulation qui en est souvent son expression, peut ou non être accompagnée de cette attitude. Une reformulation-clarification empathique est la manifestation de la congruence du coach et de son acceptation inconditionnelle ; elle en est inséparable

C'est en accordant une valeur positive à tout ce qu'exprime le coaché, en cherchant à le comprendre du dedans, en lui présentant ses formulations comme des hypothèses, en cherchant à progresser dans sa compréhension, en lui montrant également ses capacités à développer et à utiliser ses propres ressources, que le coach donnera au coaché les permissions et les protections nécessaires au choix de sa propre vie et à la mise en œuvre de son projet de vie.

ATTITUDES DIRECTIVES ET NON-DIRECTIVES

S'il est important que le coach ait les attitudes voulues, encore faut-il qu'il les communique d'une façon ou d'une autre au coaché. Car il n'est pas suffisant que ces attitudes existent chez le coach. Il est nécessaire que le coaché perçoive, éprouve des manifestations de la congruence, de l'acceptation et de l'empathie du coach. Elles doivent donc être présentes dans ses comportements, pour être perçues et inférées par le coaché. En supposant que le coach ait intégré ces attitudes, comment peut-il procéder pour les communiquer au coaché ?

La forme directe, explicite, qui consisterait à dire au coaché qu'il est inconditionnellement accepté, que l'on est pas là pour le conseiller, le juger voire l'encourager, est naturellement à proscrire. D'une part, ce genre de déclaration présente la forme paradoxale de la communication, équivalente à « soyez spontanés », et risque de ne produire aucun effet, ou l'effet contraire à celui recherché, qui est de créer un climat de confiance. D'autre part, tant qu'une relation de confiance n'est pas installée, une déclaration de ce genre aura plutôt tendance à renforcer le sentiment d'insécurité généralement présent chez le sujet au début de la relation. Étant donné qu'il éprouve, à l'égard de lui-même, des sentiments, des attitudes, généralement très différents, voire opposés à ceux exprimés par le coach, de tels propos ne font pas sens pour lui ou ne peuvent que renforcer son sentiment d'insécurité.

C'est donc au travers de ses comportements que le coach doit communiquer, de manière indirecte, ses attitudes (un comportement étant défini par l'ensemble des actions et réactions accessibles à l'observateur extérieur). C'est l'ensemble de ses postures, mimiques, gestes, rythme et ton de voix, soutien ou contenu de ce qu'il exprime en réponse aux paroles du client qui vont permettre à celui-ci d'inférer ces attitudes de respect, de confiance dont le coach se veut et se fait porteur. Autrement dit, il faut que ses attitudes imprègnent et soutiennent la structure et le contenu de toute réponse, sans toutefois être contenues dans aucune.

QUELQUES PRÉCISIONS SUR L'ATTITUDE NON DIRECTIVE

Il nous semble important pour terminer ce chapitre de préciser notre position vis-à-vis de l'attitude non directive, et de dissiper certains malentendus, que nous avons rencontrés au cours de notre expérience de l'enseignement de coaching. Cela pourra permettre d'apporter un éclairage nouveau, ou du moins d'éviter certaines confusions sur les principaux thèmes non-directifs. Bien entendu, il ne s'agit pas ici de se montrer les chantres d'une orthodoxie de la non-directivité, mais de définir avec plus de précision une orientation dans la communication relationnelle, et les attitudes facilitant la relation coach/coaché.

Nous nous sommes interrogés sur l'origine des déformations et des malentendus vis-à-vis de l'attitude non directive. Cette difficulté résulte clairement du fait que la non-directivité est une attitude qui engage tout l'être.

Nous avons pu constater, lors de nos formations et surtout dans notre pratique de la supervision, que si sur un plan intellectuel les coachs, dans leur grande majorité, adhéraient aux grands principes de la théorie rogérienne, les difficultés de sa mise en pratique n'étaient pas pour autant résolues. La tentation de faire ce que l'on savait bien faire, c'est-à-dire conseiller, orienter, évaluer… (malgré la bonne volonté des coachs) prenait souvent le pas sur l'attitude non directive.

La liste suivante, sans prétendre à l'exhaustivité, présente les raisons de ces malentendus et du pourquoi des difficultés rencontrées. Nous les avons classées dans l'ordre où nous les rencontrons : des plus fréquentes aux moins fréquentes, des plus profondes aux plus superficielles. L'attitude non directive est présentée en regard de chacune des sept propositions suivantes.

Première proposition : la non-directivité est une technique, un comportement

L'orientation non directive est souvent vécue comme la mise en pratique d'une technique et l'ajustement de comportements adéquats. Il est courant d'entendre parler de comportement de compréhension, auquel s'opposeraient des comportements de conseil, de jugement, de soutien moral. Ce comportement de compréhension serait reflété par la mise en application de techniques, telles que la technique du miroir, du silence, de la reformulation, de la réflexion des sentiments. Cette mise en application rigoureuse des techniques, accompagnées du comportement adéquat (par exemple synchronisation sur la posture, les gestes, le ton et le rythme de la voix) suffirait à définir l'orientation non directive tout entière.

Nous avons vu au contraire, au début de ce chapitre, que la relation coach/coaché se refuse à n'être considérée, du moins du point de vue de l'attitude du coach, que comme une relation à caractère technique. Elle se présente au contraire en insistant sur la congruence du coach, sur la considération et la confiance vis-à-vis du client et sur l'attitude fondamentale d'acceptation inconditionnelle de soi-même et de l'autre. Réduire la relation de coaching à une technique, du point de vue de la non-directivité, c'est méconnaître la question essentielle du but et de la finalité d'une relation de coaching, qui est de reconnecter le sujet avec ses ressources pour qu'il puisse élaborer et mettre en œuvre son projet de vie. C'est fuir l'objectif essentiel du coaching et de la confrontation aux champs affectifs de la relation. C'est traiter le client et soi-même comme une « chose », que l'on pourrait manipuler grâce à un « outillage » technique. Ce serait utiliser une orientation, une méthode dans un but manipulatoire, en utilisant des techniques apparemment facilitatrices, tout en maintenant des attitudes fondamentalement directives.

L'important n'est pas tant que le coach utilise telle ou telle technique, ni l'abstention consciente d'attitudes directives, mais l'abandon, le lâcher prise de toutes attitudes altérantes autant que cela se puisse. D'autres difficultés et malentendus découlent de cette première réflexion.

Deuxième et troisième propositions : l'entraînement permet l'apprentissage de l'attitude non-directive ; les attitudes peuvent se classer en : directive, semi-directive, non directive

La négation des points 2 et 3 résulte du fait que la non-directivité est une attitude profonde reliée à l'identité intégrée du coach et non une identité de rôle : il s'agit d'une attitude qui engage tout l'être. Vu sous cet angle, il est évident qu'elle ne peut être acquise par le simple fait de la volonté délibérée du coach, ni par la modélisation isomorphique (c'est-à-dire par la reproduction point par point du comportement que l'on souhaite modéliser[1]), ni par la mise en pratique volontaire de certaines capacités ou techniques (pratique du silence, reformulation, synchronisation posturale, questionnement, etc.). De telles applications de ces techniques ne

1. Le *Dico P.N.L.* op. cit..

peuvent être qu'auxiliaires. Seule une mise en questions des attitudes, des croyances et prémisses, fondamentales dans la carte du monde du coach, telle qu'elle se produit dans une réflexion et un travail de développement personnel, peut permettre une intégration réelle et en profondeur de l'attitude non directive

Nous pensons aussi entendre parler (ou lire dans certains ouvrages traitant du coaching) d'attitude (ou de techniques, les deux étant assez souvent confondus) semi-directive, suggérant par là que la non-directivité puisse se doser, en appliquant certaines techniques, telles que les questions ouvertes et les questions semi-directives, en adoptant une conduite mixte à un moment donné, en alternant certaines attitudes, ou encore en variant un comportement en fonction du déroulement de la relation.

Dans les faits, une attitude est congruente ou elle n'est pas. Une attitude congruente ne se dose pas, nous ne pouvons pas être plus ou moins dans une attitude de compréhension, d'acceptation inconditionnelle ou de confiance. Par contre, nous avons vu qu'elle peut se manifester dans des situations différentes, telles que dans chacune des quatre phases du coaching et qu'elle est parfaitement compatible avec les rôles de suppléance ou d'assistance du coach. Un coach qui, dans son rôle de suppléance, fournit une information à son client n'est pas pour autant dans une attitude directive ; il ne l'est pas plus quand, congruent dans son rôle d'assistance, il choisit d'utiliser telle ou telle technique de confrontation ou provocative. Il est essentiel de ne pas confondre l'usage délibéré d'une pratique (qui correspond à l'accentuation d'un rôle ou à des nuances dans le domaine opératoire et technique) avec des compromis ou des dosages au niveau de l'attitude fondamentale qui est celle de l'acceptation inconditionnelle de soi et de l'autre.

Naturellement cela n'implique pas que le coach ne puisse pas utiliser dans sa vie quotidienne, voire même à certains moments de sa vie professionnelle, toute la gamme d'attitudes existantes, qu'il doive toujours avoir, en toutes circonstances, une attitude « purement » non directive, et qu'il serait, pour être un coach « parfait », exempt de toute contradiction.

Mais reconnaître qu'un coach « parfait » n'existe pas, et ne peux pas exister dans la réalité, n'autorise pas pour autant à préconiser un modèle qui serait en contradiction avec lui-même.

En d'autres termes, disons que reconnaître la difficulté réelle que peut rencontrer tout coach (voire tout professionnel de la relation d'aide) à être pleinement en contact avec l'attitude non directive n'autorise pas pour autant à créer des notions qui ne peuvent qu'apporter des contradictions dans l'attitude du coach.

Nous pensons au contraire que tout professionnel digne de ce nom à intérêt à affronter la difficulté présentée par l'intégration de l'attitude non directive plutôt que de l'édulcorer en inventant des notions confuses.

Quatrième proposition : le rôle de suppléance n'est pas non directif

Il est certain que quel que soit le rôle choisi par le coach, suppléance ou assistance, l'attitude non directive est présente. Mais les deux rôles sont distincts, le rôle de suppléance est « structurant », alors que le rôle d'assistance est « informant ». Le premier cherche à susciter des structures de la part du coaché et en même temps met en œuvre implicitement des structures. Le coach, dans son rôle de suppléance, établit par exemple une certaine structure de communication dans laquelle il occupe la position haute, c'est-à-dire qu'il établit une relation complémentaire en prenant la position de celui qui initie ou maintient la relation, à laquelle il prend une part active. Il peut également dans ce rôle indiquer des buts, des méthodes, donner des tâches. Mais bien qu'intervenant activement au niveau des structures, il manifeste une attitude positive de confiance, d'acceptation et de compréhension vis-à-vis du coaché. Mais cette confiance est de nature différente quand il occupe le rôle d'assistance. En activant le rôle de suppléance, le coach suppose que le coaché est capable de choisir ses structures sans difficultés, sans entrer en conflit avec lui-même. Il suffit de lui faire des propositions, de l'éclairer sur des choix possibles, les seules difficultés sont d'ordre rationnel et résultent d'un manque d'information du sujet sur la situation. Le coaché n'est pas en contact avec des obstacles internes, il ne rencontre pas de difficultés de communication avec lui-même.

En agissant sur le rôle d'assistance, le coach fait au contraire l'hypothèse que ces problèmes existent, et il intervient à ce niveau. Quoique les deux rôles soient nettement différents, l'attitude qui les sous-tend est la même. Elle s'exprime par le choix de l'un ou l'autre rôle suivant l'hypothèse que le coach fera de la situation et sur la nature des difficultés rencontrées par le coaché.

Ainsi un coach qui ferait un apport d'information sur le modèle « D » ne serait pas en contradiction avec l'attitude non directive, quand il estime que le coaché a besoin de cette information. Bien au contraire, c'est en la refusant, alors que le coaché le lui demande ou en exprime de manière implicite le besoin, qu'il se mettrait en contradiction avec lui-même.

Le critère du coach pour le choix d'investir un rôle plutôt qu'un autre, sera basé sur l'hypothèse des ressources du client. Soit le coaché a effectivement et immédiatement accès à ses ressources, il ne rencontre pas d'obstacles internes, ni d'éléments affectifs profonds, et le rôle de suppléance est approprié, soit le coach fait l'hypothèse que de telles difficultés existent et il intervient en prenant appui sur son rôle d'assistance.

L'usage pour le coach d'un rôle plutôt qu'un autre dépend des circonstances et de ses hypothèses sur la situation du coaché, mais quel que soit le rôle choisi, l'attitude non directive est toujours présente.

Cinquième proposition : l'orientation non directive ne comporte pas d'aspects techniques

Nous retrouvons ici la confusion qui existe entre les rôles tenus par le coach, les techniques utilisées dans les différentes phases d'une action de coaching et l'attitude qui les sous-tend. Le coach effectue, quelle que soit la phase de coaching, des actions d'assistance ou de suppléance, en utilisant l'une ou l'autre des techniques de communication : silence, questionnement, reformulation. Toutes ces actions opératoires ne sauraient être niées, ni sous-estimées. La perspective non directive, telle que nous la définissons, consiste au contraire à reconnaître qu'il est important, dans une relation de coaching, que les rôles de suppléance et d'assistance ne puissent être dissociés, pas plus que ne puissent l'être le modèle disciplinaire du modèle relationnel. Le rôle de suppléance n'est efficace que s'il ne coupe pas le coach de lui-même et de son client, que s'il est la traduction concrète de son empathie et de son attitude non directive, toujours présentes dans la relation, ici et maintenant.

Par ailleurs l'attitude positive du coach envers son client ne consiste pas en des démonstrations de sympathie, mais dans une attitude d'empathie. Par empathie, on désigne communément la capacité de se mettre à la place de l'autre afin de comprendre ce qu'il éprouve ; elle se distingue de ce fait de la sympathie. La distinction entre les deux tient aux fins poursuivies. La sympathie selon *Le Petit Robert* est une affinité morale, une similitude de sentiment entre deux ou plusieurs personnes. Cela suppose que nous prenions part à l'émotion éprouvée par autrui, que nous partagions son émotion ou son expérience affective. L'empathie en revanche implique la capacité de s'immerger dans le monde subjectif d'autrui à partir des éléments fournis par la communication verbale et non verbale. L'empathie permet au coach de participer de façon aussi intime que possible à l'expérience subjective du coaché, tout en restant émotionnellement indépendant. Comme nous le voyons, l'attitude positive du coach envers son client ne consiste pas en des démonstrations émotives, ou dans un laisser faire, mais s'exprime toute entière dans une activité, dans l'usage intelligent et approprié des techniques mises à sa disposition, fondement de la relation de coaching elle-même.

Sixième proposition : la reformulation et la compréhension sont les reflets de l'attitude non directive

En utilisant la technique de la reformulation, le coach cherche à comprendre, du point de vue du coaché, ce que celui-ci exprime ou tente d'exprimer. La relation s'établit entre le coach et son client et le climat démocratique de coopération est essentiel dans cette perspective. Le coach essaie de comprendre son client aussi complètement que possible, d'être l'autre pour ainsi dire.

À partir de ce point de vue, une équivoque simple doit être dissipée. La compréhension, vue sous l'angle de la non-directivité, n'implique ni jugement de valeur, ni approbation, ni désapprobation. Il ne s'agit donc pas de montrer, en reformulant, que l'on est compréhensif, dans le sens que revêt cette expression dans la vie courante, mais de refléter le discours du sujet, d'une part pour vérifier que l'on a bien compris ce que celui-ci exprime, et d'autre part pour qu'il ressente lui-même que son discours est entendu et compris.

Signalons également que la reformulation n'est pas la simple répétition des paroles du coaché. Le psittasisme de certains a été dénoncé, notamment de coachs débutants, qui poursuivent le coaché en répétant ses paroles comme un perroquet, traduisant ainsi davantage leurs craintes de pas être reconnu dans leur rôle de coach, que leur souci de comprendre leur client.

En utilisant la reformulation et l'attitude de compréhension qui doit l'accompagner, le coach démontre qu'il écoute non seulement avec ses oreilles, mais aussi avec son cœur, qu'il essaie donc d'entrer dans le « monde » du client, de percevoir sa perspective et son « horizon ». Il lui reflète ainsi les sentiments que celui-ci exprime. Il est congruent, parfaitement en accord avec l'ensemble des principes qui fondent l'attitude non directive. Il croit profondément aux possibilités de maturation de tout individu. Il fait confiance à cette possibilité de croissance et de maturation de son client et à une attitude de compréhension totale et inconditionnelle de tout ce que le client pourra dire et apporter en séance.

Septième proposition : la non-directivité équivaut à la non-implication du coach

Comme nous l'avons vu précédemment, le coach, dans l'attitude non directive, se doit de réfléchir sur les sentiments de son client et non de répéter ses paroles ou de faire uniquement « hum, hum ». En reformulant les sentiments ressentis, et parfois mal exprimés du client, le coach, en exprimant dans ses propres termes ce qu'il a perçu, montre qu'il les a compris et lui-même ressentis. De ce fait, l'attitude non directive comporte non seulement un aspect actif, mais une attitude d'intérêt réelle, elle correspond à une attitude authentique du coach, à l'expression la plus authentique de soi. Comme nous l'avons déjà signalé, l'attitude d'acceptation inconditionnelle de soi est aux antipodes d'une attitude de neutralité, d'objectivation de soi-même, comme le croient à tort des personnes mal informées sur l'attitude non directive.

Dans cette relation centrée sur le client, empreinte de non-jugement, dénuée de toutes attitudes altérantes, qui est aussi loin de la passivité et du laisser faire que du faire semblant de croire aux bons sentiments, le client réagit aux sentiments vrais du coach et non à ce qu'expriment ses mots, il prend conscience de son expression propre. Le coaché expérimente l'égalité dans la relation, la confiance du coach quant à sa capacité à générer et utiliser ses ressources, ouvrant ainsi la porte aux rêves et à la réalisation de son projet de vie.

10

LES TECHNIQUES LIÉES AUX QUATRE PHASES DE L'ACTION DE COACHING

AVANT D'ABORDER LES DIFFÉRENTES TECHNIQUES que peut utiliser un coach, au cours des quatre phases d'une action de coaching, rappelons qu'il s'agit, en quelque sorte, d'outils dont l'efficacité repose sur plusieurs facteurs, tels la qualité de la relation, l'investissement et la pro-activité du coaché, la capacité, l'adaptation et la flexibilité du coach. Nous avons vu dans les chapitres précédents les tactiques liées aux rôles de suppléance et d'assistance du coach, en soulignant que l'efficacité d'une action de coaching était liée à la capacité du coach d'alterner les deux rôles avec pertinence. Le coach, dans chacun de ces rôles, va plutôt utiliser telle ou telle technique, et leur présentation suit à peu près l'ordre de leur utilisation au cours d'une relation de coaching type (mais comme nous l'avons déjà dit, du fait de l'importance des facteurs particuliers, il n'existe pas de séance type). Il est évident que, pour l'essentiel, les deux rôles s'entremêlent, mais pour les décrire et les enseigner, il faut bien les distinguer.

Il en est de même pour les techniques que nous allons étudier maintenant, bien qu'elles soient présentes dans la « boîte à outils » du coach et puissent être utilisées à tout moment, ou au cours d'une même séance. Pour faciliter leur présentation, nous les analyserons en liaison avec chacune des grandes phases d'une action de coaching (voir figure 4, pages 123 et 126). Nous pouvons nous représenter ce schéma comme une carte qui nous guiderait du point A au point Z, soit du point de départ d'une relation de coaching, où le coach se trouve face au coaché, généralement en phase de marasme, jusqu'au point d'arrivée, où le coaché, pleinement en contact avec ses ressources, est engagé dans son projet de vie. Bien que nous appelions cette représentation schématique une carte, elle est en même temps une représentation schématique de notre modèle de coaching. Elle comporte un ensemble simple de propositions qui servent de guide au coach pour l'utilisation la plus performante du modèle. En elle-même, cette schématisation est une tentative de description des étapes que suit généralement une relation de coaching. C'est ce qui se fait en quelque sorte naturellement, mais non ce qui devrait obligatoirement se faire. Même si la carte représente le meilleur guide élaboré à ce jour, l'utilisateur doit garder en mémoire qu'une carte n'est pas le territoire. Notre but n'est pas d'affirmer quelque chose dans un domaine quelconque, mais bien plutôt de présenter les choses de manière claire.

Quelle que soit la validité de la carte, elle n'enlève rien à la demande singulière et créative du coaché. Notre objectif n'est pas seulement d'apprendre aux coachs à appliquer un modèle, mais d'enseigner également que l'ingéniosité du coach joue un rôle prépondérant et que, de même qu'il ne suffit pas d'avoir bien assimilé le modèle pour pratiquer un coaching élégant, un modèle n'est qu'un modèle, comme une carte n'est qu'une carte. Une carte, aussi détaillée soit-elle, rend compte des villes et des villages, de la distance qui les sépare et de leurs orientations respectives. Mais cette représentation n'empêche pas de rêver à ce que pourraient être les cités proches ou lointaines, ni d'imaginer les chemins qui y mènent. C'est le rêve qui est le moteur du désir, et qui va nous faire décider d'entreprendre le voyage. Sans carte pas de rêve… mais sans rêve que reste-t-il ?

En haut et à gauche du « schéma-carte », on trouve les rôles et les compétences requises du coach pour démarrer une action de coaching. Tout ce que nous savons du client, c'est qu'il y a de fortes chances pour qu'il soit peu ou prou en contact avec ses ressources. La carte semble définir le lieu de l'interaction entre le coach et le sujet. Mais les cartes sont cela : on représente souvent Paris ou Venise par un point, mais une fois sur le territoire, nous savons bien que nous ne marchons pas sur un point.

Cette figure n'est qu'un moyen pour représenter, sous la forme d'un dessin, une partie d'un domaine couvert par le modèle, et ne nous apprend pas grand-chose sur la relation qui nous attend. Au cours du déroulement de toute séance de coaching, et en particulier dans la première séance (qui s'inscrit dans la phase de tâtonnement), le coach et le sujet construisent une relation fondée sur une tâche qui les attend. Si cette relation est mal engagée, mal comprise, comprise de travers, ou mal contractualisée, des difficultés de tous ordres vont s'ensuivre. Par exemple un client peut dans la phase de tâtonnement se sentir démuni et sans ressource, et qui plus est, sans objectif personnel, sachant éventuellement ce qu'il ne veut pas ou ne veut plus, mais n'ayant aucune idée de ce qu'il veut. Par conséquent, il y a de fortes chances pour qu'il attende des conseils, des directives qui produiront un changement, sans d'ailleurs savoir lequel, et sans que lui-même se perçoive comme agent de changement. Expliquer à ce sujet que le coaching n'est ni du conseil, ni de la formation individuelle n'aura pas beaucoup de sens pour lui, et ne fera que renforcer une incompréhension réciproque. Le coach doit donc accepter le sujet tel qu'il se présente, en respectant les phases de relation de coaching et en les intégrant au rythme du client, pour obtenir que ce client, tout en demandant de l'aide, reconnaisse qu'il n'est pas sans ressources, ce qui le rendra pro-actif et l'engagera sur le chemin de l'élaboration d'un projet de vie.

MISE EN PLACE DE LA RELATION COACH/COACHÉ

Le rapport est la relation de confiance et de coopération établie dans un climat de sécurité et de confiance mutuelle[1]. Pour le coach, établir le rapport, c'est instaurer avec le coaché une relation

1. Hévin B., Turner, J., *Dico PNL*, op. cit.

d'harmonie, d'entente et de confiance réciproques. La base du rapport est l'acceptation inconditionnelle de soi et de l'autre. Sans cette confiance et cette acceptation mutuelles, les moyens et les techniques que nous allons présenter n'auront qu'une efficacité relative, voire aucune efficacité

La création du lien

Comment parvenir à créer et maintenir, pendant la durée de la séance, et au-delà, pendant la durée du coaching, une relation de qualité ? Le rapport, c'est la création du lien, cela veut dire obtenir immédiatement et sans restriction la confiance du coaché. C'est, dès la première minute, se mettre à son rythme. Comme nous l'observons, il existe une relation entre rythme, confiance et acceptation, qui sont intimement liés. En fait, on peut considérer que confiance mutuelle et rythme font partie d'un même processus. Nous ne sommes généralement pas synchrones avec qui nous ne faisons pas confiance et quand nous ne nous faisons pas confiance ; au contraire, la synchronisation s'installe quand nous sommes dans une acceptation et une confiance réciproques. La confiance est indispensable pour permettre au coaché de développer sa propre manière de penser. Cela signifie qu'en nous acceptant dans notre rôle de coach et en acceptant le sujet dans son rôle de coaché, nous permettons au rythme de s'établir, et évitons aussi le rythme artificiel d'une synchronisation artificielle, tel que nous le proposent certains.

Les mouvements de deux personnes qui se parlent et qui sont en confiance sont naturellement synchronisés, même si le phénomène est à peine perceptible : agitation des doigts, clignements des paupières, mouvements de tête se produisant simultanément ou certaines accentuations verbales, corps s'agitant au même rythme. Ce synchronisme est naturel, et doit se produire sans effort. Si tel n'est pas le cas, la simple reproduction forcée des comportements de l'autre ne sera pas suffisante, la question du rythme s'impose.

Le rythme du coaché : un atout pour créer le lien

Tout mouvement est rythme, à l'égal de la musique ou de la poésie. Si le rythme est perçu, nous pouvons ressentir ce qui est en harmonie ou en dysharmonie avec le rythme. Un rythme juste exprime la proportion, l'équilibre, l'élégance. L'élégance est cette qualité esthétique que l'on reconnaît dans l'exécution d'une technique, dont la perfection et l'efficacité sont faites de finesse, de simplicité, d'aisance et de discrétion dans les effets. Tous les pratiquants d'arts martiaux le savent : avec la force et l'endurance, le rythme contribue largement à leur réussite. Quand nous observons un maître d'aïkido, ses mouvements sont si doux et harmonieux qu'il semble s'être emparé du temps lui-même, et le faire aller à une allure plus tranquille. Il est dans le rythme, quel que soit le nombre d'adversaires qui se présente. C'est pour cette raison que ses mouvements sont si beaux, si harmonieux et gracieux quand se découvre le rythme. Le temps d'un combat n'est ni long, ni court. Le rythme est hors du temps.

Une des vérités fondamentales du Zen est que la tension, ou l'effort, est le pire ennemi du rythme. Aussi, quel que soit le niveau technique, plus le rythme est parfait, plus il est facile pour un individu de percevoir les détails de ce qui se montre à lui. Pour le coach, observer le rythme de parole du sujet, s'y ajuster, repérer les silences qui demandent à être respectés parce qu'ils correspondent à un temps d'élaboration interne, à des temps de réflexion, qui sont particulièrement lents par rapport aux rythmes habituels des individus, constituent un savoir-faire indispensable pour faciliter la création du lien.

Se centrer sur le rythme a de plus un effet induit intéressant du point de vue de la priorité qui est à donner à la relation, puisqu'il oblige à se décentrer de la seule prise en compte du contenu. Cela oblige le coach à élargir son champ d'attention et à augmenter son acuité relationnelle.

Bien sûr, il existe toujours une différence de rythme entre coach et sujet. C'est au coach de s'adapter au rythme du sujet. Il peut soit accélérer, soit ralentir son propre rythme. S'il ne le fait pas, et veut en quelque sorte imposer son propre rythme au sujet, il risque fort de dégrader la relation et de provoquer une tension, du stress chez le coaché. Qui, par exemple, n'a jamais éprouvé de l'inconfort, du désagrément à être ralenti ou « talonné » par quelqu'un ? Dans les faits, le coach doit « marcher » au rythme du coaché pour lui apprendre à le découvrir. Encore faut-il que le coach soit lui-même en accord avec son propre rythme. Car l'une des clés est le rythme que la personne a établi avec elle-même. Une personne en harmonie avec elle-même manque rarement d'assurance ou d'une réelle confiance en soi. Le coach qui voudrait s'améliorer ou se perfectionner dans ce domaine, ne sera pas surpris d'apprendre que les méthodes les plus efficaces et les plus satisfaisantes résident dans un travail sur le corps et un travail sur la voix. L'aisance corporelle, la fluidité comportementale devraient avoir la priorité. Les arts martiaux, le mime, l'expression corporelle, pratiqués assidûment sous l'œil attentif d'un maître, sont d'excellents moyens. La danse, le chant, la chorale, jouer d'un instrument de musique, tout travail vocal et corporel peut augmenter l'harmonie avec soi-même, apporter de l'aisance, de la confiance et un sentiment général de bien-être qui saura être perçu par le partenaire de communication quel qu'il soit.

LE POSITIONNEMENT COACH/COACHÉ EN PHASE DE TÂTONNEMENT

Les personnes qui se présentent dans le bureau d'un coach peuvent adopter trois positions : celle de visiteur, de plaignant ou d'acheteur. L'erreur classique faite par bon nombre de coachs est de penser que cette position équivaut à un degré de « motivation », de « disposition à être coaché », ou de toute autre caractéristique. Certaines personnes se trouvent dans le bureau du coach sans avoir choisi elles-mêmes de demander de l'aide ; elles ont naturellement une position de visiteur. Telle autre, en phase de marasme, n'est que plaintes, mais apparemment sans désir de changer. D'autres, bien que demandant une aide, peuvent être en contact avec leurs ressources et avoir une vision de l'objectif qu'elles poursuivent. Ce qui est certain, c'est que le coach doit être prêt à les accueillir, quelles que soient leurs positions. Les « visiteurs » ont besoin d'un coach à qui rendre visite, les « plaignants » d'un coach à qui se plaindre, et les « acheteurs » d'un coach chez qui ils trouveront de quoi « acheter ». Il ne s'agit pas de faire de ces étiquettes une typologie, mais de permettre au coach d'identifier sur quel mode la relation est engagée.

Le sujet « visiteur »

Un sujet peut demander à rencontrer un coach par curiosité, mais le plus souvent c'est parce qu'on a fait pression sur lui pour qu'il consulte. Le coach ne pourra pas se situer sur l'axe horizontal du schéma. Typiquement, le visiteur se présentera en disant « on m'a dit de venir... » Curieusement la personne qui a une plainte à formuler n'est pas la personne qui est dans le bureau. Il peut s'agir du DRH ou du responsable direct du sujet, si le visiteur s'inscrit dans un ordre professionnel, ou du cadre plus personnel du conjoint ou du parent qui, pour diverses raisons a fait pression sur le sujet pour qu'il se fasse coacher. La contrainte peut être manifeste, comme la menace de perdre un poste ou de ne pas avoir la promotion prévue si le sujet ne modifie pas certains comportements ou n'acquiert pas certaines compétences, ou implicite, comme la menace non formulée de séparation ou de cessation d'aide financière si le sujet ne retrouve pas rapidement un emploi. Ce sont des exemples classiques et fréquents de sujets visiteurs.

Tout coach en exercice se retrouve à un moment ou à un autre face à cette situation et a besoin de rester dans une attitude d'ouverture, d'accueillir et d'accepter le sujet dans sa position de visiteur, plutôt que de penser qu'il a affaire à un client « réticent » et « résistant » qu'il doit convaincre de son réel besoin d'être coaché. Il peu est probable que l'on puisse passer en phase 2 et établir une relation de coopération tant que le sujet visiteur dit qu'il n'a pas besoin d'être coaché et que le coach lui, tente, par divers moyens, de le convaincre du contraire.

Le protocole d'entretien que nous présentons en fin de chapitre permet d'établir un contact positif dans cette situation, et plusieurs lignes directrices viennent en complément de ce protocole :

- entendre et comprendre l'absence de demande ;
- être du côté du sujet présent, sans prendre parti pour ou contre quoi ou qui que ce soit ;
- rechercher ce qui, de toute façon, a amené le sujet à consulter.

Quand un sujet s'est vu imposer par sa hiérarchie de rencontrer un coach, il est sûrement évident qu'il n'apprécie pas cette contrainte.

Notre point de départ dans cette situation est le plus souvent de présenter la situation au sujet sous la forme suivante :

– « Si je comprends bien, votre hiérarchie vous a demandé de me rencontrer... mais vous ne savez pas pourquoi... moi non plus... mais ce que je sais, c'est qu'habituellement, quand un responsable d'entreprise propose, voire impose un coaching à l'un de ses collaborateurs, il y a en général deux raisons. La première, c'est que l'on estime et que l'on tient à garder cette personne dans l'entreprise ; la seconde, c'est que l'on souhaite qu'elle modifie certains comportements ou qu'elle en acquière de nouveaux... Pensez-vous que ce soit votre cas ? »

Ou une autre intervention beaucoup plus radicale :

– « Si je comprends bien, vous avez votre hiérarchie (ou votre conjoint) sur le dos. Comment pourrions-nous faire pour qu'il vous lâche ? »

Face à un jeune homme qui avait été envoyé par son père, lequel était très inquiet sur l'avenir de son fils, nous avons débuté l'entretien par la proposition suivante : « Que pourrions-nous faire ensemble pour rassurer votre père ? »

Le coach peut alors conduire la séance et la relation de coaching, du moins dans la phase de tâtonnement, autour de la façon de prouver à celui qui a imposé (ou du moins fortement suggéré) un coaching, que le sujet n'en a pas besoin. Comment le sujet peut-il prouver cela ? En réfléchissant sur ses comportements et en modifiant certains (par exemple en arrivant à l'heure, alors qu'il était systématiquement en retard). Bref, en changeant, et le coaching peut donc évoluer vers une relation de coopération. Cependant, il est rare que cela se passe en une séance : le sujet a besoin d'être avant tout rassuré et pour cela, d'être sûr qu'il est entendu et compris. Un climat de confiance peut alors s'installer, une relation sincère se créer et une plainte émerger dans les séances à venir.

Le sujet « plaignant »

Si l'on exclut les sujets visiteurs, sept à huit entretiens de coaching sur dix commencent par une plainte. Ce qui revient à dire que sept à huit personnes sur dix qui demandent l'aide d'un coach sont, sur la carte des cycles de changement, en phase de désynchronisation, avec le sentiment d'être piégées, coincées et généralement sans ressource. La plainte est généralement formulée sous la forme d'une demande implicite, soutenue par des besoins flous. Mais il importe peu que la plainte soit formulée sous une forme globale ou spécifique, vague ou imprécise, elle est le signe que le sujet attend quelque chose du coach et d'une relation de coaching, dont il espère obtenir la résolution ou l'atténuation de son problème. La solution devrait venir du sujet lui-même, qui pense des solutions et demande au coach de l'aider à les mettre en application, persuadé qu'elles résoudront son problème, auquel il ne s'est pas, ou pas assez, donné le temps de réfléchir. Si nous reprenons un schéma classique de résolution de problèmes, le sujet se trouve dans une situation actuellement insatisfaisante (SAI.) et il aspire à une situation future satisfaisante (SFS). Pour ce faire, des moyens, des options, des solutions, que nous regrouperons sous le terme de ressources (R), doivent lui permettre de passer de l'un à l'autre. Ce qui nous donne la formule SAI + R = SFS. Si un sujet mettait en œuvre une demande rationnelle et systématique de résolution de problème, il réfléchirait d'abord sur ce qui ne lui convient pas, à lui personnellement, dans la situation actuelle, ensuite sur la situation future satisfaisante et dans un troisième temps, sur les moyens, les ressources dont il a besoin pour passer de l'une à l'autre. Mais si les clients avaient cette démarche rigoureuse de pensée, ils ne viendraient pas demander l'aide d'un coach, ou du moins cette demande ne serait pas formulée sous la forme d'une plainte. Après tout, si la solution pour sortir de cette phase d'insatisfaction, de désynchronisation, était facile à traiter, les clients auraient dû la découvrir tous seuls. Mais, comme nous avons pu le remarquer avec les sujets plaignants, ils ne savent pas en quoi consiste le problème, ils n'ont qu'une représentation vague de ce qui les insatisfait, et encore plus vague de ce que pourrait être pour eux un état futur satisfaisant. Ce qui rend naturellement la solution ou les ressources qui pourraient les aider difficiles à trouver. Généralement, ce qu'ils ont essayé jusqu'à maintenant n'a pas marché, et on peut craindre que si le coach, à ce niveau de l'entretien, donne des conseils, propose des options ou accepte d'aider le sujet à mettre en œuvre les solutions qu'il a imaginées, les choses aillent de mal en pis. Cela nous fait réfléchir sur deux pensées Zen : « Quand on panique, on ne sait plus quoi faire, mais quand on respire, sourit et marche, une solution peut s'offrir à soi » (Thich Nhat Hanh) ; la deuxième plus connue est attribuée à Confucius : « Quand le doigt montre la lune, l'imbécile regarde le doigt ».

De même, les solutions sont semblables à un doigt. Le doigt peut montrer la lune, mais le doigt n'est pas la lune. Pour regarder, il faut voir au-delà du doigt. Malheureusement quand un sujet est très engagé dans une situation, qui plus est insatisfaisante, il est classique qu'il ait un comportement purement réactionnel et généralement peu pertinent. Son engagement affectif et émotionnel l'empêche de traiter rationnellement le problème. Il est vrai que ce qui est ressenti au niveau des tripes nous pousse rarement dans la meilleure voie. Nous avons plus tendance à avoir une vision égocentrique des choses.

Le rôle de suppléance du coach dans cette situation est, par la tactique du questionnement, d'inviter le sujet à aller jusqu'au bout de sa plainte, ce qui paradoxalement lui fera prendre du recul. La tendance naturelle de tout individu est de vouloir se débarrasser au plus vite de ce qui ne va pas. Mais encore faut-il pour cela que le sujet en ait une conscience claire. Afin d'éviter cela, le coach s'appuiera sur la carte des cycles de changement, et en respectera les étapes. Le sujet a besoin que le coach lui tisse un fil conducteur et l'accompagne dans les étapes par lesquelles il devra passer, qui sont, rappelons-le : gérer le marasme, classer les choses, dire adieu pour ensuite s'engager dans une transition de niveau 1 ou de niveau 2. Ce qui le fera passer de la position de « plaignant » à celle d'« acheteur ».

Le sujet « acheteur »

Le coach ne doit pas être dans l'illusion que tous les plaignants souhaitent devenir des acheteurs, car comme l'écrit François Roustang, « si les humains voulaient que leurs problèmes soient résolus, s'ils voulaient le bonheur auquel il disent aspirer, il y a belle lurette que le message nous serait arrivé, ça se saurait »[1]. Mais quand, au cours d'une séance, le plaignant exprime ses difficultés de manière réaliste, formule explicitement ses demandes, accepte sa part de responsabilité dans les difficultés qu'il vit, il indique que non seulement il est prêt à faire « quelque chose », mais qu'il le veut, passant ainsi de la position de plaignant à celle d'acheteur. Il ne demande plus au coach de lui fournir des solutions, ni qu'il règle le problème pour lui. Fondamentalement, les acheteurs se distinguent des plaignants dans la manière de décrire les situations et leurs objectifs. Ils sont naturellement plus tournés vers l'avenir. Ils ne décrivent plus leurs difficultés sur le registre de la plainte, mais sur la manière de les résoudre. Ils sont pro-actifs et confiants dans leur avenir et dans leurs propres ressources.

Le coach ne peut que les inviter à diriger leur énergie dans la construction d'un futur satisfaisant. Cela se fait en prenant appui sur les cartes du modèle « D », en invitant le sujet à entrer en contact avec ses valeurs, à réfléchir sur ses identités de rôles, sur l'organisation de ses domaines de vie. Les prémisses de la croissance sont attribuées à la capacité du sujet à trouver son autonomie. Être autonome est avant tout se libérer des anciens principes. Un sujet acheteur est quelqu'un qui a décidé de sa vie, qui est déterminé dans ses résolutions et qui a su (peut-être avec l'aide du coach) trouver la voie de son indépendance.

L'aide apportée par le coach, ne sera pertinente que s'il se contente d'inviter le sujet à s'approprier son expérience, à faire des choix personnels et à agir dans le but de justifier ses valeurs.

LES TECHNIQUES LIÉES À LA PHASE 1-TÂTONNEMENT

Les techniques que nous allons présenter, sont avant tout applicables dans le premier entretien. En utilisant ces techniques, le coach vise à clarifier la relation de coaching, à positionner le plus clairement et le plus rapidement possible les rôles de chacun, à faciliter le passage de la phase 1-tâtonnement, à la phase 2-écoute, tout en établissant au moins une ébauche du contact de coaching. L'idéal

1. Roustang, F., *Il suffit d'un geste*, Éditions Odile Jacob, 2003.

étant, bien sûr, que le contrat soit clair et bien compris par le sujet dans la première séance. Mais cet idéal est rarement atteint, surtout avec les sujets en position de visiteurs, rarement disposés à passer quelque contrat que ce soit. En ce qui concerne les plaignants, les raisons sont plus profondes et aussi plus diffuses. Quand un sujet plaignant vient demander l'aide d'un coach il est, nous l'avons déjà dit, peu ou pas en contact avec ses ressources. Il ne parvient pas à faire des choix satisfaisants pour lui, il est envahi par des états internes qui l'empêchent de reconnaître ses besoins, ses préférences, son désir, et ce de façon suffisamment marquée pour mobiliser ses ressources vers une action concrète. Il évite autant que possible de passer à l'action, par manque de confiance en ses ressources et parce qu'il est généralement dominé par un besoin de sécurité qui est la cause du manque de courage devant les risques réels ou imaginaires d'un engagement dans l'action.

Dans le cadre de cette phase de tâtonnement, qui, rappelons-le, est autant du côté du client que du coach, les techniques qui suivent précisent comment le coach peut associer le sujet à la structuration de l'intervention. Comment, en étant dans un rôle de suppléance sur le processus, il peut engager le dialogue avec le client, quelle que soit la position de celui-ci. Rappelons que dans la phase de tâtonnement, l'objectif du coach est d'entendre et de comprendre la demande du client. Et de l'amener à entendre et comprendre sa propre demande. Nous allons présenter trois techniques qui facilitent l'atteinte de cet objectif. Elles peuvent être utilisées simultanément, ultérieurement ou successivement, et dans ce dernier cas l'ordre n'a pas d'importance. Ce qui compte, au final c'est que le client soit le plus au clair possible avec ce qu'il attend d'une relation de coaching, et ce que le coach a entendu et compris des attentes du sujet.

Technique 1 : confronter les « toutismes »

Nous partons du principe que dès le départ de la relation de coaching, le coach, tout en prenant la position haute, fait connaître à son client son besoin de bien comprendre ce qui l'amène à demander l'aide d'un coach (rappelons pour mémoire que la position haute est la position de celui qui initie et maintient la relation) ; il se doit de prendre tout le temps nécessaire pour atteindre cet objectif avant d'aller plus loin dans la relation. C'est en insistant sur la précision dans sa propre communication et dans celle du sujet, que le coach aidera le client à formuler explicitement son besoin et sa demande. En plus de servir de modèle, la recherche de précision effectuée par le coach montre au client qu'il est accepté et respecté. Il est donc important que le coach comprenne bien ce qui lui est dit. En encourageant le coaché à plus de précision, le coach :

- lui signifie qu'il s'intéresse à lui, qu'il a avant tout besoin de comprendre la demande, donc de le comprendre lui, sujet ;
- lui indique qu'il ne veut pas se contenter d'une demande implicite, vague ou floue, et insiste sur son besoin, à lui, de comprendre ;
- l'aide à prendre contact avec les aspects émotionnels et affectifs de sa demande
- lui donne la possibilité de passer d'une formulation globale et généralisée à une formulation spécifique et détaillée.

Voici quelques exemples de cette technique :

> *– J'aimerais que nous explorions ensemble ce qui vous pose problème dans la situation dont vous me parlez. Vous me disiez : « Je suis réellement embêté »… « Embêté à propos de quoi ? » ou « Je ne peux quand même pas leur dire… » « Dire à qui ? » et « Dire quoi ? » ou « Que se passerait-il si vous le faisiez ? ».*

Les sujets font assez souvent ce genre de déclarations générales, des déclarations « toutismes » : tous, toujours, jamais, personne, tout, rien. « Ils ne m'écoutent jamais », « Je n'arrive jamais à obtenir ce que je veux », « C'est toujours pareil avec elle », « J'échoue dans tout ce que j'entreprends ». La technique est ici de confronter les « toutismes » en les reflétant au sujet : « Tout ? », « Jamais ? », « Toujours ? », « Personne ? ».

La reformulation est bien sûr à utiliser, et le feed-back donné par le sujet permettra au coach et au sujet de reconnaître qu'ils se sont bien compris :

> *« Avant que nous allions plus loin dans l'entretien, j'ai besoin de vérifier si j'ai bien compris ce qui vous a amené à demander de nous*

rencontrer. Je vais vous dire ce que j'ai compris et vous me direz si j'ai bien saisi ».

Technique 2 : faire formuler une attente

Le coach fait savoir au client son besoin de connaître le résultat que celui-ci attend. Qu'est-ce qui leur permettra à tous les deux de savoir qu'ils sont sur la bonne voie ? Il faut une formulation d'objectif qui comporte des éléments objectivement observables ou un accord du client sur le fait qu'il est prématuré de vouloir préciser un résultat (ce dernier point étant surtout valable pour les clients visiteurs).

Voici quelques exemples de cette technique :

– Comme vous le savez, et comme je vous l'ai dit, le coaching s'inscrit dans la durée, mais il serait plus facile pour moi de savoir en quoi je peux vous aider, si vous me disiez, même succinctement, ce que vous attendez de notre rencontre.

– Je pense avoir mieux compris ce qui vous conduit à vouloir être coaché. Mais, toutefois, j'ai une question à vous poser, et j'aimerais que vous preniez le temps d'y réfléchir avant de me répondre : « Comment saurez-vous en sortant d'ici que vous avez bien fait de venir ? »

– (si le sujet a du mal à formuler ses attentes) Je comprends que ce n'est pas simple pour vous de me dire ce que vous attendez personnellement du coaching, étant donné que c'est votre (conjoint, responsable, DRH...) qui vous a demandé de venir me voir. Toutefois, je vous propose, maintenant que vous m'avez rencontré, de prendre le temps d'y réfléchir, et, si vous en êtes d'accord, nous en parlerons lors de notre prochain entretien.

Technique 3 : cadrer la relation

Le coaching, comme toute situation de relation d'aide, nécessite dès le premier contact de clarifier le rôle de chacun et le but visé. Bien sûr, cela ne supprime pas les projections des uns et des autres. Il est difficile, surtout dans un premier temps, que le sujet projette sur le coach des rôles qu'il souhaite, consciemment ou non, lui voir jouer tel que conseiller, formateur, agent de la direction, évaluateur, contrôleur… si c'est sa réalité subjective du moment. Nous devons également tenir compte du fait que cette relation de coaching en construction est dissymétrique : l'un questionne, canalise, guide… s'investit dans un rôle de suppléance sur le processus, l'autre s'absorbe dans son expérience. Le coach va bien sûr essayer de réguler le climat relationnel qui se crée ; toutefois, ses paroles ne toucheront pas le sujet, ne susciteront chez lui de la confiance qu'à proportion de la congruence entre ses actions et ses paroles.

Techniquement, le coach fait savoir au sujet son besoin d'établir des règles de fonctionnement, de cadrer la relation et les responsabilités de chacun au cours du coaching (espacement et durée des séances, limites du coaching, rôles de chacun…). Dans la pratique, cela signifie proposer au sujet un contrat de communication explicite, et engager plus profondément l'entretien quand le sujet aura manifesté sa compréhension et son accord sur le contrat.

Voici quelques exemples :

– *« Je vais vous dire comment j'envisage l'organisation de nos rencontres, vous me direz si cela vous convient. »*

– *« Qu'est-ce que vous attendez de moi, en quoi puis-je vous aider ? »*

– *« Que savez-vous du coaching ? Comment envisagez-vous mon rôle ? »*

– *« Je vais vous donner des informations sur la manière dont j'envisage mon rôle, vous direz si c'est cela que vous attendez… et si cela vous convient »*

– *(s'il y a des divergences) « Je comprends ce que vous me demandez, toutefois certaines choses ne rentrent pas dans le cadre d'une action de coaching telle que je la conçois, et d'autres oui. Je vais vous dire celles que je retiens et celles que je ne retiens pas, dans le cadre de ce rôle… et je vous invite à réagir par rapport à cela… Êtes-vous d'accord ? »*

– *« Bien, je pense maintenant avoir bien compris ce que vous attendez de notre relation, je vais vous apporter quelques précisions com-*

plémentaires sur la façon dont nous allons travailler ensemble, et je souhaiterais que vous me confirmiez votre accord. »

LES TECHNIQUES LIÉES À LA PHASE 2-ÉCOUTE

Après avoir mis à jour les techniques les plus couramment utilisées dans la phase de tâtonnement, examinons celles qui s'exercent dans la phase 2-écoute. Être à l'écoute est aujourd'hui une expression à la mode. On peut être à l'écoute de « la France d'en bas », « des jeunes », « des exclus », et pourquoi pas également, du Medef, comme nous le rappelle le titre du livre d'un auteur en vogue *Si je m'écoutais, je m'entendrais*, être à l'écoute de nous-mêmes, et, dans la foulée, de nos enfants, parents, etc. La liste serait trop longue, et le terme « écoute » toujours aussi imprécis. Car la question mérite d'être posée : qu'est-ce qu'un être adonné à l'écoute, formé par elle ou en elle, écoutant de tout son être ?

Cette interrogation renvoie d'abord au sens du verbe écouter. Comme nous l'indique l'édition 2002 du *Petit Robert*, écouter c'est s'appliquer à entendre, diriger son attention vers des bruits, des paroles, c'est prêter, tendre l'oreille. C'est aussi accueillir avec faveur, ce que dit quelqu'un. C'est par conséquent combiner l'usage d'un organe sensoriel, l'ouie, une intention et une attention. Ce qui, pour nous, revient à dire qu'écouter, c'est être tendu vers un sens possible, et par conséquent non immédiatement accessible. On écoute celui qui parle et que l'on veut entendre et comprendre, et, dans le même temps, ce qui peut surgir du silence et fournir un signal ou un signe. Être à l'écoute, ce sera donc être tendu vers ou dans un accès à l'identité, au vécu profond, et, en fait, vers l'acceptation inconditionnelle de soi et de l'autre.

Acceptation inconditionnelle au soi : ni au soi propre (moi coach), ni au soi d'un autre (le sujet coaché), mais bien à la structure du soi et au mouvement d'un renvoi infini puisqu'il renvoie à la relation à l'autre, qui ne serait rien sans la relation à soi. Lorsqu'on est à l'écoute, on est aux aguets, en position d'observateur, en éveil, en résonance d'un soi à un autre soi, en contact avec son centre et le centre de l'autre, et, par conséquent, hors de soi, à la fois soi-même et autre que soi ; l'un en reflet, en écho de l'autre, pour au final n'écouter que le non codé, ce qui n'est pas encore cadré dans un système de renvoi signifiant, ou plus simplement le déjà codé qu'on décode.

Puisque le coach, formé au modèle du renouveau de la vie adulte, a pour finalité de s'éloigner de toute attitude « judicante »[1], c'est-à-dire de conseil, de soutien moral, d'enquête, il vise au contraire à participer à l'expérience immédiate du coaché. Il s'ensuit tout naturellement que son écoute doit être reflétée dans les réponses qu'il offre au coaché. En ce sens, elles doivent épouser la pensée de celui-ci, au point de la refléter fidèlement ou, du moins, de la lui rendre dans une forme qui respecte son modèle du monde, ses pensées et son ressenti dans l'ici et maintenant. D'où la technique caractéristique de cette approche, connue sous le terme de reformulation. Reformuler consiste à résumer, à paraphraser ou à accentuer aussi bien ce qui est exprimé explicitement qu'implicitement par le coaché. Il ne suffit pas que le coach soit en résonance et dans une relation d'écoute avec le coaché, dans une attitude de compréhension et d'acceptation inconditionnelle. Il faut encore qu'il réussisse à faire entendre cette identité de perception au coaché, et ce plus que dans la simple affirmation. Les techniques pour obtenir ce résultat sont la reformulation, le feed-back et la confrontation. Le coach peut les utiliser seules ou les combiner, pour faciliter le déroulement de l'entretien et atteindre les buts visés.

Technique n° 4 : reformuler

La reformulation consiste, pour le coach, à reproduire à l'intention du coaché ce qu'il a entendu, compris et, à un autre niveau, écouté dans ce qui vient de lui être dit, puis à communiquer au sens plein du terme, c'est-à-dire aussi bien verbalement que par le comportement. Nous avons défini trois formes de reformulation avec leurs effets attendus.

1. Néologisme employé par Jacques Durandeaux dans *La Poétique analytique* , qui inclut « des jugements de vérité, de qualité esthétique ou morale, judiciaires, pour distribuer des responsabilités ou faire des responsables ».

La reformulation reflet

Cette première forme de reformulation s'adresse à ce qui a été explicitement formulé par le coaché. Elle est généralement succincte, et consiste soit à répéter en résumant ce que vient d'exprimer le sujet, soit à en relever un élément en le mettant en relief, soit à répéter les dernières paroles du client pour, en quelque sorte, l'inviter à continuer son récit. La reformulation reflet s'emploie de préférence quand le discours du coaché reste au niveau d'une pensée descriptive ou explicative. C'est-à-dire quand le sujet ne semble pas être (ou si peu) impliqué émotionnellement dans son propre discours, ou quand les sentiments sont à ce point diffus qu'ils semblent se confondre avec une pensée logique et rationnelle, invitant ainsi le coach à un mode de pensée déductif et causal, dégagé de toute implication émotionnelle.

Du fait qu'il ne s'agit en quelque sorte que de la simple répétition ou que du résumé des paroles du coaché, il s'ensuit que cela n'a généralement pour effet qu'indiquer au coaché que ses paroles ont été entendues, écoutées, sans jugement de valeur, et donc que révéler l'attitude sous-jacente de compréhension du coach. La reformulation reflet favorise et renforce le climat de confiance et d'ouverture favorable à l'élargissement du champ de perception, et à l'acceptation pour le coaché d'entrer en contact avec ses sentiments et ses émotions.

Voyons, à l'aide d'exemples, les diverses fonctions de cette forme de reformulation.

> *– Le coaché : « Voilà bientôt dix ans que je suis dans cette entreprise, j'ai déjà occupé plusieurs postes, toujours en progressant, mais aujourd'hui je m'interroge sur mes chances d'évolution. Surtout avec la nouvelle direction et sa politique de promotion.*
>
> *– Le coach : Si je vous comprends bien, votre interrogation porte aujourd'hui sur vos chances d'évolution dans cette entreprise, surtout avec la politique de promotion mise en place par la nouvelle direction ».*

Relever un élément, et le mettre en relief :

> *– Le coaché : « Je commençais à m'ennuyer dans ce poste, mais on vient de me confier une nouvelle mission, et j'ai retrouvé mon énergie... J'espère que ça va durer... Sinon...*

– Le coach : Vous espérez que ça va durer... Sinon... »

Dans ce mode d'échange le coaché se sent accompagné, non jugé par le coach et ceci l'invite à accepter d'entrer de plus en plus dans son rôle de sujet coaché. Ainsi, cette forme élémentaire de reformulation représente, sous sa forme apparemment superficielle, la technique de base pour l'instauration et la création du lien et de la coopération.

La reformulation clarification

Alors que la reformulation reflet à pour objectif de refléter au coaché ce qu'il a explicitement dit, et ainsi de l'inviter à entrer pleinement dans son identité de rôle de coaché, en lui faisant entendre qu'il est accepté en dehors de toute attitude « judicante », la reformulation clarification vise à mettre à jour l'implicite, l'attitude ou le sentiment sous-jacents, en les lui proposant sans les lui imposer.

Du point de vue de la *Gestalt psychologie*, cette forme de reformulation vise à favoriser l'évolution de la « figure » en portant un éclairage sur le « fond » du discours.

Il est fréquent que certains coachés (en particulier les managers de haut niveau) aient des difficultés à reconnaître et à exprimer leur ressenti, leurs états internes. Ils s'empêchent ainsi d'avoir accès à des informations livrées par leur organisme, de se libérer de certains obstacles internes. Si le coach parvient, par l'observation, par une écoute attentive et empathique, à trouver du non dit, à reconnaître le sentiment, l'émotion sous-jacents et, par une reformulation clarifiante, à les faire accepter au coaché, il lui facilite l'accès à un aspect de lui-même qu'il avait jusqu'à cet instant choisi, à des degrés divers, de méconnaître.

La reformulation clarification permet au coach de vérifier qu'il est en phase avec le coaché, qu'il a écouté au-delà des mots, et ainsi d'inviter le coaché à entrer pleinement en contact avec lui-même, à non seulement reconnaître ses sentiments et ses émotions, mais aussi à les exprimer dans la relation de coaching, soulignant ainsi qu'ils ne sont pas un obstacle à son développement, mais au contraire une ressource.

Voyons maintenant un exemple de ce mode de reformulation, touchant à plusieurs domaines de vie.

> *– Le coaché : « Depuis notre dernière rencontre, il s'est passé quelque chose d'important… Je vous ai dit combien je m'ennuyais à mon poste que j'occupe depuis plusieurs années. Je viens d'apprendre que mon entreprise envisage, et d'ailleurs c'est déjà commencé, de s'implanter en Chine. Les candidatures sont ouvertes, et mon responsable m'a laissé entendre qu'il serait favorable à ce que je postule… J'en ai parlé à mon mari et à mes enfants… Lui est tout à fait partant… Les enfants plus ou moins… Moi j'ai toujours eu envie de voyager, mais finalement je ne l'ai jamais fait. Me voilà confrontée à un choix… Et quel choix ! Vous savez, malgré mon désir de voyage, finalement, à part quelques voyages touristiques, je n'ai jamais quitté ma province… Bien sûr il ne s'agirait de partir que pour deux à trois ans… Mais m'éloigner de ma famille, ma sœur, mes parents… Ma petite maison… Je ne sais pas quoi faire…*
>
> *– Le coach : Bien que votre mari soit d'accord pour tenter cette aventure, vous-même vous sentez très partagée entre réaliser un rêve… Votre rêve de voyages, l'attrait que représente pour vous de vivre cette aventure et une certaine crainte de vous lancer dans l'inconnu… Ajoutez à cela que cette décision n'engage pas que vous-même… »*
>
> *L'intervention du coach, directement articulée sur les sentiments contradictoires de la coachée, forme, en quelque sorte, un tremplin à partir duquel elle peut se lancer dans un approfondissement des sentiments qui l'assaillent et des choix de vie qu'une telle décision implique.*

La reformulation déductive

L'activité d'éclairement du coach peut se situer à plusieurs niveaux qui correspondent aux divers objectifs opérationnels vers lesquels peut s'orienter le coaché pour finaliser son projet de vie. Ces divers objectifs sont généralement en rapport avec les sept cartes du modèle « D », sans que le sujet en soit conscient, ou que tout simplement il l'ignore.

Parvenu à cette phase de la relation de coaching, le coaché s'interroge généralement sur lui-même, sur les relations qui existent entre ses différentes identités de rôles, ses valeurs, ses domaines de vie, son futur par rapport à son âge... Il vit une situation plutôt confuse, dans laquelle s'exercent des forces contradictoires qui s'annulent, se contredisent ou s'accumulent. Cette confusion peut être renforcée par le fait de ne pas savoir clairement distinguer entre obstacles externes et obstacles internes ainsi que par une certaine incapacité à métacommuniquer sur son vécu. Par exemple, un coaché peut avoir des sentiments d'un certain type envers certains rôles professionnels, et des sentiments complètement opposés envers d'autres. Si l'on additionne ces sentiments intrinsèquement contradictoires, on obtient un véritable imbroglio (ou, perçu sous une forme imagée, l'équivalent d'un bol de spaghettis chinois). Le rôle du coach, à ce moment-là, ne consiste qu'à décoder ce qui se passe pour le sujet, c'est-à-dire procéder à un démontage, fil par fil, de cet écheveau emmêlé. Il est le mieux placé pour le faire, dans la mesure où il est non impliqué et possède le recul nécessaire. De plus, il a, pour démêler cet écheveau, la connaissance des cartes du modèle « D» qui lui permet de faire une analyse systémique de ce que vit le sujet. C'est sous la forme d'une reformulation déductive qu'il va la lui proposer.

Quel est le rôle du coach dans cette situation ? Son rôle est bien différent de celui qu'il exerçait dans les deux autres formes de reformulation : reflet et clarification. Il ne s'agit plus, à nouveau, d'éclairer la « forme » ou le « fond » du discours du sujet, mais d'apporter un contenu qui n'est pas présent dans le champ de perception du coaché. Utilisée de manière appropriée, et au moment approprié, la reformulation déductive fournit une aide importante au coaché, en enrichissant sa connaissance, et en lui fournissant des éléments de décodage qui l'aident à actualiser ses ressources et à augmenter son autonomie. Voyons un exemple de cette forme de reformulation :

– Le coaché : «... Finalement j'ai fini par accepter cette fonction de manager, me voilà responsable de l'équipe à laquelle j'appartenais... Ma femme est ravie de ma promotion... Moi pas, alors manager, vous pensez... je me demande comment je vais pouvoir continuer à

faire tous les trucs qui m'intéressent, comme jouer aux échecs avec mes copains, ou aller à la salle faire du Kinomichi, le sport que je pratique... et surtout consacrer du temps aux enfants, comme je le faisais... Mais quand même, en vous disant tout ça, je me rends bien compte, c'est peut-être un peu bé-bête, à 45 ans, je suis quand même fier de moi d'avoir décroché ce poste... et il faut bien le dire, le salaire qui va avec.

– Le coach : En fait cette nomination vous pose plusieurs interrogations. Comment assumer cette nouvelle identité de rôle, sans, si j'ose dire à avoir à jouer au petit chef.

– Le coaché : Oui, tout à fait.

– Le coach : D'autre part, compte tenu d'un surcroît de travail prévisible, vous vous demandez comment garder un équilibre satisfaisant dans vos différents domaines de vie, personnel, familial et professionnel... et nous pourrions sûrement ajouter celui du couple.

Le coaché : C'est vrai, c'est une vraie question.

Le coach : Il n'en reste pas moins vrai, que de tout ça, le sentiment qui domine, c'est un sentiment de fierté et de réussite.

Le coaché : C'est exact, malgré toutes mes appréhensions, je suis vraiment fier de m'être positionné professionnellement et je peux même ajouter que je suis fier que ma femme et mes enfants soient fiers de moi... merci de votre éclairage. Je me demande, d'un côté, bien sûr je suis assez fier d'avoir été choisi parmi les dix membres de l'équipe, mais je n'aime pas l'idée d'avoir à commander mes collègues, et pourtant il faudra bien que je le fasse... Et en plus je vais avoir tout un tas de boulot en plus... Déjà que les 35 heures dans la boîte, on ne connaît pas... »

Comme nous le voyons dans cet exemple, le coach sait faire en sorte que le coaché ne se repose pas sur lui pour décoder les sentiments confus et enchevêtrés qu'il vit et ressent : il lui propose les étapes à parcourir pour retrouver un équilibre de vie. La reformulation déductive devient une source d'enrichissement intellectuel, qui ne fait pas l'économie de l'implication émotionnelle.

Technique 5 : donner du feed-back

Si tu supposes que l'homme devient humain
et que son rapport au monde
devient un rapport humain, tu ne peux échanger
que l'amour contre l'amour,
la confiance contre la confiance.

Karl Marx, *Manuscrits de 1844*

Les individus que nous sommes avons tous étés élevés dans un groupe social ; sinon, nous n'aurions pas survécu. Le comportement et les informations venant de ce groupe ont été déterminants pour notre évolution et la réalisation de nous-mêmes. D'ailleurs, les informations, le plus souvent données sous la forme de remarques, de commentaires, ou d'injonctions négatives (« fait pas ci, fait pas ça... »), ont permis au petit enfant que nous étions de nous intégrer à ce groupe social et de répondre aux invitations de notre environnement de façon régulière et prévisible.

Nous apprenons à produire des comportements adaptés, à avoir un contrôle social de nos actions et réactions, parce que nous tenons compte des informations fournies, volontairement ou non, consciemment ou inconsciemment, par notre environnement. En résumé, dans les avatars constatés chez un individu, deux éléments sont à prendre en compte : la programmation et le feed-back. Un individu, un couple, une équipe ou une organisation ne pourront évoluer en l'absence de feed-back. Malgré tout, il nous faut reconnaître que la réaction la plus naturelle de l'individu, dérangé par un feed-back, est de se replier sur lui-même, de refuser l'information, de la mettre en doute, ou d'en minimiser la portée, pour ne pas avoir à modifier son comportement ou ses habitudes. Une des tâches du coach consiste à soutenir la personne qui éprouve ce genre de difficultés. Si, par exemple, un manager, aux dires de son patron et des membres de son équipe, a des comportements aux répercussions négatives sur le fonctionnement de l'organisation dont il fait partie, nie ou méconnaît le feed-back que toutes ces personnes lui donnent, le coach aura, sans prendre parti, ni sans être perçu comme le messager porteur de mauvaises nouvelles, à inviter ce manager à tenir compte de ce feed-back sans qu'il suscite, voire augmente, ses réactions négatives. Le coach aura surtout à comprendre quel bénéfice trouve le coaché à se voiler ainsi la face, et à lui enseigner à recevoir (souvent également à donner) des feed-back de qualité. Pour ce faire, le feed-back doit s'inscrire à l'intérieur d'une relation de confiance, exempte de toute attitude de jugement. Cette technique doit permettre au sujet de recevoir une information privilégiée de ce qu'a observé et ressenti le coach à son égard et de comparer cette information à celle qu'il a de lui-même, ou à celles provenant d'autres personnes gravitant dans son environnement, tant professionnel que personnel.

Nous pouvons définir le feed-back comme un processus par lequel le coach informe le coaché de ses perceptions, de ses pensées, de ses sentiments, quelquefois de ses attentes et des désirs qui émergent en lui, quand il dit ou fait quelque chose au cours de l'entretien de coaching. Nous pouvons, bien que l'un n'aille pas sans l'autre, distinguer deux types de feed-back : le feed-back descriptif et le feed-back inférenciel.

Le feed-back descriptif

Le feed-back descriptif porte sur ce que le coach a factuellement observé. Par observation factuelle, nous entendons que, si nous avions magnétoscopé la séance, nous pourrions revisionner ce que le coach a observé, et qu'il juge important de partager avec le sujet. Cette information porte d'une part sur le contenu du discours, et d'autre part, au sens large, sur les comportements observés.

> – *« Depuis le début de notre entretien, vous caressez avec vos doigts la semelle de vos chaussures, et vous passez ensuite la main sur votre visage. Le résultat est que vous avez la joue toute noire. Je me demande si vous avez ce même comportement lors de vos entretiens de recrutement, et si oui, quel en est l'effet sur le recruteur. »*

> – *« Au cours de nos trois dernières rencontres, vous avez, comme aujourd'hui, commencé notre entretien en disant que vous ne saviez pas pourquoi vous êtes là, et pourquoi votre DRH vous avait*

demandé de me rencontrer. Cela fait donc que, depuis deux mois, vous n'avez toujours pas trouvé de réponses à cette question. »

– « Chaque fois que vous me parlez de la relation que vous avez avec votre équipe, vous revenez sur les difficultés particulières que vous rencontrez avec le directeur de production. »

Cette forme de feed-back est une invitation faite au sujet d'aller plus loin dans ses explications, de s'impliquer dans sa demande, ou de prendre conscience de certains de ses comportements qui peuvent nuire à la relation et aux objectifs de cette relation, mais elle n'informe pas, ou du moins pas directement de ce que pense et ressent le coach à son égard.

Le feed-back inférenciel

Ce feed-back porte sur ce que le coach a observé factuellement, mais également sur ce qu'il a pensé, ressenti et inféré de ses observations. Il peut également porter sur les attentes et les désirs que cette relation mobilise en lui. Ce feed-back est de loin celui qui a le plus d'effets dans le contexte d'une relation de coaching. Mais pour que ce feedback soit de qualité, pour qu'il soit reçu et accepté et que le sujet puisse en tirer un profit, il doit répondre à plusieurs conditions qui sont autant de principes généraux.

La première règle est d'abord d'être honnête et de dire avec franchise ce que l'on observe, pense ou ressent. Mais dire la vérité, ce n'est pas asséner un coup de massue sur la tête du sujet. Il y a des manières de l'amener. Mais nous croyons fondamentalement que les personnes connaissent la vérité sur elles-mêmes. Si elles se font des illusions ou si elles choisissent de méconnaître[1], c'est parce qu'on leur ment et qu'elles ont envie de croire aux mensonges... Nous trouvons anormal, voire inacceptable et dans certains cas immoral, de mentir quant un sujet nous pose une question directe. En ce qui nous concerne, nous répon-

1. Rappelons une remarque que faisait Jacques Lacan à propos de la méconnaissance : « Une méconnaissance implique une certaine connaissance de ce qu'il y a lieu de méconnaître. »

dons toujours aux questions. Ces questions peuvent prendre des formes variées : « Pensez-vous que je devrais suivre une formation au management ? », « Mon patron vous a-t-il téléphoné ? » ou encore « Vous semblez étonné par ce que je viens de vous dire. Qu'est-ce qui vous étonne ? » Nous pensons que répondre explicitement à ce type de question directe, en appelant un chat un chat fait partie de la technique du feed-back. Mentir serait sortir de l'acceptation inconditionnelle, signifierait que nous n'avons pas confiance dans le sujet coaché, que nous nous méfions de ses sentiments, de ses réactions, que nous le considérons comme incapable de supporter la vérité. Ne pas mentir est une question de respect. Nous devons dire la vérité, mais dans des conditions acceptables et de manière acceptable.

Par ailleurs, bien que le sujet n'ait pas posé de question, le coach peut estimer qu'il est de son rôle et de sa responsabilité de l'informer de ce qu'il pense, ressent et vit à son contact. Dans certaines circonstances, l'intensité de la relation est telle que le ressenti du coach s'impose à lui si intensément qu'il peut, s'il n'est pas exprimé, compromettre la relation de coaching. Dans les cas les plus fréquents, le coach choisit simplement d'informer le coaché de ce qu'il observe, ressent et pense dans l'objectif de faire progresser le sujet ou de recadrer la relation.

> *– « Depuis que nous nous rencontrons, cela fait maintenant six séances, vous vous plaignez à chaque fois de vos collaborateurs, en les décrivant comme bêtes, stupides, inintelligents, comme ne connaissant pas leur travail. Je dois vous dire que cette vision négative que vous avez de votre équipe, je ressens que vous souhaiteriez que je la partage... Mais la question que je me pose, moi, c'est : quelle est votre part de responsabilité dans le maintien d'une situation qui dure depuis des mois ? »*
>
> *Comme nous le voyons dans cet exemple, le coach reformule, sans jugement de valeur, ce qui a retenu son attention au cours des différents entretiens. Il s'agit là d'une information factuelle et, de surcroît, il partage ce qu'il ressent et pense à partir de la situation présente.*

La deuxième règle pour un feed-back de qualité est qu'il doit comporter une information factuelle, descrip-

tive de ce que le coach a observé. En mentionnant par exemple un comportement, ou un pattern comportemental, en décrivant le comportement au moment où il se manifeste. Dans un deuxième temps, en s'appuyant sur des connaissances dont la validité est professionnellement reconnue, le coach peut dire ce qu'il infère de ce comportement, en partageant également ce qu'il pense, ressent et ce qu'il suppose de l'effet de ce comportement sur l'environnement du sujet.

– *« Pour commencer, j'ai envie de vous dire qu'il y a plusieurs choses qui m'impressionnent chez vous : d'abord, je constate que vous vous souciez réellement de vos collaborateurs. Vous voulez créer une ambiance de travail sécurisante et les voir évoluer professionnellement de manière à leur déléguer davantage de responsabilités. Je suis également frappé par votre détermination à faire que cette équipe réussisse et par l'investissement personnel que vous mettez pour cela. Même si vous estimez par ailleurs investir parfois trop de temps dans le domaine professionnel, au détriment des domaines personnels, en particulier celui du couple. Ce que je veux partager avec vous, c'est que de toutes les études qui ont été faites à ce jour sur les styles et les comportements managériaux, montrent que les managers qui réussissent le mieux sont ceux qui ont su équilibrer quantitativement et qualitativement les cinq domaines de vie dont nous avons déjà parlé ».*

Comme nous le voyons, le feed-back inférenciel sert à informer le client de l'effet probable de son comportement sur son propre développement et son impact possible sur ses interlocuteurs. Par exemple, un sujet qui a des relations difficiles dans un cadre professionnel peut avoir des difficultés à évaluer l'effet que ses comportements produisent sur les autres. Si le coaché est, la plupart du temps, dans une attitude de conseil ou de jugement-évaluation, ou s'il est constamment dans une quête d'approbation, pour compenser un manque affectif, le coach peut lui donner une information sur les réactions probables qu'auraient ses interlocuteurs face à ces types de comportements et d'attitudes. Il peut également lui donner un feed-back inférenciel sur l'évolution probable de leur relation s'il maintient ce comportement.

Le feed-back inférenciel est également utilisé pour féliciter le coaché, lorsqu'à nouveau en contact avec ses ressources, il met celles-ci à profit pour trouver une solution à une difficulté, ou pour lever un obstacle externe.

Enfin, si le coach veut rester dans son rôle d'assistance, **il est nécessaire que le feed-back serve à aider le coaché à reprendre contact avec ses ressources, et vise en permanence l'autonomisation du coaché.**

Technique 6 : confronter

La confrontation, que nous avons choisi d'inscrire dans les techniques relationnelles, peut être définie à la fois comme une attitude et comme une stratégie relationnelle. Classiquement, la confrontation consiste à signaler au sujet une incohérence entre ce qu'il déclare ou a déclaré et ce qu'il fait ou a fait. Dans une relation de coaching, la confrontation se définit de manière plus large.

Fondée sur les attitudes d'acceptation inconditionnelle et de compréhension du coach vis-à-vis du sujet et de sa carte du monde, la confrontation est un ensemble d'interventions actives du coach visant à aider le coaché à prendre conscience de ses distorsions, sélections et généralisations, ou des contradictions observables dans sa conduite ou dans sa communication avec lui. Ces différentes méconnaissances sont reliées aux perceptions que le sujet se fait de lui-même, et de son environnement, de même de la perception qu'il a du coach et de la relation qu'il vit avec lui.

Deux éléments principaux distinguent la confrontation d'une classique réprimande ou d'un jugement de valeur :

– 1 le premier est l'engagement du sujet. Si celui-ci s'est engagé à suivre une certaine ligne de conduite et ne le fait pas, le rôle du coach est alors de le confronter ;

– 2 le second est la bienveillance. La confrontation doit être faite à partir d'une attitude de compréhension, d'authenticité et de respect. Ce sont les actes, les comportements, les croyances, l'incongruence qui sont confrontés et non la valeur de la personne elle-même.

Voici quelques exemples de confrontation possibles quand le sujet redéfinit ou répond à côté de la question posée

– Le coach : « Vous allez donc faire ce que vous venez de décider ?

– Le sujet : Oui, je pense que je vais essayer.

– Le coach : je ne vous ai pas demandé ce que vous pensiez essayer de faire, mais ce que vous allez faire. »

En répondant de la sorte le sujet ne s'engage pas à faire, mais « à penser à essayer ». En relevant ce faux-fuyant, le coach confronte la redéfinition. Un autre moyen consiste à répéter la question mot pour mot.

– Le coach : « Que ressentez-vous maintenant ?

– Le sujet : Le problème c'est que…

– Le coach : Vous ne répondez pas à ma question. Que ressentez-vous maintenant ? »

Comme nous le disions précédemment, le but de la confrontation est de mettre l'accent sur les contradictions, les déformations, les tangentes, les subterfuges, les méconnaissances, les fausses raisons et tous les écrans derrière lesquels le coaché tente de se cacher, qui ne font que le maintenir dans ses difficultés, en l'empêchant de reprendre contact avec ses ressources.

Voici d'autres exemples d'incongruence sur lesquelles le coach pourrait user de la technique de la confrontation :

- Incongruence entre deux affirmations : le sujet dit que tout va bien dans son travail et par la suite parle de la mésentente avec certains de ses collègues.

  - Le coach : « Vous me disiez que tout allait bien dans votre travail et pourtant vous me parlez maintenant de difficultés avec certains de vos collègues. »

- Incongruence entre ce qu'il dit et ce qu'il fait.

  - Le coach : « Vous me dites que vous voulez reprendre contact avec vos condisciples d'HEC, mais depuis deux mois que vous m'en parlez, je constate que vous n'avez pas encore commencé la moindre démarche. »

- Incongruence entre un comportement verbal et un comportement non verbal

– Le coach : « Vous me dites que vous n'êtes pas affecté par cette situation et pourtant je vois qu'en m'en parlant, vous avez des larmes dans les yeux. »

Le coach a le devoir et la tâche de confronter, afin de capter l'attention du coaché pour provoquer, susciter ou faire produire une réaction de sa part et exiger un changement dans la vision unilatérale de ce qu'est la « réalité », c'est-à-dire « sa » réalité. Il ne doit ni craindre de le faire, ni enrober la vérité dans une sorte de sollicitude mi-figue mi-raisin. Si le coach, face à un coaché qui ne veut pas sortir de ses méconnaissances, s'exprime en termes voilés, à partir d'une attitude de sauveur, celui-ci n'entendra pas ce que lui dit le coach, car il ne veut pas entendre. Le coach doit parfois hausser le ton pour se faire entendre, pour lever une méconnaissance, voire un déni, et pour aider le sujet à retrouver sa congruence et à s'exprimer d'une manière qui en est le reflet.

Voyons quelques autres exemples :

– Le coach : « J'ai du mal à vous suivre. Il y a une minute vous me disiez que tout va bien dans votre vie professionnelle et maintenant vous me dites que vous envisagez de démissionner, et de changer complètement de métier. »

– Le coach : « Vous me dites que vous ne lisez pratiquement jamais et que vous n'avez pas dépassé le premier chapitre du livre que je vous avais recommandé de lire et vous prétendez maintenant être en mesure de reprendre sans difficulté des études universitaires. »

– Le coach : « Vous me dites appartenir toujours à l'entreprise Y alors que vous avez reçu votre lettre de licenciement depuis un mois, et que vous avez même débuté une recherche avec un consultant en outplacement. Je me demande comment et pourquoi vous dites tout et son contraire. »

Il serait bien sûr insensé de faire un dogme ou un principe de la confrontation, et de soutenir avec obstination que, mis fermement en face de leurs contradictions, les coachés doivent forcément réagir positivement. Quoi qu'il en soit, il peut malgré tout leur être utile de s'entendre dire tout haut ce qu'eux-mêmes pensent tout bas, sans trop oser se l'avouer, et qu'ils prêtent un peu plus attention aux possibilités qui leur sont offertes. C'est là une des tâches importantes du coach. Aider un sujet à retrouver sa congruence et reprendre contact avec ses ressources n'est en rien un jugement de valeur. Cela fait partie du coaching, et prioritairement de la phase 2 qui est une phase d'écoute et de création du lien et de la coopération. C'est, pour le coach, inviter le coaché à prendre conscience que telles forces ou tels enjeux sont en présence, que s'il choisit telle option ou prend telle voie, il arrivera à ceci, que s'il prend celle-là, il obtiendra cela. Les choix possibles déterminent par nature la voie à prendre. C'est en nous mettant dans un dilemme, ou dans une impasse que nous finissons par croire qu'il n'y a pas de solution possible. Vouloir être autonome et rester à vingt-cinq ans chez papa et maman, être libre et dépendant à la fois, ça ne marche pas, c'est pure illusion. De même qu'il n'est pas concevable que les responsables d'entreprises disent vouloir des cadres autonomes et responsables et décident à leur place des points qu'ils doivent « travailler » dans leur séance de coaching. Il est vrai que la plupart des gens sont prêts aux compromis, et c'est sûrement l'un des obstacles internes les plus importants. Le but de la confrontation est justement de lever les obstacles internes.

LES TECHNIQUES LIÉES À LA PHASE 3-IDENTIFICATION

Avant d'aborder les techniques les plus fréquemment utilisées dans la phase 3-identification, rappelons que l'objectif suprême du coaching, tel que nous le concevons, est d'aider la personne coachée à élaborer, mettre en œuvre, réaliser, et savourer un projet de vie. Pour qu'elle y parvienne, un certain nombre d'objectifs opérationnels devront être mis en oeuvre. Les techniques présentées dans ce chapitre, insistent sur le rôle de suppléance du coach et favorisent l'exercice de ce rôle. Rappelons qu'il s'agit de simples techniques dont l'efficacité repose sur plusieurs facteurs, comme la qualité de la relation, la proactivité du coaché, la capacité du coach à s'autoréguler en maintenant un état de congruence, à rester vigilant et gardien de l'objectif suprême, etc. Elles prennent en compte les difficultés que peuvent avoir certains coachés à s'engager dans l'élaboration de leur projet, à s'autonomiser. Bien sûr ces techniques peuvent servir à tout moment d'une action du coaching, mais elles sont particulièrement utiles pour aider le sujet à vivre ses ambivalences et à faire des choix personnels qui contribueront à augmenter son autonomie.

La phase identification (et les techniques qui y sont associées) a pour but d'aider le coaché à vivre son ambivalence plutôt que de se précipiter sur des solutions peu ou pas réfléchies. Sachant que toutes sortes d'obstacles internes peuvent inciter le coaché à tenter d'éviter ce passage inconfortable, il expérimente sa responsabilité en retrouvant le contact avec ses ressources.

La phase identification est centrée sur les ressources du client et sur les obstacles internes qui l'empêchent de les utiliser pleinement. Elle a pour but de lever ces obstacles pour l'aider à aller plus loin, à retrouver une confiance saine en lui-même, pour lui permettre de faire des choix éclairés et de se rendre responsable de ce qui lui arrive.

Cette phase, plus que toutes les autres, comporte les deux défis les plus importants du coaching. D'une part, le coach doit résister à la tentation de conseiller, de juger ou d'évaluer à sa propre aune les choix du sujet ; d'autre part, il sera confronté au paradoxe suivant : comment aider une personne à s'éloigner d'une situation inconfortable, voire douloureuse, donc comment l'aider à faire des choix si elle ne veut pas réellement choisir, sans pour autant décider pour elle si elle doit rester « coincée dans le marasme », faire une transition de type 1 ou de type 2 ? En ce qui concerne le premier défi, une alternance finement dosée entre la phase 2-écoute, et la phase 3-identification est, à l'expérience, la meilleure solution. Dans ce passage critique du coaching où le sujet se trouve plus qu'à tout autre moment confronté à ses obstacles internes (attachement aux anciens principes, croyances erronées, refus ou difficultés à reconnaître ses nouvelles valeurs émergentes, etc.), l'écoute empathique, l'acceptation inconditionnelle, servent de catalyseur à l'autonomisation. C'est en restant pleinement dans ces attitudes et dans le maintien du climat de confiance et d'honnêteté que le coach peut accueillir les enjeux du coaché, sachant qu'il appartiendra toujours à ce dernier de vérifier ce qu'il estime le plus satisfaisant pour lui, à ce moment de sa vie, compte tenu de son investissement dans ses diverses identités de rôles, de la conscience en ses ressources, de son niveau d'énergie pour s'engager dans son projet de vie, etc. Seul le sujet peut dire où il en est.

Pour relever le deuxième défi, le coach aura comme tâche d'enrichir l'information du sujet sur lui-même et sur son environnement. Il se proposera, contractuellement avec le sujet, d'être le gardien de cette étape en maintenant l'attention de celui-ci sur la construction de son projet de vie. Le coach devra garder à l'esprit que, quoi qu'il arrive, c'est toujours le sujet qui décide, et qu'il est naturel, dans cette phase, que le coaché hésite entre lâcher ce qu'il vit actuellement ou répondre à son désir, en s'engageant vers un futur, somme toute, incertain. Le rôle du coach est de signaler ces mouvements et d'inviter le coaché à faire des choix.

Technique 7 : amplifier

Cette technique part du constat que lorsque les coachés commencent à envisager leur avenir en accord avec leur désir et leurs valeurs fondamentales, ils découvrent des directions beaucoup plus satisfaisantes pour eux, et acceptent alors de lâcher prise et de dire adieu à ce qui encombrait leur vie jusqu'ici. Les vieux principes, les identités de rôle inadaptées, les injonctions venant des voix du grand comité perdent alors leur pouvoir d'influence.

Pour illustrer nos convictions quant aux possibilités des coachés, nous pouvons témoigner des accompagnements de personnes de plus de cinquante ans, qui auraient reçu un « diagnostic » tel que « à votre âge c'est fini, vous ne retrouverez plus rien » et dont certains étaient au chômage depuis plus de deux à trois ans. Les coachs formés au modèle du Dōjō présument au contraire de la compétence des sujets et, soutenant leur volonté et leur objectif de retrouver un emploi correctement rémunéré, ont fait part de résultats étonnants.

Ces personnes, pratiquement sans exception, ont obtenu un poste à leur niveau de compétence, ont retrouvé leurs statuts de salariés. L'aspect intéressant est qu'elles y sont parvenues en dépit de la croyance qui était véhiculée et à laquelle elles avaient fini par adhérer. Ce qui est également remarquable, c'est qu'elles ont non seulement retrouvé une identité professionnelle, mais que d'autres identités de rôles, liées aux cinq domaines de vie, se sont également révélées. Elles se sont reconnues beaucoup plus artistes, plus créatives, et plus à l'écoute de leurs besoins et de leurs valeurs fondamentales. Elles ont été aussi beaucoup plus attentives aux besoins de leurs proches, famille, amis... Nous voyons ici que ni l'âge, ni le passage par une étape difficile de la vie, ne peuvent empêcher la construction de vies plus satisfaisantes, plus harmonieuses et plus productives de confort et de bien-être.

Entrons maintenant plus précisément dans la technique. L'amplification est un procédé qui influence les décisions du coaché, bien que dans le cadre du coaching, dans une orientation non directive, dirigée vers l'autonomie, il soit recommandé de ne pas intervenir sur le contenu de crainte de créer un lien de dépendance qui gênerait et freinerait l'autonomie du sujet. La relation de coaching peut se servir de l'information donnée par le coaché pour amplifier un point plutôt qu'un autre et, de ce fait, suggérer des solutions concernant ses conditions de vie.

> *– Le coach : « Vous me dites qu'en moyenne vous travaillez soixante heures par semaine, et que de ce fait, vous n'avez pratiquement plus de vie personnelle. Il me semble que vous auriez intérêt pour votre équilibre personnel et vraisemblablement pour une meilleure efficacité professionnelle, à diminuer le temps passé dans le domaine professionnel pour l'investir dans d'autres domaines de vie ».*

L'amplification sert ici à aider le coaché à mieux équilibrer ses domaines de vie et à générer un nouvel équilibre vie professionnelle/vie personnelle. L'amplification sert aussi à aider le sujet à être plus à l'écoute de lui-même, de ses désirs et de ses besoins.

Si le sujet est fortement sous l'influence d'anciens principes, des normes que lui imposent son milieu, ou d'identités de rôles non adaptées, le coach pourra non seulement amplifier les quelques encouragements qu'il se donnait à lui-même, mais aussi amplifier les critiques qu'il ne faisait que murmurer par rapport à son milieu.

L'amplification peut porter sur des actions à entreprendre, par exemple :

> *– Le coach : « Vous me dites qu'avant de vous lancer dans la recherche d'un nouveau poste, vous aimeriez avoir l'avis de votre femme. Qu'est-ce qui peut bien vous empêcher de le lui demander ?*

– Le sujet : Mais si elle dit non, ou du moins n'est pas favorable

– Le coach : Oui, eh bien, étudions cette hypothèse, si elle dit non… ? »

Nous pensons que les coachs ont avantage à reconnaître leur position d'influence, et à l'intégrer en utilisant volontairement et consciemment la technique de l'amplification. En effet, certains coachs se disant non directifs auraient volonté à rendre cette technique taboue. Or, la plupart du temps nous les voyons malgré tout utiliser cette technique, mais en la camouflant sous la forme du questionnement : « Ne pensez-vous pas que vous passez trop d'heures au travail ? » ou « Envisagez-vous d'aborder ce point avec votre femme ? ». Sans vouloir être totalement opposés à ce mode de questionnement, nous pouvons malgré tout attirer l'attention des coachs sur le fait qu'une intervention honnête, franche et congruente, est généralement préférable à un « camouflage », si bien intentionné soit-il.

Technique 8 : informer, renseigner

Informer consiste à partager l'information que le coach possède obligatoirement du modèle « D » qui permet de co-créer avec le sujet une représentation partagée, et de s'approprier un vocabulaire commun. Toujours dans la visée de l'autonomie du sujet, lorsque le coach apporte une information nouvelle au coaché, il est primordial de présenter cette information comme une nouvelle représentation d'une situation que le client est libre de partager ou non.

– Le coach : « vous me parlez de vie privée, par opposition à la vie professionnelle… Si Jane Turner était là, elle demanderait : privée de quoi ? Mais, plus précisément, j'utilise plus volontiers le concept de domaine de vie que je classe en cinq grandes rubriques : domaine personnel, domaine du couple, domaine familial, domaine professionnel, et domaine social. Est-ce que cette nouvelle représentation de la manière dont vous occupez votre temps, vous convient ? »

Dans cet exemple, le coach se propose de co-créer avec le sujet une représentation nouvelle et d'élargir le concept vie publique/vie privée en le remplaçant par celui, plus détaillé, des domaines de vie, qui permet non seulement de faire une analyse quantitative du temps passé dans chacun des cinq domaines, mais également une analyse qualitative. Il informe le sujet sur la notion de valeurs fondamentales, d'identités de rôles et de domaines de vie, en l'invitant à vérifier comment ces trois cartes forment un « sous-ensemble » qui permet une vision différente et comment intégrer cette nouvelle vision dans la construction de son projet de vie.

Cette technique permet également de corriger une inférence erronée du sujet sur lui-même ou sur son environnement. Les coachés manifestent souvent des inférences erronées à propos d'eux-mêmes, des autres, et du monde. Entendons-nous, il ne s'agit pas de confondre une inférence erronée avec une divergence d'opinion. Une inférence est considérée comme erronée quand elle est manifestement en désaccord avec les données actualisées de la science. Donner à ce moment-là une information fiable fait partie du rôle du coach.

> *Prenons le cas de cette cliente (l'histoire se passe dans les années 2000) qui multipliait ses rencontres sexuelles sans protection. Au coach qui l'informait des risques qu'elle courait, et faisait courir à ses partenaires, la cliente (femme de 35 ans, niveau d'études bac + 3), répondit qu'il n'y avait aucun risque puisque seuls les homosexuels étaient touchés par le sida et que les femmes ne l'attrapaient pas.*

Il est des occasions où donner de l'information fait partie de la relation de coaching. Cela implique que les coachs se tiennent informés des faits et des réalités de la vie, de manière à fournir, quand nécessaire, des informations actualisées, vérifiées et fiables et non des croyances ou des fantasmes, et cela pour aider leurs coachés à faire face aux défis de la vie.

Technique 9 : faire décliner un objectif bien construit

Avant tout, et c'est la première chose dont le coaché doit tenir compte, l'objectif doit être important pour lui. Peu importe qu'il ne le soit pas aux yeux du coach. Si les coachs ne font pas l'effort de travailler avec leurs clients pour identifier les objectifs qu'ils voudraient atteindre, nous pouvons considérer que toute tentative pour leur être utile est, d'avance, vouée à l'échec. Quand le coach s'applique à comprendre et à aider son client à comprendre ce qu'il veut, à définir les buts qu'il veut atteindre dans un avenir plus ou moins proche, celui-ci se sent respecté, retrouve une conscience saine de ses ressources, s'affirme vis-à-vis de son environnement, et utilise son énergie pour élaborer et lancer son projet de vie.

Rappelons qu'un objectif est un résultat anticipé dont on prend personnellement la responsabilité. Il représente une responsabilité réelle et entière, à l'intérieur d'un champ d'action autonome, et doit être compatible avec la situation environnante[1].

Il est important que le coach fasse la distinction entre une tâche ou un travail à exécuter. Un objectif doit être vécu par le coaché comme la réalisation d'une performance ou comme un défi à relever.

Parvenus à cette phase du coaching, il devient essentiel que les sujets aient une vision la plus claire possible des résultats qu'ils souhaitent atteindre, et cela pour plusieurs raisons :

- un objectif formulé positivement et explicitement guide en donnant un point de départ et un point d'arrivée, oriente et organise l'action du sujet ;
- formulé positivement, un objectif oriente le sujet vers l'avenir, et non plus dans une tentative vaine de vouloir réparer le passé. Cela lui permet de rechercher et d'évaluer diverses options et de rechercher les moyens les plus adéquats qui lui permettront de l'atteindre.

Le coach devra utiliser son rôle de suppléance pour aider son sujet à formuler des objectifs bien structurés, et faire en sorte que les sept critères suivants soient respectés :

Critères d'un objectif bien structuré :

1. Formulé positivement
2. Vérifiable et observable
3. Spécifique et contextualisé
4. Du ressort du sujet
5. Écologique
6. Réaliste et réalisable
7. Motivant

1. Hévin, B., Turner, J., *Dico PNL*, op. cit..

Par exemple, si un sujet se fixe comme objectif un changement professionnel, le coach devra faire en sorte qu'il ait répondu aux questions suivantes, ce qui évitera autant à l'un que l'autre de tourner en rond. Peu importe que ces questions soient posées dans un ordre ou dans un autre, l'important est que le sujet ait répondu à toutes et surtout qu'il se soit approprié ses réponses :

– 1 Que désirez-vous ? Que voulez-vous précisément ?

– 2 Comment saurez-vous que vous avez réalisé votre objectif ? Qu'est-ce que vous verrez, entendrez, ressentirez, vous direz-vous, qui vous confirmera que vous avez atteint votre objectif ? Comment d'autres personnes (votre famille, vos amis, vos collègues,...) verront, entendront, sentiront que vous avez atteint votre objectif ?

– 3 Où, quand, comment et avec qui désirez-vous montrer que vous avez atteint, réalisé votre objectif ? Où, quand, comment et avec qui, ne désirez-vous pas montrer que vous avez atteint votre objectif ?

– 4 De qui dépend la réalisation de votre objectif ? Pour qui, désirez-vous réaliser cet objectif ? Qui est impliqué dans la réalisation de votre objectif ?

– 5 Quels sont les inconvénients, pour vous et votre entourage, à ce que vous réalisiez votre objectif ? Quels sont les avantages pour vous, votre famille, vos amis, vos collègues à ce que vous réalisiez votre objectif ?

– 6 Compte tenu des contraintes est-ce que vous pouvez réaliser votre objectif dans le temps et avec les moyens dont vous disposez et que vous vous êtes donnés ?

– 7 Qu'est-ce que la réalisation de cet objectif vous apportera de plus ? En quoi vous permettra-t-elle d'avancer dans la réalisation de votre projet de vie ?

Il apparaît assez clairement qu'aider les coachés à exprimer des comportements concrets, et de là des objectifs bien structurés, donc mesurables, est un moyen pour eux comme pour les coachs de déterminer quand ils font une avancée vers des solutions et des réalisations qui les satisfont.

De plus quand les coachés sentent qu'ils quittent des zones d'insatisfaction pour s'engager vers des zones de satisfaction, ils reprennent pleinement confiance et sainement contact avec leurs ressources, et leurs succès ne font que les renforcer dans leur volonté de s'autonomiser et de vivre la vie qu'ils auront enfin choisie. Par conséquent, plutôt que d'accepter des formulations d'objectifs vagues, floues, ou trop générales, comme « j'aurai un boulot qui me plaît » ou « j'aurai plus de temps pour moi » ou « je serai mieux organisé », les coachs doivent travailler avec leurs clients à exprimer leurs buts, leurs objectifs, de manière à ce que l'un et l'autre puissent en mesurer l'atteinte.

La construction d'objectifs, comme la réflexion sur les solutions et les moyens à mettre en oeuvre pour les atteindre, représente un travail dur et confrontant pour les coachés et requiert de la part des coachs patience, acceptation inconditionnelle, persévérance et savoir-faire.

LES TECHNIQUES LIÉES À LA PHASE 4- AUTONOMISATION

La méthode de coaching du Dôjô s'inscrit indéniablement dans une démarche d'autonomisation. Elle invite la personne à s'inscrire dans son projet de vie, à se relier à son autonomie interne. Placée au centre de la demande, la personne coachée est restaurée dans sa capacité à générer ses propres ressources, à s'auto-apprécier à partir de références internes et à prendre les directions qui lui paraissent justifiées, en accord avec ses valeurs fondamentales. Au fur et à mesure des avancées dans ce cheminement que représentent les quatre phases du coaching, le coaché se réapproprie sa vie à partir de ses propres valeurs et se détache progressivement des obstacles, tant internes qu'externes, qui encombraient sa vie.

Généralement, quand une personne débute une relation de coaching, sa tendance est de s'évaluer par rapport à des critères générés par son environnement, ses parents, collègues, amis... voire son coach. Elle est fortement sous l'influence de l'ancien principe du dehors-dedans. L'autonomisation, au travers de ses propres valeurs et de ce qu'elle sait être important, voire essentiel, passe par le recyclage des informations venues de l'extérieur. La personne s'approprie ce qui lui sied et par là se positionne, se démarque et se situe. Le coaché, de plus en plus en accord avec ses identités de rôles, et ayant retrouvé le plein usage de ses ressources, s'affirme en se prémunissant contre les risques de dépendance à autrui et contre les pressions l'invitant à plus de conformité aux désirs des autres. Elle ne le fait pas en rejetant toute sollicitation d'autrui, toute résonance aux autres, en se raidissant défensivement, mais en vérifiant sur elle-même, sur son « diapason interne ».

Au fur et à mesure des séances de coaching, le coaché mesure son évolution interne. Il accède à une appréciation personnalisée. Il se tourne de moins en moins vers les autres en quête d'une approbation (ou d'une désapprobation), il se reconnaît comme responsable de ses choix, et prend conscience du fait que personne d'autre que lui-même ne peut élaborer son projet de vie. La clôture de la relation de coaching est proche et il appartient à chaque coach, à chaque sujet de s'y préparer. Nous allons donc maintenant, présenter les techniques qui facilitent et permettent de clôturer avec élégance une relation de coaching.

Technique 10 : créer des opportunités[1]

Cette technique permet de faire progresser le processus de décision, en invitant le coaché à créer des opportunités plutôt que de découvrir des obstacles à combattre. À cette fin, le coach l'invite à se déplacer dans le temps pour visualiser les conséquences probables des choix envisagés. Nous avons pu observer que la plupart des coachés répondaient sans difficulté à l'invitation de se projeter dans le passé ou le futur. En utilisant cette facilité qu'a le sujet, le coach l'aide à se projeter dans l'avenir, pour l'inviter à générer des opportunités, à générer des options, pour avoir davantage de choix et de capacités de manœuvres dans sa vie.

> *– Le coach : « En imaginant et programmant dans votre tête votre projet de vie, cet événement futur et en même temps proche, cette nouvelle direction se mesure à l'aune des retombées positives géné-*

1. Cette technique s'apparente à un travail que l'on peut réaliser à l'aide de la ligne du temps. Pour plus de détails sur ce modèle et les techniques qui en découlent, voir *La Ligne du Temps*.

rées par la réussite de votre projet. En remarquant les retombées positives qui se présentent dans votre avenir, remarquez chacune des étapes qui ont permis sa réalisation et remarquez à chaque étape les opportunités qui s'offrent à vous »

Nous savons déjà que l'énergie empreinte le chemin de l'attention, c'est-à-dire que nous donnerons de l'énergie à ce qui réclame notre attention, à ce à quoi nous prêtons attention. De ce fait, si nous cherchons des obstacles à lever, notre recherche sera sûrement efficace. Mais si, au contraire, nous portons notre regard et notre imagination sur les opportunités, nous pouvons imaginer tous les futurs possibles.

Technique 11 : ratifier le projet

Cette technique est une série d'invitations faites au coaché pour qu'il mesure par lui-même son engagement et sa détermination à réaliser son projet de vie. Par son questionnement et son écoute, le coach place le sujet face à lui-même. Ses références internes sont sollicitées, les interventions du coach n'ont qu'un seul but, faire que le coaché se définisse et affirme sa position face à son projet, assume la responsabilité de son choix.

Bien qu'il puisse être confrontant dans son questionnement, mais pleinement en accord avec son rôle d'assistance dans cette phase du coaching, le coach, dans son attitude, et dans l'espace interactif qu'il tisse avec le sujet, formule implicitement des messages qui facilitent la progression du coaché : « Je vous accueille pleinement dans ce que vous vivez, je participe à la démarche qui vous conduit à vous prouver à vous-même que c'est bien cela que vous désirez. Vous pouvez trouver les repères internes sur lesquels vous appuyer et vous pouvez même utiliser cet apprentissage informel de l'écoute, que vous avez fait, pour l'intégrer à votre fonctionnement quotidien ».

Le potentiel d'autodétermination, de « décidabilité », de positionnement, d'autonomisation, est encouragé et stimulé par les interventions (questionnement, reformulation, confrontation...) du coach. À force d'être confronté, tout en étant accepté inconditionnellement dans son cheminement, le coaché entre en résonance interne, sent que son projet s'accorde avec ses valeurs, ses identités de rôles et se trouve en harmonie avec la gestion quantitative et qualitative de ses domaines de vie. L'accordage, de plus en plus précis, avec ce qu'il a de plus intime, lui permet d'affiner sa démarche d'autonomisation, à accepter d'être en accord avec son désir, à oser être ce qu'il est.

Technique 12 : clôturer la relation

Tous les blancs ont une montre,
mais ils n'ont jamais le temps.

Proverbe ivoirien

Le temps global d'un coaching est sujet à d'importantes différences. Idéalement, il devrait ne pas être décidé à l'avance, ce qui ne signifie pas qu'il serait hors temporalité, mais qu'il serait à la mesure du coaché, de sa demande, de sa problématique, de ses attentes conscientes et inconscientes, de son évolution vers la conscience saine de ses ressources, ainsi que du modèle et des techniques du coach consulté. Le souhait, fréquemment exprimé par les responsables d'entreprises, d'instaurer un contrat de coaching standardisé, est heureusement tempéré par la nécessité de prendre en compte le sujet et sa « problématique ».

Sachant que, si nous nous référons simplement au modèle « D » et à la carte des cycles de changement, chaque étape, de durée et d'intensité variables, est fonction des sujets, de leur positionnement au début du coaching - sujet visiteur, plaignant ou acheteur- , la durée d'un coaching varie (ou du moins devrait varier) considérablement d'un sujet à un autre. Car rappelons-le, le coaching ne tend pas simplement à régler quelques difficultés ponctuelles, à éliminer ou surmonter des obstacles, aussi bien externes qu'internes. Il vise surtout à donner au sujet la possibilité de s'autonomiser, de se sentir plus vivant, de mener une existence plus riche, plus équilibrée et plus heureuse. Formaliser, élaborer et réaliser un projet de vie est alors le résultat d'un coaching réussi.

Mais cet idéal n'étant pas toujours atteint, le mieux est que la fin d'une relation de coaching soit décidée d'un commun accord entre le sujet et le coach. Nous informons toujours le coaché, dès le premier entretien, que ce sera à lui de décider de la fin du coaching et qu'il est souhaitable qu'il nous en informe à temps, de manière à ce que nous disposions d'une à deux séances pour clôturer la relation. En respectant cela, la fin signifie souvent que le sujet se sent suffisamment en contact avec ses ressources et autonome pour poursuivre son chemin tout seul. Cette fin peut prendre plusieurs formes. Elle a pu être programmée, parce que l'entreprise a octroyé un nombre de séances, ou parce que le sujet a décidé de n'investir qu'un certain budget. Elle peut se faire (c'est d'ailleurs, en ce qui nous concerne, le plus courant) par espacement progressif des séances, ou parce que la décision a été prise d'un commun accord.

Carl Rogers, dans *Counseling and psychotherapy* donne cet exemple qu'il évalue comme une clôture nette et franche :

> *– Sujet : « Cette relation a certainement été une belle expérience pour moi.*
>
> *– Consultant : Eh bien, moi aussi, j'ai toujours eu le sentiment que j'en retirerai quelque chose.*
>
> *– Sujet : Bon, j'espère que malgré vos nombreuses occupations, vous aurez le sentiment que de trouver du temps pour moi a été significatif pour vous.*
>
> *– Consultant : Très significatif, très.*
>
> *– Sujet : Ah bon.*
>
> *– Consultant : OK. Bonne chance.*
>
> *– Sujet : À vous aussi. »*

Le coach peut naturellement donner au sujet la possibilité de le recontacter pour quelques séances ponctuelles, ou pour passer un contrat de coaching de maintenance. Car le coaching se veut avant tout préventif plutôt que curatif. Et ce n'est pas la peine d'attendre d'aller mal pour aller bien.

Troisième partie

3

AU-DELÀ DES MODÈLES : LES BESOINS ET DEMANDES DANS LA RELATION DE COACHING

11

BESOINS ET DEMANDES DANS UNE RELATION DE COACHING : COMMENT LES TRAITER

LE ROBERT DÉFINIT UN BESOIN COMME UNE EXIGENCE de la nature ou de la vie sociale. Les désirs naissent des besoins. Besoin de nourriture ; besoin d'affection ; besoin de nouveauté, de changement… l'esprit a ses besoins, ainsi que le corps.

Nous pouvons considérer qu'une action de coaching est réussie lorsqu'elle apporte une réponse satisfaisante aux besoins de développement et d'autonomisation du sujet tout en respectant les contraintes de l'environnement et son légitime besoin de sécurité. Se posent alors des questions que l'on ne peut éviter :

- Qu'est-ce qui empêche un individu d'accéder à l'autonomie ?
- De quelle nature sont les obstacles qui empêchent son développement ?
- Pourquoi l'idée même d'autonomie est-elle source de conflit et de crainte pour certains ?

Dans la vie de tous les jours, on observe souvent une réserve, voire une nette opposition, à l'idée d'inviter une personne à satisfaire ses besoins. Satisfaire ses besoins serait la preuve d'un repli sur soi, une absence de préoccupation sociale. L'altruisme et une survalorisation de la valeur compassion et contribution viendraient en opposition au développement de l'individu sous l'influence du principe du dehors-dedans. Ce principe exige que l'individu renonce à ses besoins, à son propre développement, qu'il abdique et se réfugie dans l'illusion de sécurité que semble lui offrir la collectivité, en échange de sa conformité, et de l'abandon de la satisfaction de ses besoins autres que matériels. Nous devons ici rendre compte de la puissance de régression et de stagnation que possèdent les besoins non gratifiés, de la force d'attraction que peut revêtir la sécurité, et, face aux forces externes qui s'opposent à son développement, du courage nécessaire qu'il faut à l'individu pour, d'abord, accepter de reconnaître ses propres besoins, ensuite pour se donner les moyens de les gratifier, enfin pour s'accomplir et se réaliser. Chez chacun de nous, il y a deux sortes de forces : les unes nous tirent vers la sécurité, le non changement, la crainte de l'inconnu, de la nouveauté, la crainte de perdre ce qui est acquis, la peur de l'indépendance, de la liberté, de l'autonomie. Les autres nous poussent à la réalisation de nous-même. Ils nous incitent à mettre en oeuvre nos capacités dans tous nos domaines de vie, à nous affirmer dans nos identités de rôles, à prendre conscience de notre unicité, à avoir confiance face au monde extérieur, à accepter le fait que devons nous développer jusqu'à notre mort, à apprendre la douce absurdité de la vie - la nôtre et celle de ceux qui nous entourent. Nous pouvons exprimer cela dans un schéma simple et significatif, celui de la figure 6.

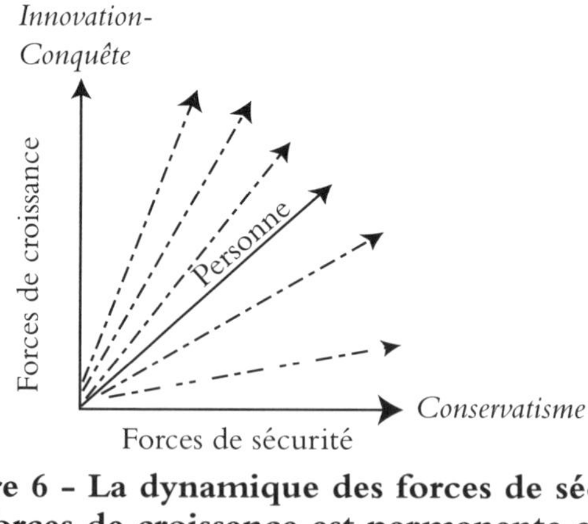

Figure 6 - La dynamique des forces de sécurité et des forces de croissance est permanente et ancrée dans la nature profonde de l'homme

Il semblerait qu'entre ces forces, le système fonctionne comme dans des vases communicants : gagner en identité c'est perdre autant en sécurité, de la même façon que désirer la sécurité est accepter une baisse d'autonomie (figure 7).

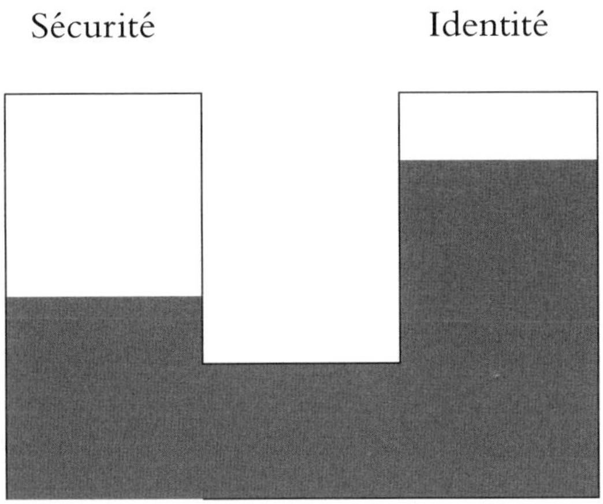

Figure 7 - Sécurité et identité : un jeu de vases communicants

Nous pouvons donc considérer la croissance d'un individu comme une série de décisions qui l'invitent aux divers moments de sa vie à choisir entre plus de sécurité et moins d'autonomie, ou plus d'autonomie et moins de sécurité, entre la dépendance et l'indépendance, entre stagner ou se développer. Nous pensons que la compréhension que nous pouvons avoir de nous-même gagnerait en souplesse et précision, si nous nous livrions à une réflexion consciente sur ce qui guide nos actions dans la vie, sur les besoins de sécurité et de réalisation de soi. En nous efforçant à cette compréhension de nous-même, nous pouvons mieux appréhender simultanément les opposés, les contradictions, les incompatibilités. Cela nous aide à sortir de ce monde sous-développé, aristotélicien, dans lequel les concepts ont des définitions strictes et sont mutuellement exclusifs et incompatibles, par exemple : féminin-masculin, égocentrique-altruiste, bon-mauvais, courageux-lâche, etc. En logique aristotélicienne A est A ; A ne peut pas à la fois être A et n'être pas A ; A est soit A soit non-A et A et non-A ne pourront jamais se rencontrer. Mais l'individu, conscient de ses besoins et des forces contenues en lui, ressent que

A et non-A s'interpénètrent et sont un, que tout individu est à la fois courageux et lâche, innovateur et conservateur, guidé par des forces de sécurité et de croissance : la sécurité a ses angoisses et ses plaisirs, la croissance a aussi ses angoisses et ses plaisirs. Nous nous autonomisons lorsque les plaisirs de la croissance et les peurs liées à la sécurité sont plus grands que les peurs de la croissance et l'illusion de confort que peut offrir la sécurité.

DÉFINITIONS DES BESOINS : DE LA SÉCURITÉ À L'AUTORÉALISATION

Nous nous inspirons dans ce chapitre des travaux remarquables de Abraham H. Maslow, qui postulent ce qu'il nomme « une théorie dynamique-holistique de la motivation humaine ». Abraham Maslow est surtout connu en France (et sûrement par nos lecteurs) pour ses recherches sur la motivation, résumées par quiconque aura suivi une formation à la vente ou au management à une simple pyramide, dont il faudrait monter un à un les degrés pour atteindre la réalisation de soi-même. Pour ceux qui s'inscrivent, ou du moins s'intéressent à la psychologie humaniste, son nom s'inscrit parmi les grands de ce courant de pensée, au même titre que Carl Rogers, Erich Fromm, Kurt Lewin, W. R. Bion, William C. Schutz, et d'autres. Il est à noter que A. Maslow s'est intéressé à l'étude des motivations et des besoins dans le contexte du développement de la personne, mais pas, ou assez peu, dans son application en milieu professionnel. Ce sont surtout les personnes soucieuses d'efficacité et de recettes pour mobiliser les « ressources humaines » qui ont détourné ses analyses pour les appliquer aux organisations, avec d'ailleurs plus ou moins de bonheur. Car, hélas, nous partageons à ce sujet l'opinion d'Eugène Enriquez quand il constate que « le dirigeant d'entreprise utilise les sciences humaines comme l'ivrogne le réverbère, non pour s'éclairer mais pour s'appuyer dessus ». Maslow pensait, lui, que les progrès de la psychologie humaniste pouvaient influencer le management des hommes vers ce qu'il appelait une approche « eupsychique » c'est-à-dire orientée vers la santé mentale et l'épanouissement de l'individu.

Les besoins fondamentaux

Nous pouvons, de manière métaphorique, comparer le besoin de développement des hommes à celui qui oeuvre dans la nature. À l'instar des plantes qui reçoivent de leur environnement la satisfaction de leurs besoins d'air, de soleil, d'eau, les hommes ont besoin de recevoir de leur environnement, nourriture, sécurité, amour, estime. Les plantes, comme les hommes, ne peuvent commencer leur développement que si les besoins élémentaires de l'espèce ont été suffisamment satisfaits. À ce moment-là, chaque plante, chaque individu, entame son développement et sa croissance vers ce qui le rendra unique.

En ce qui concerne les hommes, toutes les observations faites à ce jour, tendent à montrer qu'il existe une hiérarchie ascendante des besoins. Quand un besoin est suffisamment satisfait, il se relâche et permet l'émergence des besoins des ordres suivants plus élevés. Les besoins les plus élémentaires sont les besoins physiologiques. Dès qu'ils sont suffisamment satisfaits, interviennent les besoins de sécurité, ensuite les besoins d'amour, puis les besoins d'estime et finalement le besoin d'accomplissement de soi. Il n'y a pas d'ordre inflexible de ces besoins, pas plus qu'il n'est indispensable qu'un besoin soit totalement satisfait avant que le besoin supérieur puisse être rencontré. Voyons maintenant un peu plus dans le détail chacun de ces besoins.

Les besoins physiologiques

Quand nous évoquons les besoins physiologiques, nous prenons le parti, par habitude,et peut-être par paresse, de nous limiter à ceux liés à la nourriture, l'eau, l'oxygène, le sommeil et les aspects physiologiques du sexe. Mais si nous réfléchissons à partir du concept d'homéostasie, qui désigne les efforts automatiques de l'organisme pour maintenir une température constante et un flux sanguin normal, il apparaît pratiquement impossible d'établir une liste exhaustive des besoins physiologiques, car il faudrait mettre dans cette liste les besoins de vitamines, de minéraux, les hormones, etc. Tous les besoins physiologiques ne peuvent être qualifiés d'homéostatiques. Où classer, par exemple, les divers plaisirs sensoriels liés à la vue, le toucher, l'ouie, mais surtout le goût et l'odorat, lesquels, s'ils ne sont pas satisfaits, deviennent sources de frustration, voire de déséquilibres graves.

Par ailleurs, il faut insister sur le fait que les besoins ne sont pas isolés les uns des autres. Si un besoin est insatisfait, ce n'est pas seulement « l'estomac qui réclame », c'est l'individu dans son unité qui est frustré, pas seulement une partie de lui-même. Aussi tout besoin physiologique, et le comportement d'assouvissement qui lui est lié, sert de canal à toutes sortes d'autres besoins. Par exemple, si l'un des deux auteurs demande à l'autre à boire ou à manger, est-il en train de rechercher plus de confort, de dépendance, d'amour, d'affection, ou à rétablir son homéostasie par un apport de sucre et de protéines. Bien sûr le langage permet cette relative séparation des besoins, mais le vécu subjectif est tout autre. Certaines pancartes présentées par des mendiants pourraient en être la preuve, quand nous lisons : « J'ai honte, mais j'ai faim ». C'est non seulement le besoin de nourriture qui est insatisfait, mais également le besoin d'estime, et c'est finalement l'individu qui se vit dévalorisé. Mais il semble ne faire aucun doute que de tous les besoins, les besoins physiologiques soient prédominants chez l'être humain. Il est probable que les besoins physiologiques constituent la motivation principale du mendiant que nous rencontrons de plus en plus souvent sur les trottoirs de nos villes et qui nous sollicite pour une petite pièce. Une personne qui n'a pas mangé à sa faim depuis plusieurs jours, et qui manque également de sécurité, d'amour et d'estime, préférera vraisemblablement un bon steak-frites à un message d'amour ou de compassion.

Cet exemple nous amène à prendre en compte cette caractéristique de l'organisme humain : quand il est dominé par un besoin donné, toute la représentation qu'un individu peut avoir de son avenir se trouve modifiée. Le projet de vie, la vision du futur de cet homme assoiffé se limiteront à une table continuellement garnie. Interrogé, il déclarera que pourvu qu'il ait l'assurance de manger à sa faim toute sa vie, cela suffira pleinement à son bonheur. Sa vie, son avenir, ne sont plus définis que par un seul but : manger ! Tout le reste lui est devenu sans importance. Le respect, l'amour, la fraternité, les valeurs, ne sont plus pour lui que des mots aussi creux et vides de sens que ce qu'il peut lire aux frontons de nos édifices publics : liberté, égalité, fraternité. Tout cela n'est que « foutaises », puisque ça ne peut pas remplir l'estomac de cet homme qui ne vit plus que dans l'espoir d'être un jour rassasié de nourriture.

Bien qu'il existe en France environ dix millions de personnes vivant en dessous du seuil de pauvreté, ces conditions extrêmes sont rares. La plupart du temps le Français moyen connaît l'appétit plutôt que la faim. Et la grande majorité d'entre nous n'aura, au cours de sa vie, heureusement jamais connu la FAIM. Si nous nous sommes attardés sur les besoins physiologiques, c'est qu'en plus d'être « le besoin de base » et s'ils ne peuvent pratiquement pas être isolés des autres besoins, ce sont malgré tout ceux qui peuvent être naturellement satisfaits par de la nourriture, de l'oxygène, de l'eau, les conditions climatiques, etc. Alors que, comme nous allons le voir, les autres besoins, d'un ordre d'abstraction plus élevés, sont plus dominés et exprimés par des symboles.

Les besoins de sécurité

Quand nos besoins physiologiques sont relativement satisfaits, et, comme nous venons de le voir, ils le sont généralement, alors se fait sentir un nouvel ensemble de besoins, que l'on peut généraliser sous l'appellation de « besoins de sécurité ». Ce que nous avons dit dans le chapitre précédent, à propos des besoins physiologiques, peut à peu près s'appliquer aux besoins de sécurité. L'individu peut n'être préoccupé que du besoin exclusif (voire obsessionnel) de les satisfaire. Toutes ses actions, toute son intelligence, ses capacités, sont mises au service de cette quête. Tout comme dans le cas de l'homme affamé, son seul but, mais aussi toute sa vision de l'avenir sont focalisés sur un seul point : la sécurité. Rien n'est plus important que celle-ci, jusqu'aux besoins physiologiques qui peuvent être partiellement méconnus, tant ce besoin domine toute la vie de cette personne. La relation entre les besoins de sécurité et les besoins de développement doit être mentionnée. Habituellement, le développement d'un individu se fait par petites étapes, et chaque nouvelle étape est rendue possible grâce à un sentiment de sécurité. Tout se passe comme si nous cheminions sur un chemin très escarpé, comme si nous avions besoin d'assurer notre prise avant d'oser faire le pas suivant. Nous sommes souvent, face à la vie, comme le petit enfant qui fait ses premiers pas. Il explore d'abord du regard, tout en s'agrippant à sa mère. Ensuite il tente quelques pas, tout en s'assurant que sa mère est toujours présente, et encourage ses efforts. De cette manière, il prend de plus en plus d'assurance, et se lance dans l'exploration de ce monde inconnu. Mais que sa mère vienne à lui manquer, ou que plutôt que de l'encourager, elle montre elle-même de la peur et de l'anxiété envers ce qu'elle considère comme une hardiesse dangereuse, il devient lui-même anxieux et cesse de s'intéresser au monde, pour regagner la sécurité offerte par les bras de sa mère.

Nous pouvons, à partir de cet exemple, comprendre l'importance des besoins de sécurité. Suffisamment satisfaits, ils permettent aux besoins plus élevés de se manifester. Quand nous nous sentons menacés, quand nous en avons le sentiment, ou que notre sécurité est réellement menacée, notre tendance est de régresser à un état antérieur. Ce qui, pour la grande majorité d'entre nous, signifie que si nous avons à choisir entre la sécurité et la croissance, c'est la sécurité qui l'emportera.

Aujourd'hui, en 2006, et dans notre culture, nous devrions être largement satisfaits dans nos besoins de sécurité. La France est devenue un pays pacifique et nous devrions nous sentir à l'abri des guerres, des épidémies, de la tyrannie... Et même si nos hommes politiques du moment insistent largement (pour ne pas dire lourdement) sur l'insécurité, nous n'avons plus, dans un sens très concret, de besoins de sécurité comme motivation active. Nous ne risquons plus de nous faire dévorer par des bêtes sauvages au coin de la rue. Nos besoins de sécurité s'expriment aujourd'hui dans le souhait d'avoir un emploi stable et protégé, d'assurer l'avenir de nos enfants et celui d'assurer nos vieux jours.

Ils se manifestent aussi dans notre goût pour les choses familières, notre tendance à aller vers le connu plutôt que l'inconnu. Notre adhésion à des principes de vie, des religions, des philosophies, des organisations, des méthodologies qui régissent l'univers et les hommes en un tout cohérent, stable, porteur de sens, est aussi motivée par cette quête de sécurité.

En principe, le besoin de sécurité ne devrait être mobilisateur que dans des situations d'urgence. Mais c'est loin d'être le cas.

Nous pouvons observer qu'un grand nombre de personnes se comportent comme des enfants inquiets, réclamant sans cesse attention et protection. Elles ressentent en permanence ce monde comme hostile et rempli de dangers inconnus. Elles se comportent comme si une épée de Damoclès était en permanence suspendue au-dessus de leur tête. Leurs besoins de sécurité se manifestent au travers de leur quête d'un protecteur, d'une personne plus forte qui leur assurerait protection, d'une personne dont elles pourraient dépendre et peut-être d'un chef tout-puissant, pour ne pas dire d'un *Führer*… comme le résumait un confrère psychologue, « chien affamé ne s'éloigne jamais de sa poubelle ».

Mais ce sont là des cas extrêmes. Pour une grande majorité, une sécurité matérielle, financière (emploi, salaires garantis, assurance-maladie, plan d'épargne...) gratifie suffisamment les besoins de sécurité pour que les besoins plus élevés émergent.

Les besoins d'amour

L'amour aussi doit s'apprendre.

Friedrich Nietzsche

Quand nos besoins physiologiques et de sécurité sont relativement satisfaits, émergent alors les besoins d'amour, besoin d'aimer et d'être aimé, d'affection et d'appartenance.

Tout comme pour les besoins précédents, une sensation de manque apparaît. Nous ressentons l'absence d'amis, le désir de former un couple, d'avoir des enfants. Nous avons soif de relations affectives.

Nous nous heurtons à de nombreux obstacles, tant internes qu'externes, pour satisfaire nos besoins d'amour. Rappelons que les besoins d'amour, de considération ne peuvent uniquement être satisfaits que par les autres c'est-à-dire que leur satisfaction ne peut venir que de l'extérieur.

Mais notre société impose une restriction sociale à l'amour. L'amour fait partie de nos besoins de base, comme respirer, se nourrir ou se protéger des dangers. Or, la société, les religions, ont édicté des principes moraux qui redéfinissent l'amour comme autre chose qu'un besoin et lui ont donné une portée plus grande : vivre l'amour comme un engagement, l'Amour-toujours avec un A majuscule. Le principe du dehors-dedans, qui a intégré ces principes moraux, nous invite à être prudents dans la recherche de la satisfaction des besoins d'amour, car les satisfaire c'est s'engager, et tout engagement est dangereux et contient une menace.

Beaucoup de personnes ne tiennent pas compte de leurs besoins d'amour, parce qu'elles ne savent pas qu'il s'agit tout simplement et juste de besoins, qui doivent, tout comme la soif, être étanchés. Elles mettent l'accent sur le fait d'être indépendantes, de ne pas avoir besoin des autres.

Au lieu de satisfaire leurs besoins naturels, somme toute facilement, de faire l'expérience de la plénitude de l'amour et du plaisir, elles se maintiennent dans un vide affectif, vivent comme si elles étaient dans le désert. Leurs besoins d'amour ne sont pas satisfaits et elles ne le savent pas.

Un changement important se produit lorsqu'elles cessent de méconnaître leurs besoins d'amour ; elles ont soif de relations affectueuses avec les gens en général, d'une place au sein d'un groupe, et elles mettront leurs énergies au service de ce but. Elles acceptent de reconnaître leurs besoins des autres, et prennent conscience que la satisfaction de ces besoins implique d'être proche les uns des autres.

Les difficultés historiques, sociales, personnelles rencontrées à satisfaire nos besoins d'amour entraînent des conséquences importantes sur la qualité de notre vie et de nos relations. Le fait de croire que seule une relation exclusive et privilégiée peut satisfaire ses besoins crée une relation de dépendance par rapport au partenaire amoureux et donc des problèmes relationnels.

Il est important d'apprendre que nous sommes seuls responsables de la satisfaction de nos besoins. Les besoins d'amour sont des besoins réels, il nous faut accepter de les satisfaire. Seul, c'est impossible. Il faut donc permettre à quelqu'un d'autre de les satisfaire avec nous, en étant physiquement proche et émotionnellement ouvert.

Ce quelqu'un d'autre, ce sont tous les autres et pas uniquement un(e) partenaire privilégié(e). N'oublions surtout pas que les besoins d'amour impliquent à la fois de donner et de recevoir de l'amour.

Les besoins d'estime

On a peu d'estime pour soi-même
quand on la refuse aux autres.

Laure Saint-Martin Dernon Junot d'Abrantès

Chacun de nous a besoin, ou du moins envie, de recevoir de la part de son entourage, aussi bien professionnel que personnel, des signes de reconnaissance, des feed-back d'évaluation stables et fondés, des avis, des opinions, qui nous confortent et contribuent à satisfaire nos besoins d'estime : besoins d'avoir de l'estime pour nous-mêmes et de recevoir de l'estime des autres.

Par signes de reconnaissance stables et fondés, nous voulons dire reposant sur des observations factuelles de nos compétences réelles, ou du moins sur des inférences fondées sur des observations, des faits objectifs.

Nous pouvons placer les besoins d'estime en deux grandes catégories. Il y a d'abord notre désir d'être reconnu et estimé dans notre groupe d'appartenance. C'est un désir d'être remarqué par ce qui fait notre spécificité, nos qualités propres, un désir de réputation et de prestige, qui se traduit par le besoin de recevoir de la considération, de l'attention, d'être apprécié et d'avoir de l'importance aux yeux des autres.

Ensuite, nous trouvons notre propre capacité à nous donner de l'estime à nous-mêmes, c'est-à-dire à reconnaître par nous-mêmes et pour nous-mêmes, notre savoir-faire, nos capacités, nos compétences, nos performances. Développer ce cadre de références internes nous aide à satisfaire nos besoins de puissance, d'adéquation, de confiance au regard du monde, d'indépendance et de liberté : les besoins d'estime sont reconnus aujourd'hui comme les besoins naturels essentiels pour le développement de l'individu.

Quand nos besoins d'estime sont suffisamment satisfaits nous ressentons des sentiments de confiance, de valeur, de puissance, de pouvoir, de compétence, d'être utile au monde. Mais la frustration des mêmes besoins génère d'autres frustrations : des sentiments d'infériorité, d'être inadéquat, faible et impuissant.

Ces sentiments de manque nous rendent beaucoup plus dépendants des autres.

L'individu en situation de manque est beaucoup plus « intéressé », manifestant dans ses rencontres avec les autres son état de besoin, cet état de manque limite qui colore les relations interpersonnelles. Toute rencontre devient source possible de gratification, en quelque sorte d'approvisionnement. L'autre n'est plus perçu dans son être et accepté inconditionnellement, mais davantage du point de vue de son utilité. Ce qui fait son unicité et sa richesse peut être laissé de côté, si cela ne sert pas à la satisfaction immédiate du besoin. Tout ce qui, pour un autre suffisamment satisfait dans ses besoins d'amour et d'estime, serait source d'enrichissement, d'échange et d'épanouissement, peut devenir pour l'individu en manque cause d'irritation, voire de menace.

Une autre caractéristique de l'individu en manque dans sa relation à autrui est que, dans une très large mesure, toute relation est interchangeable. Si cette personne a un désir de considération, il lui importe peu de savoir qui lui fournira de la considération. Un « fournisseur » de considération en vaut un autre ! Il en est de même pour l'individu en manque d'amour ou de sécurité (il est facile de comprendre à partir de là l'usage commercial qui peut en être fait, et les publicitaires ne s'en privent pas).

Comment ne pas faire le lien, ici, avec ce besoin de réussite et de performance que l'on rencontre chez certains cadres d'entreprise. Les gens peuvent se battre longtemps, avec espoir et même avec bonheur, (jusqu'à être fiers de travailler 60 à 70 heures par semaine) pour de fausses panacées. Lorsque leur but est atteint, ce qu'ils nommaient leur objectif personnel se révèle avoir été un leurre, servant à camoufler de faux espoirs. Le choc est souvent rude, l'effondrement et le désespoir qui s'ensuivent peuvent persister très longtemps, au moins jusqu'à ce que l'individu comprenne qu'un projet professionnel n'a de sens que s'il fait partie intégrante de son projet de vie.

Il ne peut percevoir l'autre non seulement dans la totalité de ses identités de rôles, mais également dans son identité intégrée, c'est-à-dire comme un être unique, indépendant, sans qu'intervienne la recherche d'une récompense, d'un intérêt, d'une utilité, sans marchandage. En d'autres termes, accueillir et entrer en relation avec l'autre, dans une relation authentique et non une relation marchande, est d'autant plus difficile que l'individu est en situation de manque.

Nous pouvons très bien méconnaître que certaines de nos demandes ou de nos attentes vis-à-vis d'autrui sont fondées sur une recherche de gratification de nos besoins d'amour ou d'estime. Mais en échange, nous sommes généralement très conscients d'être utilisés, par exemple comme le pourvoyeur d'argent, de nourriture, de sécurité, de quelqu'un dont nous dépendons, ou comme un objet, ou comme n'importe quoi d'interchangeable. Quand nous prenons conscience de cela, notre réflexe est généralement de rejeter l'autre, ou d'interrompre la relation. Personne n'aime être perçu comme un objet, nous voulons être reconnus pour nous-mêmes, nous ne voulons pas être utilisés.

Une relation humaine gratifiante ne peut pas être fondée sur un déficit. Un individu ayant suffisamment gratifié ses besoins de sécurité, d'amour, d'estime, en voie de réalisation de soi, ne considérera généralement pas les autres comme des objets, et des « choses » uniquement utiles à la satisfaction de ses besoins. Au contraire, il développera des relations fondées sur le don, des relations authentiques basées sur une attitude d'acceptation inconditionnelle de lui-même et des autres, il sera, à leur endroit, sans choix et sans avidité.

Les besoins d'accomplissement de soi

Deviens celui que tu es.
Fais ce que toi seul peux faire.

Friedrich Nietzsche

Ce n'est que très récemment que nous nous sommes intéressés au développement personnel et à l'accomplissement de soi, c'est-à-dire à la satisfaction de nos besoins dits supérieurs. Mais qu'entendons-nous par besoins supérieurs ? Quand les besoins supérieurs émergent et sont au moins en partie satisfaits, cela n'est pas « juste un peu plus ». Ils sont sur un autre niveau d'abstraction et leurs caractéristiques ne peuvent être déduites d'une étude des besoins d'ordre inférieur. Si cela était, nous serions dans un mode de pensée additif, élémentaliste. En nous référant à la terminologie utilisée par les sémanticiens généraux, nous pouvons dire que les besoins supérieurs, contrairement aux besoins inférieurs, sont plus dominés et exprimés par des symboles. Les besoins d'ordre inférieur peuvent être satisfaits par des objets, c'est-à-dire de la nourriture, de l'oxygène, de l'eau, des protections contre les rigueurs climatiques, etc. Lorsque nous évoquons des besoins d'ordre supérieur, les satisfactions deviennent plus symboliques, de moins en moins dépendantes de l'environnement. Les besoins de réalisation de soi sont presque exclusivement satisfaits par des symboles et sont en relation avec l'environnement extérieur. Seul l'individu, lui-même, peut les satisfaire grâce à sa capacité à utiliser des symboles.

Les formes que peuvent prendre ces besoins sont extrêmement variables d'une personne à l'autre. Chez l'une, ce peut-être le désir de former une famille harmonieuse, chez l'autre une recherche au travers de la pratique d'un art martial, chez une autre encore, l'écriture, la musique, la peinture, ou toute autre recherche créative. Ces besoins ne s'expriment pas forcément au travers d'une impulsion créatrice, mais nous retrouvons chez chacune de ces personnes, à un niveau élevé, un désir fondamental de savoir, d'être conscient de la réalité, de réunir les faits, de satisfaire la curiosité.

Nous devons malheureusement reconnaître que les individus foncièrement satisfaits dans leurs besoins de base étant l'exception, nous savons peu de choses de l'accomplissement de soi. Nous décrivons, ici, plus des hypothèses que des faits. Malgré tout, nous avons pu observer, chez des personnes qui avaient réellement et authentiquement décidé d'un projet de vie, et le vivaient, les caractéristiques suivantes : elles se déclaraient heureuses. Les autres, leur entourage, les désignaient également comme heureuses, et toutes ces personnes, quand on les interrogeait, donnaient, dans l'ordre, les critères de leur bonheur :

– 1 Elles étaient assurées d'avoir un toit et d'avoir de quoi manger pour les lendemains à venir ;
– 2 Elles aimaient et étaient aimées. Elles aimaient d'autres personnes et étaient aimées d'autres personnes ;
– 3 Elle s'intéressaient à la musique, (le berger avait sa flûte, le PDG sa chaîne stéréo) et d'une manière plus générale aux arts ;

– 4 Elles se déclaraient autonomes, mobiles, capables s'il le fallait, de changer de ville, de métier, de pays,...

– 5 Elles avaient toutes, un jour, pris la décision d'être heureuses.

Nous pourrions ajouter qu'elles étaient dans la pleine réalisation de leur projet de vie, capables de le savourer et de l'enrichir jour après jour.

La réalisation de soi, par définition et par nature, s'inscrit dans l'inachevé. Nous ne pouvons donc parler que de personnes en voie d'accomplissement, de réalisation de soi. Toutefois, ce que nous savons de ces personnes en voie de réalisation de soi, c'est qu'elles savent faire librement des choix dans des situations où il y a réellement plusieurs choix possibles. Que ces choix sont pleinement en accord avec leurs valeurs fondamentales, qu'elles ont pleinement intégré le principe du dedans-dehors. Elles se sentent responsables, actives, le centre créatif de leur propre activité et de leurs propres perceptions, autodéterminées, et libres. Elles font une distinction claire entre les fins, ce qu'elles estiment être les buts de la vie (calme, sérénité, paix) et les moyens (argent, pouvoir, position).

Dans cette quête et cette recherche, on observe également une tendance à être plus que tout autre en contact avec ce que nous avons nommé « l'identité intégrée ».

C'est le caractère unique ou l'idiosyncrasie de la personne ou encore, son moi véritable, qui affleure la réalité de l'être. Nous pouvons ajouter qu'elles ont, sans exception, une structure démocratique au sens le plus profond et authentique du terme, qu'elles sont profondément éthiques, ont un sens de l'humour amical et philosophique, et qu'elles ont développé pleinement leur capacité à aimer, à donner et à recevoir.

BESOINS ET DEMANDES DU COACHÉ DANS UNE RELATION DE COACHING

Besoins conscients ou inconscients

Nous sommes plus souvent inconscients que conscients de nos besoins fondamentaux. Nous avons suffisamment de preuves de l'importance de nos motivations inconscientes, et nous savons comment le commerce moderne, tout comme la politique, savent les exploiter (avec l'aide des publicitaires).

Bien que nous puissions affirmer que chez l'individu sain le comportement est cohérent, orienté vers un but et basé sur une intention positive, l'observation démontre que les buts recherchés au travers de comportements similaires sont extrêmement variables d'un individu à l'autre. Tout comportement peut être un canal par lequel circulent divers déterminants. La plupart de nos comportements sont donc multi-motivés. Nous pourrions dire qu'un comportement qui ne viserait la satisfaction que d'un seul besoin fondamental serait l'exception. Toute action cherche à satisfaire plusieurs besoins, voire tous les besoins simultanément. On peut certes manger parce qu'on a faim, mais dans la société le fait de se mettre à table satisfait bien d'autres besoins. Tout comme de faire l'amour peut viser la satisfaction d'un besoin sexuel, mais également, à prouver sa virilité, ou rechercher de l'affection. Comme le disait Lacan, les hommes sont prêts à tout pour faire l'amour, même à aimer, et les femmes sont prêtes à tout pour être aimées, même à faire l'amour. Nous pouvons donc, sur cette base, considérer que les motivations inconscientes sont quantitativement et qualitativement beaucoup plus importantes que les motivations conscientes. En faisant le lien entre nos comportements, nos motivations et nos besoins fondamentaux, nous pouvons facilement admettre que nous sommes le plus souvent très peu consciemment en contact avec nos besoins fondamentaux.

De la demande et des besoins du coaché

D'une manière générale, nous pouvons dire que les coachés viennent à leur première séance de coaching avec des besoins flous et une demande imprécise. Quel que soit le type de clients, qu'ils soient visiteurs, plaignants ou acheteurs, leurs demandes reposent généralement sur une connaissance très approximative de ce qu'il sont en droit et en mesure d'attendre d'une relation de coaching, parasités qu'ils sont par leur conditionnement, leurs expériences antérieures (relations médicales, psychothérapeutiques, de conseil, voire de formation). Ils attendent donc quelque chose de cette relation, mais sans savoir précisément quoi, ou, au contraire, en le sachant justement trop précisément.

En fonction des trois catégories que nous avons définies, le coach aura en face de lui un visiteur, un plaignant ou un acheteur, qui lui présentera un visage timide ou fier, et qui avancera sur la pointe des pieds, avec arrogance, ou encore avec une fausse désinvolture. Mais comme nous l'avons déjà dit, quels que soient son comportement et son attitude, le client recherche un coach qui réponde à son besoin. Besoin dont il est, généralement, totalement inconscient et qui oblige le coach à se poser la question : que vient-il chercher au juste ? Qu'attend-il de cette relation, pour satisfaire des besoins dont il n'est pas conscient ? Que vient-il chercher dans le cabinet du coach ? Un mage ou une bonne fée, qui d'un coup de baguette magique va lui régler tous ses problèmes, et peut-être lui donner en plus richesse et beauté ? Une paire d'oreilles compatissantes et une épaule pour pleurer ? Veut-il un allié qui l'aide à prouver que son patron (ou sa femme) le persécute, et que lui est une blanche colombe innocente ? Peut-être a-t-il besoin d'un ami, qui le conforte et le rassure, ou au contraire d'un juge qui lui dicte sa conduite ?

Que demande-t-il quand il demande ce qu'il demande ?

Quel besoin fondamental cherche-t-il à satisfaire quand il demande d'avoir plus de leadership ? Être plus à l'aise en groupe, ou face à son patron ou face aux délégués syndicaux ? À mieux gérer son temps ? À mieux s'organiser ? À être plus ordonné ? Ou un remède à sa mémoire défaillante ? Veut-il de l'estime, de la sécurité, une meilleure santé, de l'amour ou le tout et en même temps ?

Quelle que soit sa demande, s'il vient consulter un coach, c'est qu'apparemment il n'a pas trouvé la ressource en lui-même pour comprendre et ensuite atteindre ses buts, et que, parmi les appuis possibles dans son environnement, rencontrer un coach lui a paru une bonne solution. Ceci est vrai, même pour le sujet visiteur qui nous déclare avoir été obligé de nous rencontrer... S'il avait trouvé en lui la ressource de dire non à celui qui « l'oblige » ou de proposer une meilleure solution que le coaching, il ne serait pas ici, dans ce cabinet ; c'est malgré tout, la meilleure, (peut-être parmi les pires) solution qu'il ait trouvée. Le coach n'a pas à porter de jugement de valeur sur les besoins du coaché, ni sur la manière dont il les exprime. Prenons le cas d'un coaché dont les besoins s'expriment au travers de son désir de réussir dans les affaires et de gagner beaucoup d'argent. Même si le coach se sent, lui, très éloigné de ce genre de préoccupation, son rôle, et nous pourrions dire son devoir, est de l'aider à trouver en lui les ressources qui lui permettront de réaliser ce projet. Il n'a pas à araser le désir des coachés pour le réduire à un plus petit dénominateur commun, qui conviendrait aux plus compétents, comme au moins habiles. Son rôle n'est pas de réinventer le lit de Procuste. Il doit aider le coaché à régénérer ses ressources, à s'autodéterminer, à s'autonomiser et, quand celui-ci aura pris suffisamment conscience de ses besoins fondamentaux, il saura par lui-même trouver les moyens adéquats et positifs pour les satisfaire, et de ce fait entrer en contact avec son projet de vie.

Mais pour que le coach soit en mesure d'apporter ce soutien environnemental, encore faut-il qu'il ait lui-même une conscience suffisamment claire de ses propres besoins et qu'il se soit donné les moyens de raisonnablement les satisfaire.

Besoins fondamentaux et coaching

Aspects généraux de la personne en voie d'autoréalisation

La conscience qu'un individu a de ses besoins, et les moyens qu'il a trouvés pour les satisfaire sont en lien direct avec ses attitudes mentales et sa capacité à accéder à l'attitude d'acceptation inconditionnelle. Ceci est démontré par les études qui ont été réalisées auprès de personnes psychologiquement saines, s'auto-accomplissant. Quand nous étudions ces personnes nous remarquons :

- Elles ont une perception plus claire et plus efficace de la réalité ;
- Elles ont une puissance de perception supérieure à la moyenne ;
- Elles ont une capacité à détecter l'imposture, l'incongruence, les méconnaissances, voire la malhonnêteté chez leurs interlocuteurs ;
- Elles sont plus efficaces dans leur processus d'abstraction et quand elles formulent des hypothèses, elles les fondent sur l'observation et une connaissance factuelles et non sur des inférences invérifiées ;

- Elles ne confondent pas la carte avec le territoire ;
- Elles ont pleinement intégré l'attitude d'acceptation inconditionnelle d'elles-mêmes et des autres, ce qui veut dire qu'elles comprennent et acceptent la condition humaine réelle, et donc qu'elles acceptent et assument courageusement les insuffisances de la nature humaine, qu'elles sont même capables de s'en amuser, au lieu de chercher à les méconnaître ;
- Elles savent accepter leurs propres faiblesses et celles des autres, sans inquiétude infondée ;
- Elles ne sont pas autosatisfaites, mais cherchent au contraire constamment à s'améliorer, tout en s'acceptant telles qu'elles sont dans l'ici et maintenant ;
- Elles ont une conscience saine de leur corps et de ses fonctions naturelles. Elles savent satisfaire leurs besoins physiologiques avec « bon appétit » ;
- Elles sont spontanées, avec une grande facilité d'expression, elles savent confronter en maintenant une attitude d'acceptation inconditionnelle.
- Leur conduite dans la vie est marquée par la simplicité et le naturel.
- Elles sont très peu influencées par le principe du dehors-dedans, ce qui fait que leur conduite n'est pas très conventionnelle, mais pas pour autant agressive, ni superficielle.
- Elles peuvent, pour les affaires de la vie courante se plier aux conventions, même si ces rituels leurs semblent sans intérêt, mais elles pensent qu'il est inutile de choquer les gens, et de se faire remarquer là ou çà n'en vaut pas la peine.
- Lorsqu'elles considèrent que cela touche aux valeurs, et à ce qui, pour elles, est important, elles font ce qu'elles considèrent correct, sans souci des conventions.
- Profondément en accord avec le principe du dedans-dehors, elles sont fondamentalement attachées aux valeurs démocratiques.
- Elles dégagent une certaine sérénité, qui n'est pas un problème pour elles-mêmes.
- Elles peuvent, par conséquent, s'intéresser à des problèmes qui leur sont extérieurs, ce qui fait que la vie est non seulement plus facile pour elles, mais aussi pour ceux qui leurs sont associés.

LES BESOINS FONDAMENTAUX ET LE DÉVELOPPEMENT DU COACH

À la lecture de ce qui précède, il apparaît qu'il semble difficile d'exercer le métier de coach, sans avoir suffisamment satisfait ses besoins fondamentaux. La hiérarchie des besoins et leur degré de satisfaction permettent d'évaluer la capacité du coach à aider son client à s'autoréaliser et s'autonomiser. Le coach ne peut pas inviter le coaché à un niveau de développement qu'il ne connaît pas lui-même. La hiérarchie des besoins montre comment le coach, entré en contact avec un besoin et l'ayant suffisamment satisfait, peut entendre et comprendre ce que le coaché cherche à satisfaire comme besoin, et quel est le besoin qui fait figure quand il demande ce qu'il demande. Sans avoir fait lui-même l'expérience de ce besoin, il est pratiquement impossible qu'un coach puisse ne serait-ce qu'entendre ce besoin chez le coaché.

Besoins de sécurité insuffisamment satisfaits

Peut-être parce qu'il méconnaît, qu'il est en quelque sorte innocemment inconscient de ce besoin insatisfait, ce coach aurait tendance à adopter des attitudes directives, particulièrement les attitudes de conseil et d'évaluation. Il aura tendance à juger, blâmer, à faire des commentaires négatifs, il invitera constamment à la prudence, sa tendance sera de dévaloriser le rêve du client en l'invitant à être « plus réaliste », sans avoir conscience que cette « réalité » n'est que le reflet de sa petitesse, de son propre manque d'envergure. Et parce qu'il refuse de reconnaître l'étroitesse de ses propres limites, ce coach nous fait penser à ce petit garçon qui se tenait au bord du trottoir, avec un baluchon sous le bras. Un passant intrigué (et peut-être un peu sauveteur) lui demanda où il allait et il répondit qu'il s'enfuyait de chez lui. Pourquoi restait-il à attendre au bord du trottoir ? Il n'avait pas la permission de traverser !

Besoins d'amour insuffisamment satisfaits

La non-satisfaction de ces besoins aura pour conséquence d'entraîner le coach dans une attitude de soutien. Pour recevoir l'amour dont il a inconsciemment besoin, il aura tendance à surprotéger, à donner des réponses rassurantes. Il donnera beaucoup, alors qu'il a besoin de recevoir, et invitera son client à se contenter de peu, alors que celui-ci est « assoiffé ». Il aura ce comportement parental qui consiste à limiter l'enfant dans la satisfaction de ses besoins. Il nous rappelle cette petite fille assoiffée demandant du jus d'orange à sa mère, qui lui en sert un verre. Elle boit et dit : « Encore ». Sa mère lui dit qu'elle a assez bu. La petite fille insiste, reçoit un fond de verre, qu'elle avale et dit « encore ». Sa mère lui dit : « Non, c'est assez maintenant » et la petite fille a ce magnifique « mot d'enfant » : « Je veux plus qu'assez ». Quand on satisfait ses besoins, il faut être sûr que « assez » est réellement assez. Sûrement ce coach exerce-t-il une attirance, parce qu'en surface il dégage une certaine chaleur. Il veut, certes, du bien à ses clients, mais il n'a pas assez pris soin de ses propres besoins d'amour. Il donne pour recevoir, et pour justifier sa présence, il sauve, donne des permissions sans substance, des permissions qui ressemblent à une sorte de guimauve molle.

Besoins d'estime insuffisamment satisfaits

Ces besoins d'estime insatisfaits auront tendance à générer chez le coach des attitudes de surprotection et de conseil. Sa tendance sera de donner des directions, des instructions, de dire aux coachés comment être et comment faire. Ces conseils étant, compte tenu de son expérience, souvent pertinents, il contribue à la réussite du sujet. Réussite que le coach aura tendance à s'approprier. En coaching, il est fortement directif sur l'action. Il amène le sujet à demander des avis et des conseils pour la moindre de ses actions. Le client vit pour recevoir des signes de reconnaissance conditionnels de son coach, la position de ce dernier étant « vous savez beaucoup de choses, mais j'en sais quand même un peu plus que vous ». Il attend que le client devienne, en quelque sorte, une petite copie de lui-même. Dans cette relation, le client acquiert aussi un nouveau savoir-faire et un nouveau savoir être, mais ces savoirs restent en surface, il ne les intègre pas, ou pas pour longtemps.

Dans les faits ce coach acceptant très mal ses propres insuffisances, aura beaucoup de mal à les accepter chez les autres. Il est non pas dans une recherche de développement, mais dans une demande de déficit à combler.

Besoin d'accomplissement de soi et attitudes directives et non-directives

L'ouverture aux autres et l'attitude d'acceptation inconditionnelle peuvent conduire certains coachs, encore balbutiants par rapport à cette attitude, à une acceptation sans discrimination, à une confusion entre le « faire » et «l'être », à une confusion des valeurs, à une trop grande tolérance.

L'attitude de compréhension et d'acceptation inconditionnelle étant valorisée, voire reconnue comme seule valable dans une relation de coaching, évaluation, conseil, critique, voire feed-back négatif ou confrontation, deviennent hors de propos.

Notre trop classique positionnement binaire, et notre propension à classer les choses en ou/ou, nous font ressentir une incompatibilité entre les deux attitudes. Si nous étudions ces attitudes par rapport à des identités de rôles, il semble évident que les spécialistes de la relation d'aide refusent en général d'assumer une quelconque fonction disciplinaire ou coercitive vis-à-vis de leurs clients. Parallèlement, les managers, les DRH, les conseils d'entreprise, les recruteurs, refuseront de prendre des responsabilités relevant de la relation d'aide psychologique ou de la sphère personnelle vis-à-vis de personnes qu'ils ont à diriger, évaluer, contrôler, voire sanctionner.

Le dilemme est posé pour les coachs qui s'interrogent sur leurs droits, leurs devoirs et leurs rôles éthiques. Comment concilier d'accepter inconditionnellement un sujet et en même temps le confronter à ses incongruences, ou à ses comportements inadéquats. Comment être à la fois non directif et compréhensif, confrontant et normatif. Il est probable que les coachs qui ont eux-mêmes atteint un bon degré d'autonomie et de réalisation d'eux-mêmes, qui s'interrogent sur leurs rôles et sur leur éthique professionnelle, soient beaucoup plus troublés par ce dilemme que ceux qui sont en quête de sécurité, d'amour ou d'estime, et qui n'ont pas pris conscience qu'il y avait là, un dilemme.

Pour cette raison, et d'autres encore, les coachs qui sont en contact avec leurs besoins fondamentaux, et souvent les satisfont, sont généralement capables de sortir de ce dilemme ou/ou, de s'affirmer dans l'identité de rôle de coach, en étant le plus souvent accueillants, ouverts et compréhensifs, mais en étant capables d'une indignation justifiée, contrairement aux coachs mal positionnés dans leur identité de rôle. Nous avons pu observer, au cours de nos rencontres, tant avec des coachs confirmés qu'avec des coachs en formation, que les personnes en voie de réalisation donnent libre cours à leur indignation et confrontent plus courageusement et plus nettement que les autres, qui n'ont pas atteint ce niveau d'évolution.

Si l'attitude d'acceptation inconditionnelle n'est pas associée à la capacité de s'indigner, de se mettre en colère, de désapprouver, de confronter, de donner des feed-back sincères et authentiques, le résultat est l'affadissement de la relation, une amabilité et une identité de façade, un manque d'authenticité, une imposture. C'est indéniablement un risque professionnel pour ceux qui s'efforcent d'intégrer l'attitude d'acceptation inconditionnelle dans leur pratique. Risque bien réel, si nous prenons en considération l'impression que donnent certains coachs, qui, dans leur volonté d'être neutres, sont en fait sans réaction, faussement aimables, plats, et manquent d'engagement dans leurs relations sociales.

12

LE CONTRAT DE COACHING

UN CONTRAT A POUR OBJECTIF de définir les rôles de chacun, et les buts visés. En tant que coach formé au modèle du Dôjô, un contrat implique que vous et votre client preniez la responsabilité conjointe de tout changement que ce dernier veut obtenir.

Cela part du principe que le coach et son client sont dans une relation d'égal à égal : il n'est pas du ressort du coach de faire quoi que ce soit pour le coaché, pas plus que ce dernier ne peut venir dans l'espoir que le coach va tout faire pour lui.

Dans la mesure où, comme nous venons de le dire, chacun des deux protagonistes est co-responsable du processus de changement, il est essentiel que chacun soit suffisamment informé du rôle de l'autre, et de ce qui est attendu de part et d'autre. C'est ce qui constitue la nature d'un contrat de coaching.

Ce contrat est, et ne peut être, que l'énoncé de la responsabilité des deux parties. Le client, dans le champ de conscience qui est le sien à ce moment du coaching, dit ce qu'il souhaite, veut et attend du coaching et ce qu'il est prêt à faire pour satisfaire son attente. Le coach, dans la mesure où ce que demande le client relève effectivement du coaching, confirme qu'il est prêt à travailler avec lui pour cela. Il s'engage à utiliser au mieux, dans un cadre déontologique, ses compétences professionnelles et énonce quelles compensations il attend en échange de son travail.

Nous le voyons, le contrat comporte donc deux aspects :

– 1 Un contrat commercial ;

– 2 L'aide apportée au client pour l'aider à atteindre ses buts, et réaliser ses souhaits.

LE CONTRAT COMMERCIAL

Bien que le terme de commerce puisse sembler choquant dans une relation d'aide telle que le coaching, il n'en reste pas moins que le coach est un professionnel et que la question de la rémunération de son travail ne peut donc pas être évacuée.

Le contrat commercial est également le moment où sont posées plusieurs règles :

– le rythme des rencontres
– la durée de la séance
– le prix de chaque séance
– le paiement de la séance en cas de rendez-vous non décommandé x temps à l'avance
– le lieu (au cabinet du coach, ou sur le lieu de travail du coaché)

Certains coachs indiquent dans ce contrat, le nombre de séances à prévoir. En ce qui nous concerne, nous avons cessé cette pratique et laissons l'initiative de la fin de la relation de coaching au coaché. À lui de nous informer, au moins une séance à l'avance, de sa décision.

Ces règles sont également applicables dans le cas où c'est l'entreprise qui finance le coaching. Le responsable, comme le sujet, sont informés de ces règles et s'engagent sur ce contrat. Seul le nombre de séances fait question dans certains cas. Nous réponse est de proposer systématiquement des contrats de 10 séances, charge au coaché d'aller lui-même négocier, avec son responsable, le nombre de séances supplémentaires qu'il estime utiles. Ceci a l'avantage de n'engager l'entreprise que sur un nombre de séances minimum, et de responsabiliser le sujet face à sa demande.

LE CONTRAT DE COACHING

Le contrat commercial est, comme nous venons de le voir, un accord entre le coach et le client sur les règles définissant les dispositions financières et administratives de leur travail en commun.

Dans le contrat d'accompagnement et de relation d'aide propre au coaching, le client formule la situation qu'il désirerait changer, et le but, plus ou moins explicite, qu'il désire atteindre. De son côté, le coach qui applique le modèle du Dôjô, précisera que le sens de son accompagnement est d'aider les personnes à formuler et mettre en oeuvre un projet de vie, et que cette finalité du coaching inclut, bien sûr, la demande du client telle qu'il vient de la formuler. Il l'enrichit et la recadre au travers d'un objectif commun.

Certaines personnes, aussi bien clients que coachs, sont embarrassées avec cette notion de contrat, peut-être à cause de la connotation juridique et commerciale qu'elle implique. Mais il nous semble que toute relation professionnelle est obligatoirement contractuelle. Nos relations dans les autres domaines de vie, aussi bien couple, famille, que domaine social, sont également régies par des contrats ; Il est vrai que dans ces domaines où l'aspect affectif, l'intime, l'amitié, sont prépondérants, les contrats sont plus souvent implicites qu'explicites. Il n'en reste pas moins vrai qu'ils existent. Et dans les faits, le contrat de coaching est, comme nous avons pu l'observer, habituellement implicite. Le but des premiers entretiens, ce que nous nommons la phase de tâtonnement, est de faire que d'implicite il devienne explicite. Trop souvent les coachs tiennent pour acquis que le client connaît et accepte les enjeux et les modalités de l'intervention, pour découvrir au fil des séances qu'il n'en est rien. C'est oublier que sept à huit clients sur dix qui viennent demander l'aide d'un coach, sont peu ou pas en contact avec leurs ressources : ils ne savent pas précisément ce qu'ils veulent, et parviennent plus ou moins explicitement à dire ce qu'ils ne veulent plus ; ils savent décrire l'état présent et ce qu'il a d'insatisfaisant, mais n'ont qu'une idée extrêmement vague, ou trop idéalisée, d'un état futur satisfaisant.

Le point de départ d'une demande de coaching est le plus souvent une plainte. Plainte formulée par le sujet lui-même, ou par un tiers. Plainte que le sujet entend, et fait sienne, dans laquelle il se reconnaît, à moins que, sécurité oblige, il se contraigne à accepter ce qu'on lui propose. Quoi qu'il en soit une plainte est là : « Je me plains de ma plainte, où je me plains de la plainte de l'autre ». D'emblée les deux premières phases de la relation de coaching émergent.

La phase tâtonnement : c'est le temps de la demande consciente. C'est la formulation de l'inconfort, de l'insatisfaction de la situation actuelle. La phase de désynchronisation est celle dans laquelle le sujet est le plus éloigné de ses ressources. Le contrat - si contrat il y a, porte sur ce que le coach entend et comprend de la situation.

La phase écoute : c'est le temps de la plainte échappant aux champs de la conscience. C'est la demande cachée sous la demande. Celle qui permet au client de mettre son énergie et ses ressources au service de la méconnaissance de ses besoins fondamentaux. Les clients viennent voir un coach parce qu'ils ne savent pas exactement pourquoi ils sont insatisfaits de leur vie actuelle, car s'ils savaient sur quoi précisément reposent leurs insatisfactions, ils ne seraient pas venus. De plus, étant donné qu'ils ne savent pas exactement en quoi consistent leurs problèmes, ils ne peuvent pas les formuler.

La pratique contractuelle intervient dans le cheminement au travers des phases du coaching, dans le passage d'un client visiteur, ou plaignant à un client acheteur, et dans l'engagement réciproque du coach et du coaché. Dans un coaching qui vise l'élaboration et la mise en oeuvre d'un projet de vie, l'élaboration progressive du contrat est un bon moyen de concrétiser le pouvoir que l'on accorde au client.

Comme nous le voyons, les difficultés d'établir une formulation claire et explicite d'un contrat bipartite, cheminement de l'implicite vers l'explicite, présentent l'avantage de favoriser l'engagement. Cela reste un bon moyen de clarifier, au fil des séances, l'investissement que demande une entreprise au niveau des changements personnels, surtout quand le coaching, s'appuyant uniquement sur les ressources du client, a comme finalité le projet de vie.

Toutefois, en raison du caractère unique de la démarche (il n'y a et il n'y aura jamais deux relations de coaching identiques), la personne invitée à se centrer sur ses besoins fondamentaux, à prendre conscience, sans méconnaissance de son état présent, et à se responsabiliser par rapport à son futur, doit savoir que le chemin ne sera pas parcouru sans qu'elle rencontre des obstacles, internes comme externes, et sans qu'elle éprouve des frustrations. Cela fait partie de la démarche contractuelle et de l'engagement qu'elle cherche à susciter. Restons malgré tout prudents et vigilants par rapport à un contrat qui voudrait tout expliquer.

Comme nous venons de le voir, peu de clients, pour ne pas dire aucun, qui entreprennent une démarche de coaching, n'ont une idée précise de ce que sera son déroulement, de ce que cette relation va exiger, des émotions qu'elle entraînera, de ses répercussions sur l'ensemble des cinq domaines de vie, et de ce qu'il en résultera. Il est important d'être clair, d'être conscient que, d'une part, on ne peut donner des informations, des explications sur l'ensemble de ces éléments dans un premier entretien de coaching (comme certains coachs naïfs ou partisans d'un objectif bien formulé le croient), et que, d'autre part, le fait d'expliquer et même de tenter de le faire, aura des répercussions négatives sur la relation, sera source de frustrations pour les deux partenaires et, au final, sera nocif pour l'élaboration d'un contrat de coaching authentique.

En définitive, un contrat de coaching fiable est un contrat dynamique, vivant et évolutif. Très éloigné d'une demande statique, rigide ou technique, comme certains voudraient le préconiser, il se situe entre les deux extrêmes que sont, respectivement, trop de demande et d'acceptation de l'implicite, et l'excès de clarification. Les mots ne sont d'ailleurs pas forcément le meilleur véhicule pour y traduire les implications de co-responsabilité et d'engagement des deux parties. L'expérience vécue dès l'accueil, lors du premier entretien, lorsque le coaché se sent inconditionnellement accepté, reconnu comme partenaire et authentiquement écouté par une personne congruente dans son identité de coach, contribue, mieux que tout discours, à l'établissement du contrat.

Ces quelques réflexions montrent que, bien qu'essentielle, la procédure du contrat mérite qu'on l'ajuste, tant dans la forme que sur le fond, suivant les phases de coaching, et le niveau de ressources du client.

LE TRIPLE CONTRAT

Soyons clairs, nous pensons que ce type de contrat n'existe pas. Il ne peut y avoir de contrat qu'entre un coach et un coaché, et cela, même si le coaching est financé par l'entreprise. Au mieux pouvons-nous parler de pacte, de marché, de document écrit qui constate la convention.

L'inconvénient qu'il y a à parler de contrat est que, dans certaines circonstances, il y a d'un côté, les détenteurs du pouvoir, les grandes puissances, et de l'autre côté, un assujetti. Cela concerne tout particulièrement le prétendu « contrat » que certains responsables d'entreprise, DRH, Direction Générale, responsables direct de la personne à coacher, voudraient voir passer entre un professionnel (le coach) et un salarié, dans l'irrespect total de la position de subordination dans laquelle se trouve ce dernier, et dans la volonté d'ignorer que les prétendus contractants occupent des positions qui n'ont rien d'égalitaires. L'exemple nous en est fourni par le « contrat » de travail entre un chômeur (ou un demandeur d'emploi, pour rester politiquement correct) qui n'a à offrir que sa force de travail, et l'employeur, qui dispose des moyens d'employer cette force de travail. Sans le bon vouloir de ce dernier, le chômeur restera chômeur, et même s'il est engagé, ce ne sera qu'à titre d'essai. Le terme de contrat ne fait que masquer le déséquilibre, voire la violence de la situation.

Or, dans l'élaboration de ce type de « contrat », le déséquilibre est flagrant.

L'un est salarié (même s'il a par ailleurs le statut de cadre) et le voilà convoqué et « invité » à la suite d'une évaluation, dont il n'a généralement rien à dire, à rencontrer un coach qu'il n'a pas choisi (même si on lui donne l'illusion du choix, en lui faisant rencontrer plusieurs coachs, en l'invitant à en choisir un parmi ceux-là - tous auront été à l'origine choisis par les « grandes puissances »), qui l'invite à se rendre à son cabinet, ou qui vient le rencontrer sur son lieu de travail

De plus, pour que le coach puisse faire son travail, il faut que le salarié se présente devant lui en demandeur, alors qu'il ne l'a pas choisi, et qu'il n'est peut-être même pas demandeur d'une aide quelconque.

Tout coach aguerri sait, que sans cette demande, il est impuissant. Regardons les choses en face : si par cette demande il acquiert de la puissance, pour la personne qui demande il y a là, si ce n'est une humiliation, du moins une situation d'infériorité à laquelle la plupart des coachs ne songent même pas. Après quoi, certains s'étonnent que la personne préfère préserver son emploi, hésite à nous envoyer paître ou, pour le moins, fasse de la résistance passive.

De la nécessité de clarifier la relation

Nous pouvons nous poser utilement la question, à propos des actions de coaching diligentées par la hiérarchie : l'homme, l'individu à qui on impose un coaching, est-il considéré comme passif ? Sa supposée résistance aux changements est expliquée en postulant un manque de motivation ou une inertie fondamentale. Quelle est donc notre représentation de l'homme que nous voulons voir changer, modifier ses comportements, voire ses valeurs et ses croyances ? Qu'est-il pour nous ? Que voulons nous en faire ? En vertu de quels droits ? En référence à quelles normes ? Compte tenu de quelles évaluations ? Faute d'avoir répondu à ces questions, on se rend compte qu'il faut bien faire quelque chose ; chacun fait ce qu'il peut, comme il peut, et sans très bien savoir au fond ce qu'il fait, et encore moins pourquoi il le fait. « On secoue la montre, et on attend qu'elle se remette à marcher ».

Cela revient à dire qu'à un moment ou à un autre de la relation de coaching, et à notre avis le plus vite sera le mieux, le coach devra passer de la position de professionnel désigné par une hiérarchie qui lui demande de produire une amélioration chez le salarié qu'on lui adresse, à la position de partenaire, venant à la rencontre d'un autre partenaire, désireux d'établir une relation de coopération.

« Monsieur, votre hiérarchie vous a demandé de rencontrer un coach, autrement dit un professionnel de la relation d'aide, je suis ce professionnel. Vous ne m'avez pas choisi, pas plus que je ne vous ai choisi et je peux comprendre que vous acceptiez difficilement cette situation. De mon côté, je préfère que les personnes viennent me voir de leur plein gré. Mais c'est comme ça. Que décidons-nous ? Comment pensez-vous que je pourrai vous aider ?

Sachez toutefois que je ne suis pas un magicien, je n'ai aucun pouvoir, ni aucune recette miracle et je ne peux vous aider que si vous m'aidez à vous aider. »

Cela peut sembler un peu trop confrontant pour une première rencontre. Souvent la personne qui entend ce discours reste coite. Mais confronter n'est pas agresser, et ce n'est pas la personne présente qui est mise en cause, mais la situation. Et cela démontre que nous ne sommes pas là dans une démarche commerciale, démagogique ou de séduction, qu'il ne s'agit pas d'arrondir les angles, mais d'énoncer ce que tout le monde sait et ce que tout le monde pense. Alors, plutôt que d'installer une relation dans un climat de méfiance, autant clarifier la situation dès le début, et, si nécessaire, passer à une relation d'affrontement, ou de conflit assumé.

Les identités de rôles respectives

Autant jouer cartes sur table dès le début, pour clarifier la situation. Si le coach ne le fait pas, qui le fera ?

Ce n'est que lorsque chacun a accepté la place qui lui revient, qu'il peut intégrer une identité de rôle authentique, car celle-ci n'a plus de raison d'être une façade derrière laquelle chacun se tient pour ne pas avoir à s'engager. Plus encore : non seulement chacun peut retrouver ses identités de rôles, telles celles que les différents domaines de vie nous invitent à exercer, mais surtout remplir la sienne dans la rencontre singulière qu'est la relation de coaching.

Le coach peut s'affirmer dans son identité de rôle, avec ses compétences, qu'il a le devoir de mettre en oeuvre, et non plus par un pouvoir conféré par une autorité extérieure. Le salarié, peut accepter son identité de sujet coaché, avec sa problématique, son état présent insatisfaisant, ses espoirs et ses désirs d'un futur satisfaisant, mais aussi avec toutes ses compétences et toutes ses ressources, qu'il a le devoir de mettre en oeuvre.

Le moment est venu d'analyser ensemble la situation. Le coach, étant donné son savoir et son professionnalisme, peut explorer quelles sont les ressources, plutôt que les déficiences du coaché, ce qu'il peut attendre de lui en terme de coopération, dans la mission qu'il a acceptée. Et le sujet, sans se sentir humilié, peut évoquer et reconnaître ses difficultés devant le coach, dont il sait pouvoir attendre de l'aide et qu'il remplisse sa mission.

Cela peut aller à l'encontre de quelques idées reçues : n'est-ce pas l'entreprise qui paye les honoraires du coach et qui, donc, est en droit d'attendre que le coach remplisse sa mission en apportant son aide aux salariés, qu'il fasse en sorte que les « objectifs » dictés par les « grandes puissances » soient atteints ? C'est oublier que le salarié est avant tout un citoyen. Il l'avait oublié, en se soumettant à une autorité, ou en se positionnant comme un consommateur d'heures de coaching offertes par l'entreprise. Voici, que réinvestissant cette place, dont il se rend compte qu'il n'aurait jamais dû la quitter, c'est lui qui mandate le coach, qui lui demande de remplir son rôle qui est l'aider à se passer de son aide, à prendre ses responsabilités, à s'autonomiser, et non plus à réparer, ou se rendre conforme à on ne sait quel désir, venant d'on ne sait qui !

Le projet commun

Les rôles étant clarifiés et acceptés de part et d'autre, le coach et le coaché peuvent coopérer en vue de l'élaboration d'un projet commun. Ce dernier n'est pas le reflet d'un programme que le coach impose au sujet, en fonction de directives reçues de la part des « grandes puissances », ni que le sujet impose au coach en fonction de son degré de soumission, ou de ses revendications, ou de son opposition aux mêmes directives : ce projet commun est une aventure. L'aventure, c'est généralement ce qui advient quand le coach, comme le coaché, ayant suffisamment satisfaits leurs besoins de sécurité, s'engagent dans la satisfaction de leurs besoins fondamentaux. De ce fait, l'aventure est ce qui va advenir le temps de leur relation. Le sens des objectifs n'est plus de produire ceci ou cela, ni de répondre à un cahier des charges. Pour chacune des deux parties, comme pour les autres, il s'agit de rendre visible, de faire exister l'accord qu'ils ont passé. Ils ne sont plus seulement des individus associés pour atteindre tel ou tel objectif, mais des sujets engagés l'un vis-à-vis de l'autre, parce qu'un jour, les circonstances les ont mis face-à-face et qu'ils ont pris le risque de passer un accord et de s'entendre, au-delà des directives des « grandes puissances ».

S'il est vrai comme nous l'affirmons, que le coaching est l'occasion d'un échange authentique visant la relation avec soi et non la production de gens normalisés, alors, le but ne peut être atteint que si chacune des deux parties accepte de prendre le risque d'une relation qui vise l'expérience d'atteindre à une réelle identité, d'être un moi véritable, d'être ce que l'on est - pas un imposteur, un charlatan, un acharné, un imitateur. Ici, le fait de vivre l'expérience constitue en lui-même la révélation d'une vérité.

Nous pouvons conclure ce chapitre par cette affirmation : l'homme n'est pas une ressource humaine.

13

LA SUPERVISION ET LE DÉVELOPPEMENT PERSONNEL DU COACH

À QUELLES EXIGENCES LE COACH DOIT-IL RÉPONDRE ?

Aider autrui à construire son projet de vie, c'est déjà avoir fait ce travail pour soi-même. Pouvoir s'ouvrir à l'expérience de l'autre, c'est s'être déjà ouvert à soi-même et à sa propre expérience. Intégrer l'attitude d'acceptation inconditionnelle, c'est déjà s'accepter soi-même. On peut ainsi s'ouvrir à la totalité de l'expérience humaine.

Avoir une vision claire de sa propre histoire, ne signifie pas que le coach ait découvert quelques traumatismes infantiles, mais qu'il s'ouvre continuellement à tout l'irrationnel contenu en lui. C'est en vertu de cette ouverture qu'il aura qualité pour comprendre le coaché. Nul besoin de rechercher l'irrationnel en soi, il est là. Les coachés offrent suffisamment d'eux-mêmes pour ouvrir le coach à ce qui résonne en lui. À mesure qu'il essaie de répondre au coaché, de comprendre et de sentir ce qui l'émeut, il est invité à poser un regard sur lui-même, sur ce qui mobilise toutes ses demandes implicites et inconscientes, sur tout cet irrationnel qu'exprime ou tente d'exprimer le sujet. Si le client est apeuré et que le coach refoule sa propre peur, le coaché ne comprendra jamais. Si le besoin de sécurité domine chez le coaché et que le coach ne parvient pas à entrer en contact avec ce que sont, ou ont été, ses propres besoins de sécurité, qui de toute façon sont toujours présents, il sera incapable de comprendre.

La plupart des formations au coaching n'incluent pas l'enseignement de l'homme, de ses mobiles, de ses valeurs, de ses besoins fondamentaux, des problèmes rencontrés en coaching. Dans le meilleur des cas, elles intègrent des outils, des techniques, des notions de behaviorisme et de psychologie comportementale, qui se limitent à l'écoute et à l'observation de comportements et de leur manipulation, excluant, par définition, la compréhension de l'homme et le pourquoi du sens de ses agissements.

Le « pourquoi faites-vous ce que vous faites ? » est pourtant une question essentielle, que le coach se doit de poser et de se poser. Le coach peut se permettre d'être curieux et de regarder le monde avec les yeux de la découverte, mais sûrement pas d'être naïf.

Il doit connaître le monde, s'intéresser à tout ce qui l'entoure, le banal autant que le complexe, et adopter une position critique envers tout ce qui en découle. Comment pourrait-il, du reste, avoir une attitude ouverte, curieuse, critique et se poser la question du « pourquoi fait-il ce qu'il fait ? » envers le coaché sans avoir cette attitude envers l'univers et les forces de ce monde ? Nous ne croyons pas que l'on puisse aider des sujets à connaître la vérité sur eux-mêmes sans les aider à ouvrir les yeux sur le monde. Il faut donc que le coach ait fait cet effort de lucidité sur lui-même. On ne peut pas vouloir aider les autres et rester aveugle sur soi-même. On ne peut s'ouvrir à soi, sans un esprit vif et ouvert à tout : l'homme, la société, une situation particulière, une oeuvre d'art.

Le coach doit développer sa capacité à vivre le réel au-delà des apparences et, pour cela, développer un esprit critique. Par esprit et attitude critique, nous entendons capacité à analyser, discuter, étudier, examiner, apprécier, tout en étant au clair avec ses propres principes et ses propres valeurs morales, esthétiques, philosophiques ou politiques. Car, pour nous, il est impossible de comprendre l'autre, et encore moins de l'aider, sans avoir un esprit critique, sans comprendre les forces de la société qui ont modelé l'homme et ont fait de lui ce qu'il est. Il ne suffit pas non plus d'en rester au domaine professionnel du coaché pour comprendre sa vie et ses projets. L'homme ne prend conscience de ce qu'il est que s'il prend conscience de ses différentes identités de rôles, dans les cinq domaines de vie, particulièrement dans son engagement réel dans le domaine social, mais aussi de ses valeurs fondamentales, de la conjoncture, de la société dans laquelle il vit, de ce qui incline sa pensée, de ce qui a laissé et laisse aujourd'hui une empreinte.

Le coaching doit porter, substantiellement, une méthode d'apprentissage à la pensée critique. Mais l'exercice de la pensée critique s'avère difficile et implique d'accepter d'en prendre le risque, car le discernement suppose un conflit entre nos besoins de sécurité et nos besoins d'autonomie. Il implique d'accepter de n'en retirer que peu d'avantages, voire aucun.

Aujourd'hui, dans notre société, et particulièrement dans le monde de l'entreprise, quoi qu'on en dise, nul n'est engagé à faire preuve d'esprit critique, à se montrer critique. Les inconvénients sont généralement beaucoup plus importants que les profits.

Vie sociale et vie personnelle sont inséparables et participent de la même vision critique de l'homme. Où un projet de vie pourrait-il prendre corps, si ce n'est dans le social.

Le coach doit donc être capable, pour lui-même et pour celui qu'il a pris la responsabilité d'accompagner, d'articuler conduites, vie psychique, champ organisationnel et social, dans une perspective démocratique.

Aussi, pour comprendre l'homme et ses besoins, serait-il plus utile pour le coach de ne jamais l'isoler de son environnement, de lire des auteurs comme Balzac, Céline, Simone de Beauvoir, Duras, Proust, Dostoïevski, Kafka, ou Jean-Claude Izzo, qui manifestent une bien meilleure compréhension de l'homme, de ses mobiles et de ses motivations, que tout autre autorité en matière de coaching.

L'homme et son « pourquoi il fait ce qu'il fait ? », se trouvent bien mieux décrit par ces auteurs que par les ouvrages traitant de l'entreprise et du coaching, y compris les nôtres. C'est précisément ce regard pénétrant et enrichissant que doit acquérir le coach, par égard pour le coaché.

BUT ET UTILITÉ DE LA SUPERVISION

Le premier médicament du médecin,
c'est le médecin lui-même.

Michael Balint

La supervision, la formation, le développement personnel et professionnel continus, sont des conditions incontournables d'une pratique saine du coaching.

De plus, pour les coachs adhérents d'associations professionnelles, la supervision constitue une obligation, car elle s'inscrit dans les règles et le code de déontologie qu'ils ont signés en devenant sociétaires... Aux yeux des praticiens de la relation d'aide, la supervision a toujours été considérée comme un impératif à l'éthique professionnelle.

En tant que processus, la supervision diffère à la fois de l'enseignement, qui vise à fournir de l'information à travers l'apprentissage d'un modèle de coaching, et de la thérapie, qui tend à développer la croissance de l'individu ou d'un système entier.

La supervision, telle que nous la concevons, est un processus qui, non seulement apporte un soutien au coach, mais encore l'aide à acquérir la maturité nécessaire pour l'exercice de son métier, défini par le rôle qu'il est amené à jouer dans une structure donnée. C'est une démarche qui favorise l'alliance coach /coaché et facilite le développement personnel et professionnel du supervisé. Le coach progresse à travers deux types d'expériences qui sont la supervision individuelle et la supervision du groupe.

La supervision individuelle

Le coach débutant[1] va régulièrement parler de son vécu professionnel et de la relation qui s'établit avec un de ses clients coaché à un collègue expérimenté, lui-même formé au rôle de superviseur. Il s'agit donc d'une alliance de travail entre deux coachs formés au même modèle de coaching, dont l'un, à l'expérience plus longue,

---

1. À quel moment cesse-t-on d'être débutant, la question est posée...

pourra faire part au coach débutant de sa propre écoute. Il ne s'agit pas, bien sûr, de diriger la relation de coaching à la place du coach supervisé, mais de lui permettre d'élaborer son contre-transfert et d'enrichir sa compréhension de l'évolution du coaching au travers des quatre grandes phases telles que nous les avons décrites précédemment. Au cours de la supervision, le supervisé est amené en effet, à ressaisir les aléas de sa propre écoute. La relation de supervision est donc délicate et demande une grande expérience au superviseur. Il doit accéder à la bonne distance, celle qui permet au supervisé de se sentir entendu et compris, respecté et considéré, et en même temps saisir les points aveugles ou les mouvements contre-transférentiels du supervisé.

Ce n'est pas, et nous l'avons déjà signalé, un travail à visée thérapeutique. Dès lors, même s'il est vrai que le seul véritable outil dont dispose le coach est lui-même, les situations qu'il est amené à exposer ne se réduisent jamais à la seule dimension personnelle et professionnelle : elles sont toujours vécues dans la complexité du nœud qu'est la relation coach /coaché. C'est l'interférence de l'histoire du coach (elle fait partie du contexte), avec sa façon de gérer la relation, qui présente ici tout son intérêt pour un travail de supervision.

La situation professionnelle n'a pas à servir de prétexte à un travail sur soi. Personne, même le coach parfaitement débutant, n'a le droit d'utiliser ainsi la relation avec un client. La situation vécue professionnellement est le support de la supervision : celle-ci ne vise que son décryptage. Cette précision met en relief l'objectif que poursuivent les deux protagonistes, le supervisé et le superviseur. La supervision fournit une « super vision » de la relation qu'entretient le coach avec le coaché, comme le présente le schéma de la figure 8.

Comme nous le voyons dans ce schéma, alors que le coach est en relation directe avec le coaché et s'intéresse à lui, à son histoire, à sa problématique et à son évolution, le superviseur est en relation directe avec le coach dans son rôle de supervisé et s'intéresse au coaché de manière indirecte ; c'est la relation que le coach entretient avec le coaché qui capte essentiellement son attention, ainsi que la relation que le coach entretient avec lui-même. Car c'est à partir de cela que se construit une relation de coaching et

La « super vision » : une « maxivue »

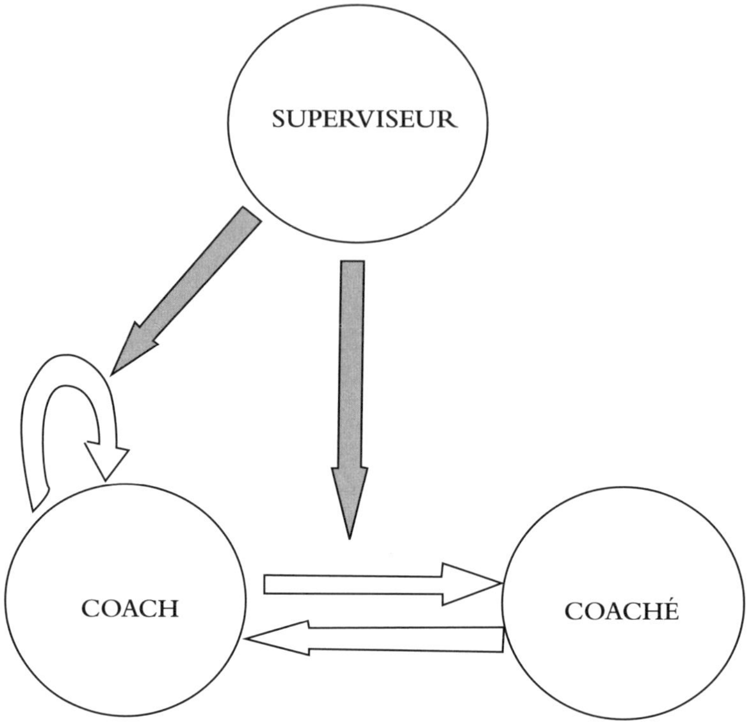

Figure 8 - Le superviseur prête attention à la relation qu'entretient le coach avec le coaché ainsi qu'à la relation que le coach entretient avec lui-même

ce qui pourrait se nommer un coaching réussi. Le rôle du superviseur n'est en aucun cas de résoudre les problèmes que rencontre le coach dans sa pratique professionnelle ; sa tâche est de l'empêcher de tourner en rond, en pointant, en soulignant les zones aveugles, les méconnaissances qu'il perçoit, ainsi que les « banales » erreurs techniques, afin d'aider le supervisé à en tirer profit, au bénéfice premier du coaché.

Jusqu'à maintenant nous avons surtout mis l'accent sur la supervision relationnelle, sur l'aide que le superviseur peut apporter au supervisé pour l'aider à clarifier les difficultés qu'il expérimente, pour éclairer les zones d'ombres dans sa pratique. Mais, au-delà, le superviseur peut également aider le coach à mieux appréhender les outils, les modèles dont il dispose, et l'orienter pour qu'il puisse les utiliser le plus efficacement possible. Il s'agit alors de la supervision technique. Cela implique, bien sûr, que le superviseur connaisse et utilise les mêmes modèles d'intervention que le coach qu'il supervise.

La supervision technique

Brièvement, la supervision technique consiste à traiter les aspects techniques d'une action de coaching : le contrat, le dispositif, les règles, par exemple, ou à rappeler des aspects techniques spécifiques ou des implications particulières du modèle de coaching utilisé.

Il s'avère souvent important d'inviter le supervisé à reprendre les informations dont il dispose, concernant le coaché, pour mener une réflexion sur la manière de situer celui-ci dans son évolution, car il est possible que le coach ne sache pas « quoi faire » de ces informations, c'est-à-dire comment faire sens à ce qui lui a été offert par le coaché.

Typiquement, la supervision technique trouve tout son sens et tout son intérêt dans deux cas de figure : soit nous avons affaire à des « bébés coachs », des coachs débutants qui ne possèdent pas encore pleinement le modèle de coaching qu'ils pratiquent, soit il s'agit de coachs peu expérimentés dans le contexte ou dans le domaine d'intervention spécifiques pour lesquels leurs services ont été sollicités.

La supervision de groupe

Une supervision de groupe réunit six à dix coachs en activité, sous la responsabilité d'un superviseur. Les coachs présents sont alors invités à présenter un cas à tour de rôle. Le plus souvent, il s'agit d'une difficulté rencontrée avec un de leurs coachés. Le fait d'apprendre, devant un groupe, à parler de soi comme coach, à un superviseur reconnu comme tel, permet au supervisé de confirmer son identité de rôle, de prendre conscience de ses propres obstacles internes, qui l'handicapent dans son travail avec cette personne là. Il peut expérimenter ce qui lui pose problème. C'est généralement un problème relationnel du genre : « Je ne sais pas pourquoi cette personne continue à venir me voir alors qu'elle me dit à chaque séance, que rien n'avance » ou bien : « Le DRH vient de m'appeler pour me dire que la décision avait été prise de licencier la personne que je coache, et je ne sais pas quoi faire ». Le supervisé, parle, raconte son histoire et les confrères présents lui posent des questions, lui font préciser les détails, ainsi que le superviseur.

Poser des questions, parfois naïves, amène le supervisé à regarder en face ce que, parfois, il refusait de voir, par exemple : « Mon client me dit qu'il passe des heures devant son écran, à jouer à des jeux vidéo » le superviseur demande : « Pourquoi ? » « C'est ce qu'il m'a dit, mais je n'ai pas pensé à le lui demander » « Pourquoi ? » demande à nouveau le superviseur. Grâce à des questions « naïves » ou simplement curieuses, posées par les participants et le superviseur, le coach fait le tri dans ses sentiments. La forme, le processus sont informels, le questionnement est spontané, mais jamais agressif ou culpabilisant ; chacun essaie de donner à l'exposant des pistes pour l'aider à y voir plus clair. Ce faisant, chacun apprend à regarder autrement ses relations à ses propres clients. C'est un travail impliquant, souvent confrontant, mais très gratifiant et très constructif. Le résultat est que, sur le plan personnel, le participant à une supervision de groupe apprend à mieux se connaître et à se comprendre. Cette meilleure connaissance de soi amène à une meilleure connaissance des autres.

Cela contribue, à terme, à ce que le coach se sente plus détendu dans ses consultations, moins anxieux, de plus en plus en accord avec l'attitude d'acceptation inconditionnelle et de moins en moins dans des attitudes « judicantes » et de conseil.

Dans l'ordre de l'écoute, le groupe aide à prendre conscience que le modèle de coaching, pourtant théoriquement connu, est souvent oublié dans l'instant de la relation, que le coaché apporte beaucoup d'éléments que le coach n'utilise pas.

Le coach, grâce à ce travail de supervision, complète sa formation, gagne en aisance et en efficacité. L'amélioration de son écoute lui permet d'établir une relation égalitaire, mieux autonomisante avec son coaché.

Dans le domaine professionnel, le partage avec des confrères sort le coach de sa solitude, apporte une revalorisation au métier, et donne le sentiment de servir socialement à quelque chose. Au final, chacun se reconnaît en ses confrères du groupe et vit une qualité unique de rapports confraternels.

CONCLUSION OU ÉPILOGUE ?

UN LIVRE, COMME UNE RELATION DE COACHING, doit avoir une fin, ou au moins donner le sentiment que quelque chose s'achève, et que d'autres chemins se dessinent à l'horizon. C'est le point, l'instant, où le coach comme le coaché peuvent se dire : « Nous venons de faire un grand chemin ensemble, nos routes se séparent ici. Un jour, peut-être, plus tard, nos chemins se croiseront à nouveau, et ce sera bien, ou peut-être ne nous reverrons-nous plus jamais, et ce sera bien également ». C'est le moment où les auteurs peuvent se dire : « Nous avons fait de notre mieux pour dire ce que nous voulions dire, pour tenter d'enseigner, par écrit, ce que nous enseignons oralement et relationnellement au Dôjô », et où le lecteur peut se dire : « J'ai compris ce qu'est le coaching et le modèle du Dôjô ». Parfois il sera satisfait et ce modèle sera en accord avec son modèle du monde ; d'autres fois, il sera dans l'expectative, ou bien parfaitement en désaccord. Mais, ce qui est certain, c'est que les auteurs, en lisant leur ouvrage, vont peut-être entendre autre chose que ce qu'ils disent, quand ils disent ce qu'ils disent, et s'en trouver satisfaits, ou regretter de n'être pas allés jusqu'au bout de leurs pensées. Bien sûr, ce n'est, de toute façon, jamais exactement le livre que l'un et l'autre auraient voulu écrire.

Et le lecteur, architecte de sa réalité, produira un livre nouveau. Ainsi de lecteur en lecteur, le livre trouvera-t-il des significations nouvelles - une carte de la carte de la carte de la carte...

Un livre, comme une action de coaching, s'inscrit dans l'inachevé et, bien qu'ayant mis un point final à cet ouvrage et ouvert une bonne bouteille de champagne, parmi les vingt-cinq que Jane tient en réserve, pour fêter l'événement, ou avoir consacré le temps d'une séance ou deux, pour nous coachs/coachés, afin de se dire au revoir, nous sommes conscients que la vie continue, et qu'une relation qui s'arrête n'aura jamais été une relation, tout comme une amitié qui s'arrête, n'aura jamais été une amitié.

Nous ne saurons pas quel genre de livre nous avons finalement co-construit avec le lecteur. Mais nous pourrons, chacun de notre côté, nous estimer satisfaits de la part que nous y prîmes. Peut-être chacun de nous n'avait-il pas, au départ, la même idée sur ce que nous voulions dire. Mais cet enrichissant travail à quatre mains nous aura permis de réfléchir à la pratique du coaching, à son enseignement, et, nous l'espérons, d'attirer l'attention sur certaines idées, par rapport à une pratique qui tend à se développer de plus en plus. Peut-être certaines de nos idées sembleront-elles trop radicales, ou complètement loufoques, mais malgré tout le modèle est là, il a le mérite d'exister, et nous espérons que le lecteur y trouvera, comme nous, une certaine logique.

Nous ne nous attendons pas à ce que tout le monde soit d'accord avec ce que nous avons écrit. Notre espoir est que nous puissions développer suffisamment de coopération, échanger et réfléchir ensemble, pour le plus grand profit des personnes qui demandent l'aide d'un coach. La notion de projet de vie, que nous avons développée tout au long de cet ouvrage, est un idéal qui n'est pas toujours atteint à la fin d'une action de coaching. Trop souvent, certains coachs considèrent que la sortie de la situation insatisfaisante dans laquelle était le coaché est un objectif suffisant. Mais ceci ne prouve en rien qu'il n'a pas continué son propre cheminement vers une vie satisfaisante et un meilleur équilibre de son domaine de vie. Certaines difficultés à atteindre le but du coaching que propose notre modèle, sont liées au passage de l'abandon d'anciens principes au profit de nouveaux, ou aux obstacles externes que rencontre le coaché, ou encore à des obstacles internes que le coaching ne permet pas toujours de traiter. La « faute » n'est pas à imputer au coach ou au coaché, ni au modèle, mais tout simplement au fait que la vie n'est pas un long fleuve tranquille, et qu'il est parfois bien difficile de satisfaire suffisamment les besoins de sécurité, afin de s'engager dans la satisfaction de nos besoins fondamentaux.

Pratiquer le coaching n'est pas si facile, et, en vérité, quel que soit le but déclaré et accepté de part et d'autre, le projet de vie élaboré par le client ne se réalise jamais tel qu'il l'avait prévu. Il ne faut pas s'attendre à ce que cela arrive. Le modèle, et la méthode qui le complète, consistent à permettre au sujet de s'affirmer, de s'autonomiser, d'amener une réflexion sur la qualité de la vie et de se permettre de décrire ce qu'il veut faire de sa vie pour les années à venir.

Le projet de vie, ce que désire le client, évolue non seulement au cours du coaching, ceci à sa grande surprise et à celle du coach, mais également au cours de sa mise en oeuvre et de sa réalisation. Finalement, nous ne pouvons jamais connaître nos désirs avant de les avoir satisfaits, et nous ne pouvons pas plus savoir si ce projet de vie est bien celui qui correspond à notre désir, tant qu'il n'aura pas été vécu. C'est pour cette raison, parmi d'autres, que nous ne jugeons pas utile d'établir avec le coaché un contrat qui définirait des objectifs précis, pas plus que nous ne fixons un nombre limité de séances. Procéder ainsi serait enfermer le coaché dans un carcan et, en quelque sorte, lui faire formuler un projet de vie sur les fondations des anciens principes. Ce serait limiter sa créativité et lui interdire toute possibilité de changement. Le but, au contraire, est de lui permettre, et surtout qu'il se permette, d'inventer, de découvrir chaque jour quelque chose qui le satisfasse davantage que ce qu'il avait imaginé au départ. Rappelons-nous l'histoire de la petite fille, de la mère et du jus d'orange : « J'en veux plus qu'assez ». Et c'est finalement la meilleure définition d'un projet de vie : plus qu'assez.

Notre intention, en écrivant ce livre, était d'exprimer ce qu'était pour nous le coaching, de présenter un complément au *Manuel de coaching*, en insistant sur ce qui était, pour nous, une philosophie et une éthique du coaching, en partageant avec le lecteur ce que nous considérons être nos outils. Nous espérons y être parvenus. Le lecteur, lui, a peut-être une opinion différente.

Quoi qu'il en soit, nous avons eu beaucoup de plaisir à l'écrire, et nous aurons encore plus de plaisir à le voir dans les rayons des librairies. Nous pouvons présumer que si vous êtes arrivés jusqu'ici, c'est que vous y avez trouvé un certain intérêt, dont nous souhaitons qu'il croisse et perdure pour ce merveilleux métier de la relation d'aide qu'est le coaching.

BIBLIOGRAPHIE

ARDOINO J., *Les avatars de l'éducation*, Presses Universitaires de France, 2000.

BATESON G., *La cérémonie du Naven*, Éditons de Minuit, 1971.

—, *Vers une écologie de l'esprit*, Seuil, 1991.

—, *La nature et la pensée*, Seuil, 1984.

BERTALANFFY, *Théorie générale des systèmes*, Dunod, 1973.

BERNE E., *Psychiatrie et psychanalyse à la portée de tous*, Fayard, 1972.

BERNE E., *Que dites-vous après avoir dit bonjour ?*, Tchou, 1977.

—, *Analyse transactionnelle et psychothérapie*, Payot, 1971.

BLANCHOT M., *L'entretien infini*, Gallimard, 1969.

BOYER A., *Guide philosophique pour penser le travail éducatif et médicosocial.* Tome 1, *La loi de l'échange*, Érès, 2001. Tome 2, *L'institution et la violence*, Érès, 2001. Tome 3, *Le désir du sujet*, Érès, 2003.

CASTORIADIS C., *Marxisme et théorie révolutionnaire, socialisme ou barbarie*, n° 39-40.

CHOMSKY N., *Réflexions sur le langage*, Flammarion, 1977.

DAVID G., CASTORIADIS C., *Le projet d'autonomie*, Éditions Michalan, 2000.

ELKAIM M., *Si tu m'aimes ne m'aime pas*, Seuil, 1989.

ENRIQUEZ E., HAROCHE C., *La face obscure des démocraties modernes*, Érès, 2000.

FROMM E., *La peur de la liberté*, Buchet-Chastel, 1963.

—, *L'homme et son utopie*, Desclée de Brouwer, 2000.

—, *L'art d'aimer*, Desclée de Brouwer, 1995.

—, *L'art de vivre*, Desclée de Brouwer, 2003.

HEVIN B., TURNER J., *Manuel de Coaching*, Dunod, 2002.

KORZYBSKI A., *Une carte n'est pas le territoire*, l'Éclat, 1998.

LABORIT H., *Éloge de la fuite*, Gallimard, 1971.

—, *L'agressivité détournée*, 10/18, 1984.

—, *L'homme imaginant*, 10/18, 1981.

—, *La nouvelle grille*, Gallimard, 1982.

LAPASSADE G., *Groupes, organisations et institutions*, Gauthier-Villars, 1970.

LEWIN K., *Psychologie dynamique*, Presses Universitaires de France, 1959.

LINHART D., *Perte d'emploi, perte de soi*, Érès, 2003.

MASLOW A., *Vers une psychologie de l'être*, Fayard, 1972.

—, *L'accomplissement de soi*, Eyrolles, 2004.

MEIGNIEZ R., *Pathologie sociale de l'entreprise*, Gauthier-Villars, 1970.

ONFRAY M., *Politique du rebelle*, Grasset, 1997.

—, *Célébration du génie colérique*, Galilée, 2002.

—, *La philosophie féroce*, Galilée, 2004.

PAGES M., *La violence politique*, Érès, 2003.

PERLS F., *Gestalt thérapie*. Tome 1, *La théorie*, Stanké, 2001. Tome 2, *La technique*, Stanké, 2001.

PORTER E.H., *Introduction to therapeutic counselling*, Boston Houghton Mifflin, 1950.

ROGERS C., *Un manifeste personnaliste*, Dunod, 1979.

ROUCHY J.C., SOULA-DESROCHE M., *Institution et changement*, Érès 2004.

SARTRE J.P., *Les mots*, Gallimard, 1963.

—, *Critique de la raison dialectique*, Verdier, 1998.

SEGAL L., *Le rêve de la réalité*, Seuil 1990.

TURNER J., *La ligne du temps*, InterEditions, 2003.

TURNER J., HEVIN B., *Construire sa vie adulte*, InterEditions, 2000.

—, *Les cahiers du bien-être. Comment construire sa vie adulte*, InterEditions, 2005.

VANEIGEN R., *Déclaration des droits de l'être humain*, Le cherche midi, 2001.

WATZLAWICK P., *La réalité de la réalité*, Seuil, 1978.

—, *Le langage du changement*, Seuil, 1980.

—, *L'invention de la réalité*, Seuil, 1998.

—, *Les cheveux du Baron de Münchhausen*, Seuil, 1991.

WITTEZAELE J.J., GARCIÀ T., *À la recherche de l'école de Palo Alto*, Seuil, 1992.

Vous pouvez joindre Bernard Hévin et Jane Turner
à l'adresse suivante :

Le Dôjô
Centre de Développement personnel
et professionnel systémique et stratégique
43, rue Daubenton
75005 PARIS

Téléphone : 01 43 36 51 32
Site web : www.ledojo.fr
Email : contact@ledojo.fr

049721-(I)-(2,5)-OSB 100°-FAB-MER

STEDI MEDIA, 1, boulevard Ney, 75018 Paris
Dépôt légal, Imprimeur, n° 8803

Dépôt légal : mars 2006

Imprimé en France